Cadáveres en el armario

Osvaldo Di Paolo

Cadáveres en el armario

El policial palimpséstico en la literatura argentina contemporánea

Di Paolo, Osvaldo
    Cadáveres en el armario : el policial palimpséstico en la literatura argentina contemporánea . - 1a ed. - Buenos Aires : Teseo; Austin Peay State University, 2011.
    288 p. ; 20x13 cm. - (Ensayo)

    ISBN 978-987-1354-88-7

    1. Literatura Argentina Contemporánea. 2. Investigación Periodística. 3. Ensayo. I. Título
    CDD 801.95

© Austin Peay State University, 2010

© Editorial Teseo, 2011
Buenos Aires, Argentina

ISBN 978-987-1354-88-7
Editorial Teseo

Hecho el depósito que previene la ley 11.723

Para sugerencias o comentarios acerca del contenido de esta obra, escríbanos a: **info@editorialteseo.com**

www.editorialteseo.com

Índice

Capítulo I
Trasfondo cultural, histórico y literario del género policial y tesis del policial palimpséstico...13

Capítulo II
La estructura y la función social del cuento policial palimpséstico 41

El caso Livingston: horror, chisme y detalle 43

"Caminaré en tu sangre":
estética del crimen e inmigración en la Argentina 53

Crónicas sobre el caso de las primas muertas
en una bañera: misterio y escenas atroces 72

"Dos primas": el investigador minucioso
y la ineficacia de la justicia 83

El caso de dos asesinos adolescentes:
demonización del delito juvenil.....94

"Algo bien grande": exclusión social y cumbia villera 100

Conclusión 108

Capítulo III
Mujeres homicidas: crónica roja, cronicuentos y series de televisión 111

El caso de Emilia Basil: imágenes de la crónica roja.........113

"Emilia Basil, cocinera": cronicuento policial
y violencia doméstica......120

Mujeres asesinas: adaptación del cronicuento
a la serie de televisión 136

Crónica y cronicuento policial sobre la monja asesina:
lesbianismo y violencia doméstica 145

"Marta Odera, monja": episodio televisivo
y transnacionalización de *Mujeres asesinas* 161

Conclusión 171

Capítulo IV
El policial palimpséstico autobiográfico 175

Yiya Murano: la múltiple envenenadora de Monserrat 178

El policial autobiográfico: *Mi madre, Yiya Murano* 192

De la novela policial autobiográfica
a la serie de televisión: *Mujeres asesinas: Yiya Murano* 225

Conclusión 237

Conclusiones finales 243

Referencias 261

A Osvaldo José, Celia María, Martín, Edmundo y Picho

Quisiera agradecer a varias personas que han sido parte de la conversación que entabla este libro. A la Dra. Juana Suárez por haber dado los primeros pasos junto a mí durante el proyecto inicial. A la Dra. Ana Rueda y al Dr. Aníbal Biglieri por haber realizado varias lecturas cuidadosas, dándome sugerencias, tanto de contenido como estilísticas. A la Dra. Francie Chassen López por haber conversado conmigo para encontrar las razones por las cuales prolifera el policial palimpséstico a mediados de los años '90. Al escritor y periodista Osvaldo Aguirre, jefe de la sección Policiales del diario *La Capital*, y a Graciela Hinny, jefa del archivo editorial del mismo periódico. Ambos me recibieron cálidamente y me abrieron las puertas para que yo pudiera investigar los crímenes bajo estudio. A mi alumna Nicole Valdez por su ayuda con la contratapa. A las chicas de la biblioteca pública de Rosario "Dr. Juan Álvarez" por toda la información que me mandaron por correo electrónico. Al Dr. Miguel Ruíz Avilés y a la Dra. Karen Sorenson, ex profesores míos de la licenciatura y ahora mis colegas en Austin Peay State University. Al Dr. David Guest, jefe del Departamento de Lengua y Literatura de la Universidad de Austin Peay por promover y apoyar nuestros trabajos de investigación académica. Sin todos ustedes, este libro jamás hubiera existido.

Capítulo I
Trasfondo cultural, histórico y literario del género policial y tesis del policial palimpséstico

Desde los cancioneros urbanos y el tango, en especial en las piezas musicales de la década de 1920, la literatura policial argentina presenta huellas de crímenes ocurridos en la sociedad, con frecuencia motivados por razones pasionales o afrentas al honor. Leyenda o realidad, existen innumerables versos populares que cuentan la historia de crímenes y asesinatos, como lo ejemplifican el *Romancero* de Ismael Moya (1941) y *Cantares históricos de la tradición argentina* de Olga Fernández Latour (1960). Asimismo, las historias de muertes enigmáticas en la Argentina han sido plasmadas en cartas, memorias, poemas, relatos autobiográficos y en la literatura policial.

A pesar de existir una galería bastante extensa de muertes misteriosas de personajes históricos argentinos, una de las más estudiadas es la del vocal de la Primera Junta de Gobierno, Mariano Moreno (1778-1811). Ya desde su muerte, Juan Berutti (1792-1841), militar y revolucionario argentino que participó en la Revolución de Mayo, escribe en *Memorias curiosas* (1960) sus hipótesis sobre el repentino fallecimiento en alta mar de Moreno. Este deceso misterioso también ha sido plasmado en el cuento "El náufrago de las sombras" de Carlos Dámaso Martínez (1945-). Otras figuras de la historia argentina cuyas muertes han dado lugar a numerosos textos incluyen al supuesto aliado del general

Juan Manuel de Rosas, Facundo Quiroga (1788-1835) y al unitario Juan Lavalle (1747-1841).[1]

El objeto de interés en esta ocasión son aquellos crímenes que devinieron en historias del género policial. Para esta investigación, se entenderá por género detectivesco la narración en forma de cuento o novela que gira en torno al misterio proveniente de uno o varios crímenes, con la intención de dilucidar sus causas o la forma en que fue ejecutado, ya sea a la manera del policial clásico, de la novela negra o por medio de una hibridez entre ambas tendencias. Por policial clásico, me refiero a la novela de enigma en la cual un detective, por medio de un método deductivo y sin ninguna pista visible, logra descubrir a un criminal y revelar la forma en que un asesinato fue ejecutado. Esta vertiente reconoce a Edgar Allan Poe (1809-1849) como su verdadero "padre", quien escribe los primeros cuentos de esta tipología: "Los asesinatos de la calle Morgue" (1841), "El misterio de Marie Roget" (1842) y "La carta robada" (1849). En cuanto al término novela negra, éste alude a la escuela *hard-boiled* que comienza con la revista norteamericana *Black Mask* en 1922.[2] Las definiciones del género policial clásico y negro que presento son una combinación de "El género. Definición y caracteres. Lo clásico y lo negro" de Mempo Giardinelli y de "Antecedentes" de Jorge Lafforgue. Este tipo de narración se enfoca en descubrir las causas

---

[1] Los unitarios como Juan Lavalle eran partidarios de que todos los niveles del gobierno estuvieran supeditados al poder central del Estado, mientras que los federales creían en la asociación voluntaria o federación de poderes regionales, delegando sólo algunas de sus atribuciones para constituir la nación.

[2] En *El género negro*, Mempo Giardinelli señala que el *hard-boiled* "se caracteriza por la dureza de su texto, de sus personajes, por cierta brutalidad y descarnado realismo en la actitud vital de sus protagonistas [...] incorpora la lucha por el poder político y/o económico, la ambición, el individualismo, la violencia, el sexismo y el dinero, productos todos de una sociedad corrupta y en descomposición." (17).

de un crimen por medio de un lenguaje y una trama realista, para poner de relieve los problemas que aquejan a una determinada sociedad, convirtiéndose en un espejo de la misma.

El género policial sigue proliferando en América Latina pese a los cuestionamientos sobre la pertenencia de este tipo de literatura al canon literario.[3] Junto con México y Chile, la Argentina se destaca por la larga trayectoria y popularidad de este género. Entre 1877, fecha en que Luis Varela escribe la primera novela policial argentina, y 1957, año en que se publica *Operación masacre* de Rodolfo Walsh, el policial clásico se caracteriza porque el crimen es un misterio inexplicable en apariencia, los indicios superficiales señalan de manera errónea a un culpable, la solución es infalible e imprevisible y se llega a la verdad gracias a la observación rigurosa y metódica de un detective. Al examinar el policial clásico, el escritor Ernesto Sábato (1911-) subrayaba la necesidad de "convertir una multitud de hechos incoherentes en un riguroso esquema lógico-matemático" (citado en Lafforgue: 219). Por su parte, el crítico literario Roger Caillois (1913-1978) lo definía como "una simple deducción, [porque] no se trata de contar una historia sino de exponer el trabajo que reconstruye al hecho" (citado en Lafforgue: 217). En *La ley y el crimen* (2008), Sonia Mattaglia da una visión más actualizada del género policial clásico al decir que este tipo de literatura sustenta el interés de la burguesía de controlar, disciplinar y corregir toda posible amenaza proveniente del proletariado. Añade que la enérgica incidencia del relato policial en la

---

[3] En una entrevista con Jorge Lafforgue de 1975, Jorge Luis Borges (1899-1986) opinaba sobre las limitaciones del género policial diciendo que "es ingenioso pero sin vida. Es muy posible que llegue a desaparecer [...] Yo creo que ese desdén se debe al carácter artificial que tiene la narrativa policial. Los artificios del género son pocos y el lector los puede agotar con cierta facilidad." (citado en Lafforgue: 42).

producción literaria argentina se debe a un "flanco crítico o paródico" de la omnipotencia del Estado (23). El prejuicio preexistente sobre este tipo de literatura ha sido restaurado por los críticos actuales. Por ejemplo, en *La novela policial y los medios masivos*, Leonardo Acosta apunta:

> Sin duda hay policiales que pueden clasificarse de "obras maestras" y algunos que poseen innegables valores literarios, por los que tampoco se debe reducir al género a un mero entretenimiento de evasión [...] Es decir, que es perfectamente válido analizarlo como a cualquier género consagrado [...] para lo cual es necesario establecer sus formas y estructuras básicas, deslindar sus distintos tipos e incluso remontarse a sus orígenes. (12).

El pionero del policial argentino es Luis Varela, quien escribe de forma sucesiva seis novelas detectivescas: *La huella del crimen* (1877), *Clemencia* (1877), *El gato blanco* (1879), *El doctor Whuntz* (1880), *Entre dos almas* (1908) y *Lo imprevisto* (1908). Con posterioridad, en el siglo XX, se destaca *El enigma de la calle Arcos* (1932) de Luis Astallo, escrita bajo el seudónimo de Sauli Lostal.[4] Esta obra se centra en la intriga y el desencubrimiento de un crimen, y sigue los patrones establecidos por la novela policial clásica, ya que se reduce al juego de la inteligencia. La novela de Lostal se instala en la larga tradición del "misterio del cuarto cerrado", adoptando las pautas de "Los crímenes de la calle Morgue" (1841) de Edgar Allan Poe. Al igual que en

---

[4] Las fechas de nacimiento y muerte de Luis Astallo son desconocidas, pero sí se sabe que era periodista del diario *Crítica* y que escribió, según los expertos en el campo, la primera novela policial argentina bajo el nombre de Sauli Lostal. Sylvia Saítta, en "Informe sobre *El enigma de la calle Arcos*", hace un análisis de la novela y demuestra cómo el texto remite a la competencia entre el diario *Crítica* y *La Razón*, al disputarse un mismo universo de lectores. El uso de seudónimos en la escritura de relatos policiales era muy común, porque algunos escritores no querían que su verdadero nombre apareciera relacionado con obras que para muchos no tenían valor literario alguno.

El misterio del cuarto amarillo de Gastón Leroux, el arma asesina pertenece a una persona que vive en la casa. En el texto de Leroux, el revólver le pertenece al tío de Jacques, y en *El enigma de la calle Arcos*, la navaja es de Galván.

Con Jorge Luis Borges y Adolfo Bioy Casares no sólo aparecen obras canónicas como "La muerte y la brújula" (1942), "El jardín de senderos que se bifurcan" (1941), "Ema Zunz" (1949) y los cuentos del detective Isidro Parodi, sino que además se promueve la narración del policial clásico a través de la revista *El séptimo círculo*.[5] Los editores de esta publicación incluyen los textos de Raymond Chandler, pero no los de Dashiell Hammett, porque Borges los aborrecía por el uso del lenguaje coloquial, las alusiones sexuales y la violencia que ilustraban (citado en Lafforgue: 44).[6] Por un lado, Borges difunde la literatura policial que él considera que merece circular, pero por otro, predice su muerte y cierra las puertas a las obras que dejan de lado todo tipo de relación con la vertiente clásica. Para él, como se evidencia en *Ficciones*, la literatura es una manera de poner cierto orden en un universo caótico. Siguiendo su línea de pensamiento, si el policial no contribuye a esta meta, sino que expande el caos, pareciera que no merece ser difundido.[7]

---

[5] En *El séptimo círculo. Historia íntima y policíaca* (2009), Amílcar Romero relata que desde febrero de 1945 y de manera interrumpida hasta el otoño de 1983, la revista *El séptimo círculo* pone al alcance de ávidos lectores la literatura policial en castellano. Se vendieron millones de ejemplares que tuvieron una aceptación masiva y contribuyeron a la rápida propagación del género detectivesco en la Argentina (5).

[6] En la entrevista de 1975 con Jorge Lafforgue, Borges dice: "No me gusta la violencia que exhiben los norteamericanos. En general son autores truculentos. Raymond Chandler es un poco mejor, pero los otros, Dashiell Hammett, por ejemplo, son muy malos. Además, ellos no escriben novelas policiales: los detectives no razonan en ningún momento. Todos son malevos, los criminales y los policías." (Lafforgue: 44).

[7] En "El cuento policial", Jorge Luis Borges dice que "nuestra literatura tiende a lo caótico [...] en esta época nuestra tan caótica [...] la novela

La primera ruptura con el policial clásico en la Argentina se evidencia con el trabajo de Rodolfo Walsh (1927-1977), quien a pesar de escribir cuentos que siguen la línea de la vertiente clásica, también es el autor de *Operación masacre* (1957). Con este texto se evidencia la primera convergencia explícita entre el periodismo de investigación y la ficción literaria en la literatura de ese país. *Operación masacre* es un precedente de *A sangre fría* (1965) de Truman Capote (1924-1984), y constituye una narrativa que parte de un hecho real. La obra de Walsh gira en torno al fracaso de un contragolpe militar a la dictadura de la llamada *Revolución Libertadora* en 1956, donde en un terreno descampado de José León Suárez (Provincia de Buenos Aires, Argentina) son fusilados varios civiles bajo la sospecha de formar parte de un alzamiento. Esta ruptura con el policial clásico –donde se estructura la narración del crimen por medio de la lógica y la razón– constituye un elemento imprescindible para comprender su evolución hasta nuestros días.[8] Se comienza a introducir elementos que reflejan la problemática social, política y económica de la Argentina, dando lugar a una nueva etapa evolutiva del género policíaco.

En América Latina, desde 1969, se escriben novelas detectivescas siguiendo el modelo de la novela negra estadounidense –como las de Dashiell Hammett (1894-1961) y las de Raymond Chandler (1888-1959)–, pero se les da un

---

policial está salvando el orden en una época de desorden." (Borges 2006: 81).

[8] En "Sobre el cuento policial clásico o la distinción entre lo deductivo y lo negro", Mempo Giardinelli explica que el policial clásico estructura la narración en base a "un detective astuto; un amigo de pocas luces que lo acompaña y ayuda a dar brillo al investigador; una deducción larga, compleja y perfecta, sin fallas, a través de la cual se soluciona el caso planteado" (63). Además de ser un cultivador de la novela negra, Giardinelli ha incursionado en teorizar el género teniendo en cuenta el contexto específico de Latinoamérica.

nuevo enfoque.[9] Esta variante de la manifestación literaria norteamericana se caracteriza por la irresolución del crimen y la corrupción por parte de las fuerzas del poder. La violencia y el sexo toman preponderancia en el texto y la narración se hace a través de un realismo crudo. Para el crítico Robert Louit, la novela negra "es el reflejo más fiel de la sociedad y, tal vez, del mundo moderno. Describe una jungla social, jungla de asfalto [...]. Aquí la complejidad del enigma ya no es un problema abstracto, sino un reflejo de la densidad y de la ambigüedad de las relaciones sociales" (citado en Lafforgue: 260). Para Marcel Duhamel, en "la novela policial negra se ven policías más corruptos que los bandidos a los que persiguen. El simpático detective no siempre resuelve el misterio. A veces no hay misterio; otras, ni siquiera hay detective." (260).[10]

Más allá de estas diversas maneras de narrar un crimen, hoy en día es común hablar de manera indistinta de novela policial, novela detectivesca o novela negra, teniendo en

---

[9] Las novelas de Chandler y Hammett, *The Big Sleep* (1939) y *The Maltese Falcon* (1930), presentan dos detectives, Philip Marlowe y Sam Spade, quienes a pesar de encontrarse en un mundo urbano caótico no hacen uso de la violencia, a no ser que tengan que defenderse. Si bien portan armas, nunca abusan de ellas. Trabajan por dinero pero no son deshonestos y terminan haciendo justicia. Coquetean con las mujeres pero no se enredan con ellas. En cambio, en una vasta producción literaria en América Latina, el detective puede llegar a ser violento, mata por placer, es parte de la corrupción que reina en las instituciones y su intención no es hacer justicia sino obtener un lucro. Es en extremo machista y se involucra con facilidad con mujeres a las que trata como si fueran sólo objetos de placer. La diferencia fundamental entre la novela negra estadounidense y la de América Latina radica en que la corrupción en esta última se perpetúa y al tratar de reflejar la realidad no presenta solución alguna.

[10] Según Juan Sasturain, uno de los autores argentinos más populares del género, la novela negra es una "literatura de la crisis de la sociedad contemporánea [...] porque en cada una de éstas existe una minuciosa construcción que describe el mundo a partir de sus más destructivas contradicciones." (citado en Lafforgue: 223).

cuenta que puede haber un policial sin detective, como en el caso de *Hasta que me orinen los perros* (2008) de Fernando Ampuero (1949-), o una novela detectivesca sin detective profesional, como en *Manual de perdedores I y II* (1985 y 1988) de Juan Sasturain (1945-). La complejidad del género requiere una definición más amplia que dé espacio a las distintas formas de representar un asesinato que han surgido a través de las décadas. Un "policial" no es puramente novela negra o novela problema, ya que en especial la primera también incorpora características definidas de la segunda. Tomemos como ejemplo el caso del cuento "Las primas" (2003) de Enrique Sdretch, el cual utiliza un proceso lógico para determinar si las posibles causas de muerte fueron por envenenamiento, suicidio, descarga eléctrica, monóxido de carbono o sofocación. Sin embargo, los asesinatos no tienen resolución porque desaparecen los corazones de las mujeres de una morgue de La Plata, Argentina. En muchos casos existe una hibridez donde se evidencia la presencia de "huellas" provenientes de otras maneras de representar una historia de crimen y misterio.

Esta hibridez será una clave fundamental para el estudio del policial palimpséstico. Este estudio compara ejemplos de narrativa argentina (novela, cuento, relato autobiográfico) y tres series televisivas –basadas en hechos reales– con las respectivas crónicas periodísticas que los inspiraron, para escudriñar el resquicio existente entre las notas periodísticas sobre el crimen, y el ensamblaje final de los textos de ficción y las versiones fílmicas.[11] Sostengo que en ese intersticio se desarrolla el proceso creativo del autor, originándose una modalidad literaria a la que denomino *policial palimpséstico*, en el cual se modifican los hechos incorporando problemas económicos y sociopolíticos de

---

[11] En los capítulos subsiguientes, utilizo de modo indistinto los términos "nota" y "crónica" periodística.

corrupción y violencia, factores históricos determinantes y problemas de género sexual para producir una literatura de denuncia social. Tomo el término "palimpséstico" de Gerard Genette. En *Palimpsestos: la literatura en segundo grado* (1989), Genette clasifica los distintos tipos de transtextualidades o diálogos entre dos o más textos. Para Genette, una de las formas de transtextualidad es la hipertextualidad, la cual explico en detalle más adelante en este capítulo.

Por *policial palimpséstico* me refiero a la literatura policial que proviene de un texto preexistente, en este caso las notas policiales de los periódicos (hipotextos), las cuales son transformadas en novelas, cuentos, series televisivas y/o películas (hipertextos). La modificación del hipotexto se realiza por medio de reducciones o extensiones de circunstancias y personajes, y a través de cambios de estilos, significados y estéticas, para servir a la intención del autor y crear un texto de denuncia social utilizando crímenes previamente ocurridos en el seno de la sociedad. El policial palimpséstico se caracteriza por reestructurar la historia de los sucesos e incorporar modificaciones en el manejo del lenguaje a través de distintos tipos de registros y voces narrativas –asesino, víctima y detective–, para ser encuadrados dentro de las pautas generales del género policial clásico y/o de la novela negra, permitiendo un replanteo del género policial argentino y de la crisis social que gira alrededor de estos crímenes.[12]

Los textos de mi elección tienen como denominador común su origen en "crímenes de la vida real" que reposan en expedientes jurídicos y que los medios de comunicación han popularizado, llegando a ser muy conocidos en

---

[12] El policial palimpséstico combina las dos vertientes del género porque examina quién realiza y cómo se comete el crimen, elementos básicos de las crónicas periodísticas, pero además se centra en las razones por las que el asesinato se efectúa, componente esencial de la novela negra y un instrumento poderoso de crítica social.

la Argentina. Tal es el caso de Yiya Murano, una dama de la alta sociedad acusada de asesinar a sus amigas con cianuro en 1979. El año pasado fue invitada al programa *Almorzando con Mirta Legrand*.[13] También se menciona la historia del "petiso orejudo", quien se convirtió en un personaje legendario al ser considerado por la tradición popular como unos de los asesinos más jóvenes y crueles en la historia del crimen en la Argentina. En el año 2007 se estrenó la película *El niño de barro,* basada en su vida, pese a que cometió sus crímenes en la primera década del siglo XX. Por otro lado, he escogido una variedad de textos que si bien se basan en hechos ocurridos en la Argentina, no son homogéneos, y por lo tanto, permiten un estudio más vasto del género detectivesco y contienen diferentes grados de ficción. Por ejemplo, *Mi madre, Yiya Murano* es un relato autobiográfico escrito por el hijo de la asesina; "Marta Odera, monja" es una mezcla de cuento y crónica periodística; y *En sangre propia* es una colección de cuentos donde la huella de los hechos tomados de la realidad se puede verificar en algunos cuentos, mientras que en otros la ficción ha borrado por completo la posibilidad de verificación alguna.

Se han elegido obras[14] que se publican en el período comprendido entre la última década del siglo XX y lo corrido de este siglo: *Mi madre, Yiya Murano* (1994) de Martín Murano y tres cuentos de la colección *Escritos con sangre*

---

[13] Mirta Legrand es la conductora de *Almorzando con Mirta Legrand*, un programa de televisión argentino que se transmite desde hace más de 41 años. Ella tiene invitados a diario con los cuales conversa sobre temas candentes que ocurren en la sociedad. Legrand tuvo un papel protagónico en el film argentino *Los martes orquídeas*, dirigido por Francisco Mugica (1941), que la ayudó a hacerse una actriz famosa.

[14] Las obras que se analizan en los capítulos siguientes fueron escogidas por el impacto popular de los crímenes, la calidad literaria, la manera en que se fusionan las características del policial clásico con la vertiente negra y por remitir a sucesos claves en la historia de la Argentina.

(2003) editado por Sergio Olguín.[15] También "Emilia Basil, cocinera" y "Marta Odera, monja" –ambos pertenecientes al libro *Mujeres asesinas* (2005) de Marisa Grinstein– y los siguientes episodios de la serie televisiva *Mujeres asesinas* (2006): "Emilia Basil, cocinera", "Yiya Murano, envenenadora" y "Marta Odera, monja".[16] Como puede verse, los textos a analizar abarcan el período de 1994 a 2006, pero las crónicas policíacas de los hechos se remontan al momento de los crímenes, que varían según los casos.

Este interés por el proceso de transformación de la nota periodística al policial palimpséstico requiere la demarcación de estos textos seleccionados como modelos paradigmáticos de obras que siguen un mismo patrón. Por ejemplo, si bien el capítulo IV se centra exclusivamente en la obra de Martín Murano y en el episodio de televisión que recrea el caso de la envenenadora de Montserrat, también se hace referencia a *El hombre que murió dos veces* (1994). El autor, Enrique Sdrech, hace un seguimiento del caso típico de la novela problema a través del fraude de Daniel Scandinaro, ex oficial de la policía que fraguó su muerte para concretar una fabulosa estafa con seguros de vida en agosto de 1988. Mientras dos compañías estadounidenses comienzan a pagar el monto de la póliza, otras dos empresas, una británica y otra argentina, deciden iniciar una investigación en la que se descubre uno de los crímenes

---

[15] Los cuentos escogidos para estudiar las transformaciones que realizan los escritores de ficción son: "Caminaré en tu sangre" de Vicente Battista, "Las primas" de Enrique Sdrech, y "Algo bien grande" de Osvaldo Aguirre.

[16] *Mujeres asesinas* es una serie argentina de corte dramático, mezcla entre ficción y realidad, producida por *Pol-ka*, una productora de programas televisivos establecida en 1994. Se emite por la pantalla del Canal 13, una de las principales cadenas de televisión de la Argentina, fundada en 1960. Siguiendo la tradición de la telenovela latinoamericana, *Mujeres asesinas* viene adaptándose en otros países como México, Colombia e Italia, abriéndose paso en la escena transnacional.

argentinos más elaborados. Del mismo modo, en ese capítulo se mencionan *El petiso orejudo* (1994) de María Moreno, al igual que su versión fílmica *El niño de barro* (2007), dirigida por Jorge Algora. Ambas recreaciones narran la vida de Cayetano Santos Godino (1896-1944), detenido cuando tenía dieciséis años de edad por haber asesinado a una gran cantidad de niños. Godino disfrutaba de contar con lujo de detalles a los investigadores cómo había matado a sus víctimas. La novela de Moreno recompone la vida de "el petiso orejudo" desde su infancia de conventillo hasta su sentencia en la prisión de Ushuaia. Además, se reconstruye con detalles la época, los documentos y los textos periodísticos que permiten escuchar la voz del criminal e identificar la manera en que intervinieron los sistemas jurídicos, policiales y médicos de ese momento histórico.

Si bien la novela negra germina en la segunda mitad del siglo XX, el auge del policial palimpséstico aflora a partir de la gestión de Carlos Saúl Menem, entre 1989 y 1999, debido a la corrupción del gobierno y a las medidas de ajuste estructural que él implementa para encauzar al país dentro de una economía global.[17] Se desnacionalizan

---

[17] Si bien el año de mayor producción del policial palimpséstico ocurre en 1994, con la publicación de diez novelas, su desarrollo continúa hasta nuestros días. En 1994, aparecen esas diez novelas policiales basadas en crímenes ocurridos en la sociedad argentina, publicadas por la editorial Planeta: *Mi madre, Yiya Murano* de Martín Murano; *El sátiro de la carcajada*, de Dalmiro Sáenz; *El comisario Meneses*, de Carlos Juvenal; *Estafa al Banco Municipal*, de Ricardo Ragendorfer; *Asesinato de Lino Palacio*, de Miguel Briante; *Crimen en el Eugenio C*, de Eduardo Gudiño Kieffer; *Memorias de un comisario*, de Plácido Donato; *La matanza de Brandsen*, de Sergio Sinay; y *El hombre que murió dos veces*, de Enrique Sdrech. El auge de la novela negra también se mantiene en el nuevo milenio. En 2008, Juan Sasturain, uno de los escritores más reconocidos del género, establece la Editorial Negro Absoluto y publica en un mismo año *Los indeseables*, de Osvaldo Aguirre; *El síndrome de Rasputín*, de Ricardo Romero; *Santería*, de Leonardo Oyola; y *El doble Berni*, de Elvio Gandolfo y Gabriel Sosa. Además, en 2009 aparecen *Ceviche*, de

las compañías de teléfonos, gas, agua y ferroviaria para ser concesionadas a agrupaciones extranjeras (Deleis: 456). El gobierno congela los salarios de los empleados estatales y el ingreso de los jubilados y pensionados, pero da subsidios a las empresas foráneas, que efectúan un corte de personal frente al aumento en los costos de producción. Durante la gestión de Menem, se duplica el índice de desocupación. En 1989 era del 7,1% y diez años después alcanza el 14,5%. No sólo existe un alto porcentaje de gente sin trabajo, sino también subsiste la inseguridad laboral. Más de cuatro millones de personas temen la posible pérdida de sus empleos. Además, la deuda externa crece de 60 mil millones de dólares en 1989 a 144 mil millones en 1999; la riqueza se concentra en un sector cada vez más reducido y aumenta la pobreza (Sabsay: 429).

La miseria, el desempleo y la exclusión social provocada por las medidas implantadas conllevan a un aumento de

---

Federico Levin; *Lejos de Berlín,* de Juan Terranova; *Todos mienten,* de Osvaldo Aguirre; y *Los bailarines del fin del mundo,* de Ricardo Romero. Asimismo, es importante mencionar que en 1989, el festival Semana Negra de Gijón instaura el premio Rodolfo Walsh para reconocer a las obras de ficción criminal basadas en hechos reales. Si bien el policial palimpséstico aflora en toda Iberoamérica, por lo general, España, México y la Argentina son los países que más veces obtienen este premio y los que más producen este tipo de literatura. Algunas de las obras que han recibido el premio Rodolfo Walsh son *Recuerdo de la muerte* en 1988 y *Don Alfredo* en 1999, del argentino Miguel Bonasso; *Jineteras* en 2006 y *Tantos inocentes* en 1997, escritas por los escritores cubanos Amir Valle y Raúl Guerra Garrido. En cuanto a México, cabe destacar a Sanjuana Martínez, quien en 2008 es reconocida por *Prueba de fe: la red de cardenales y obispos en la pederasta clerical* y a Eduardo Monteverde, quien en 2005 recibe el premio por *Lo peor del horror.* Algunos de los españoles que se han llevado este galardón son Fernando Martínez Lainez por *Candelas: crónica de un bandido* y *Sin piedad,* y Carles Quílez Lázaro por *La mala vida* en 2009. Durante la última Semana Negra de Gijón de 2010, el premio Rodolfo Walsh fue otorgado al argentino Jorge Sinay por *Sangre joven,* una colección de historias sobre la delincuencia juvenil y la exclusión social del adolescente criminal.

la criminalidad en la Argentina. En "Citizen Insecurity and Fear: Public and Private Responses in Argentina", Catalina Smulovitz registra un aumento del crimen del 150,6% en la década de 1990. Los robos de propiedad privada aumentan un 241% y los homicidios por cada 100.000 habitantes crecen un 23% (127). El incremento en delitos y asesinatos afecta la percepción de la población y prevalece un sentido de alta inseguridad entre los argentinos. En una encuesta de 1998 organizada por el Centro de Estudios Unión para la Nueva Mayoría, se concluye que los problemas más preocupantes para el ciudadano son el desempleo, la corrupción, los bajos salarios, el crimen y la seguridad. Esta última resulta ser la molestia más alarmante (131). La gente se siente insegura en las calles, ya que el 76,1% de los entrevistados en el Gran Buenos Aires tiene miedo de ser víctima de un crimen, y en la Capital Federal el número aumenta al 80,6%. A estas personas también se les pregunta por qué creen que los asesinatos, el robo y otros delitos han incrementado. El 64,7% responde que el desempleo y el aumento de la pobreza son las causas primordiales (132).

A todo este malestar socioeconómico debe sumársele el problema de la corrupción de los funcionarios de gobierno y sus allegados, hechos que provocan indignación entre los ciudadanos de la nación. En "The Great Transformation: 1989-1999", José Luis Romero comenta:

> *The right to steal was apparently a sign of membership in the highest circles of power [...] [this group] transferred public resources discreetly to private fortunes. Various important individuals, representatives of the country's most powerful lobbies or founders of new fortunes, had privileged access to government circles and sent some of the spoils to so-called black boxes, private accounts whose contents were generously distributed according to norms –not those of the state– but of rank and hierarchy. Technically speaking, the country was governed by a gang, by a coterie of corrupt and unscrupulous officials.* (Romero: 298)

Como comenta el autor, existe un grupo de gobernantes y empresarios al que la prensa los denomina "mafia de oro". Se los acusa de exportaciones ficticias y de la existencia de una aduana extraoficial con criterios poco estrictos. Se descubre y se hace público el soborno pagado por la firma americana IBM a los directores del Banco Nación, para obtener la oferta de instalar un nuevo sistema de computación. Asimismo, se implica al presidente en la explosión de la fábrica de armamentos de Río Tercero, que intenta borrar toda prueba de contrabando de armas, y en el secuestro y tortura de la hermana del investigador de la mafia de oro (313).

Esta situación caótica en la que vive el ciudadano lo lleva a la lectura de notas policiales en los diarios y de literatura basada en crímenes ocurridos en la sociedad. En *La violencia del relato*, Damián Fernández Pedemonte comenta que "son de interés público las informaciones que nos ayudan a comprender mejor el comportamiento de los distintos grupos humanos que se entrecruzan en la ciudad, para poder ver sus reacciones, para poder interactuar solidariamente con ellos en la construcción de la realidad social." (104).[18] Es decir que frente a la desconcertante corrupción de los gobernantes y a la calamitosa situación socioeconómica, el ciudadano requiere información para presentir su acción futura. El incremento de la lectura de

---

[18] Lo mismo podría decirse de la televisión. En *Televisión y melodrama: géneros y lecturas de la telenovela en Colombia*, Martín Barbero dice que es un "género de gran circulación social" y "un espejo de la conciencia colectiva", lo cual le permite al ciudadano evaluar y detectar los males que lo aquejan (81). Asimismo, en "Telenovela nueva: nuevas lecturas", María Mercedes de Domínguez señala que la telenovela tradicional, al entrar en crisis, incorpora las opresiones urbanas y los efectos de la globalización, y por consiguiente, experimenta modificaciones a partir de la década de 1990. Estos cambios son de índole temática donde se incorporan problemas políticos de corrupción, sociales como la homosexualidad y económicos como la comercialización y la industrialización (8).

crímenes ocurridos en el seno social no es sólo un morbo del individuo, sino que surge ante una necesidad de identificarse, evaluar y entender mejor el ambiente que lo rodea porque, como se verá más adelante, la corrupción, la pobreza, la violencia, la inseguridad, la exclusión social y el miedo son elementos inseparables del policial palimpséstico.

Para el análisis del policial palimpséstico, presento cuatro paradigmas importantes que giran en torno a la relación existente entre la nota periodística (hipotexto) y las obras literarias (hipertexto); la correspondencia y discrepancia entre periodismo y literatura; el nexo entre realidad y ficción; y el funcionamiento del género detectivesco. En cuanto al primero, es fundamental para mi estudio la teoría de las relaciones transtextuales de Gerad Genette, en especial la hipertextualidad, porque los textos literarios escogidos para mi tesis son claros ejemplos de hipertextos, originados a través de un proceso de transformación y/o imitación de las notas periodísticas (hipotextos). Según Genette, la hipertextualidad es la relación que une a un texto B (hipertexto) con un texto anterior A (hipotexto); es decir, un texto que deriva de otro preexistente (5). La comparación de ambos permite evaluar sus diferencias y similitudes para indagar sobre la creación literaria y su amoldamiento al género detectivesco. Un texto puede emanar de otro por medio de dos procedimientos: transformación o imitación. Este último puede verse en la manera en la que Enrique Sdrech se apropia del estilo detectivesco clásico para darle vida a su cuento "Dos primas". La imitación puede manifestarse a través del *pastiche,* si tiene una intención lúdica; de manera caricaturesca, si el propósito es satírico; y si el modo es serio, sería una forma de plagio (28). Además, Genette señala que la hipertextualidad no excluye otros tipos de transtextualidades. En "Dos primas", son evidentes las alusiones intertextuales a los textos clásicos detectivescos: "Otros recordaban que en 1887 había aparecido *Estudio en escarlata,* del doctor Conan Doyle, 'padre literario' de Sherlock Holmes" (Sdrech: 202). De forma conjunta es posible detectar una metatextualidad, un comentario que une un texto con otro, cuando el narrador expone las posibles razones de muerte tomadas de la nota periodística y permite que el detective que el escritor ha creado las comente para reflexionar sobre el asesinato (Genette: 2).

La hipertextualidad, por medio de una transformación, puede ser una parodia si su intención es lúdica (*playful*), farsa (*travesty*) si es satírica, y transposición (*transposition*) si es seria. Genette considera que esta última es capaz de dar lugar a textos que en términos estéticos o ideológicos enmascaran su condición hipertextual. El crítico especifica varios tipos de transposiciones. La formal se refiere a traducciones, pero la temática es aquella que tiene el propósito de modificar el sentido, todo o en parte, de manera intencional (214). Otra transposición es la transestilización (*transstylization*), que se caracteriza por cambios de estilo. Tal es el caso de las notas periodísticas que son transformadas en novelas, series televisivas, films y/o cuentos. Las transposiciones temáticas pueden ser por extensión (*augmentation*) o por reducción (*reduction*) (228). Según Genette, esta última puede tomar la forma de escisión, por la cual el autor del hipertexto suprime simplemente elementos del hipotexto, o concisión, si no se suprimen partes temáticas significativas. Por ejemplo, en el capítulo *Emilia Basil, cocinera,* de la serie televisiva *Mujeres asesinas,* no se incluye a la hija de la asesina, quien, según la nota policial del diario *La Capital,* le pregunta a su madre si el cajón de manzanas (que contiene los restos de su amante) que estaba en la puerta de su casa les pertenecía o no, porque una vecina le había dicho que de ahí emanaban malos olores. La versión de televisión omite esta situación para eliminar toda relación maternal que pueda alterar la imagen de la asesina y mostrarla compasiva o sentimental.

La extensión puede tener varias manifestaciones y cada una de ellas tiene una clasificación específica. Tal es el caso de una extensión por medio de la introducción de diálogos en el hipertexto que no existen en el hipotexto. Esta transformación es llamada amplificación de figuras (*amplification by figures*), y si se señalan detalladamente o de forma adornada ciertos elementos lacónicos en el hipotexto, estamos frente a una amplificación por circunstancias (*amplification by circumstances*) (260). La expansión temática y la estilística son las principales formas de extensión; Genette las denomina "amplificación". Ésta puede tener un desarrollo diegético (extensión de detalles, descripciones, multiplicación de episodios y textos secundarios) o metadiegético (extensión de eventos ajenos al hipotexto que al ser incorporados al hipertexto adquieren una importancia temática). Una inserción extradiegética es evidente en el caso de Emilia Basil. Las notas periodísticas no mencionan que ella hubiera trabajado en un frigorífico haciendo cortes de carne. La serie de televisión comienza con una escena donde la protagonista descuartiza una vaca y crea una narrativa circular que termina con el desmembramiento de su amante.

La consideración del segundo paradigma, que se refiere a la relación entre la literatura y el periodismo, es necesaria porque los crímenes elegidos son tomados de los periódicos de la época y la transformación de los mismos en ficción es llevada a cabo por escritores que también tienen una formación periodística, como es el caso de Osvaldo Aguirre, quien escribe notas policiales para el diario *La Capital* de Rosario, Argentina. La Universidad de Málaga, en el Decimosexto Congreso de Literatura de 2002, publicó una serie de ensayos bajo el nombre *Literatura y periodismo: la prensa como espacio creativo* (2003). En "Periodismo y literatura: el último encuentro" (2002), Amparo Tuñón explica los procedimientos del nuevo periodismo que se caracterizan por la delineación de escena por escena al narrar la historia, inscribir el diálogo en su totalidad para ubicar al personaje con mayor rapidez, utilizar el punto de vista narrativo en tercera persona y tratar de establecer una relación entre detalles reveladores y simbólicos del estatus del personaje para mostrar su manera de estar en el mundo (56). Por otro lado, Tuñón centra su investigación en la impresión del texto periodístico y analiza las técnicas que emplean los noticieros para hacer creer que reproducen la realidad que imitan; como por ejemplo, el uso de la descripción para afirmar que "el periodista estaba allí" y así darles veracidad a los hechos (59).

Periodismo y literatura: el arte de las alianzas (2006), de Luis Sexto, es otro estudio que relaciona al periodismo con la literatura y explica que la prensa se identifica con la información proveniente de hechos que en verdad ocurrieron, específicamente con la transformada en noticia. Asimismo, esta información proviene del seno social y es difundida por los medios de comunicación (7). Sexto también define la crónica periodística y explica cómo le solicita un préstamo estético a la literatura "mediante el aprovechamiento de ciertos recursos poéticos y literarios." (9).

El tercer paradigma que presenta mi investigación es la conexión existente entre la ficción y la realidad, porque los textos elegidos desafían la línea divisoria entre lo real y lo ficticio. En el prólogo de *Ficciones verdaderas: hechos reales que inspiraron grandes obras literarias* (2000), editado por Tomás Eloy Martínez, se menciona la "teoría de la cristalización" de Henri Beyle (1783-1842), más conocido bajo el seudónimo de Stendhal, proveniente de *Del'amour*, una colección de fragmentos publicada en 1822. Martínez define la teoría de la cristalización como el proceso metamórfico de datos conocidos que realiza un novelista de talento para "adornarlos" y representarlo a su manera (11). Para Martínez, es mediante el proceso de cristalización que es posible transformar la realidad exterior en ficción. En esta construcción de "ficciones verdaderas", el narrador quiere corregir el contexto histórico y disentir, pero no se limita a una mera enmienda del mismo y no es adversario a éste; al contrario, crea una realidad que evidencia un desplazamiento hacia el territorio de la imaginación. Según Martínez, la ficción es una apropiación de la realidad y se hace evidente en el caso de las "ficciones verdaderas". Para este crítico, el periodismo puede dramatizar los detalles triviales pero siempre es fiel a la realidad y jamás llega a ser ficción: quien lee un diario se dispone a leer la verdad y el género determina el lugar de la verdad. En el periodismo no se ponen en duda los hechos, sino el modo de narrar. En sus palabras, todo acto de narración es una forma de leer la realidad de otro modo e impone a lo real la coherencia que no existe en la vida. La ficción opera llenando vacíos de la realidad o tiene el propósito de rehacerla, reescribiéndola.

El resultado de esta variación de la veracidad de los hechos en la literatura es la clasificación de los textos en ficticios y no ficticios. Al haber escogido para mi análisis obras que deben ser definidas en estas categorías antes de revelar la transformación ficcional de los mismos, emplearé "Literary Status for Nonfiction Narratives" (1987) de Eric Heyne. Este crítico, además de examinar el nuevo periodismo, plantea el problema de cómo evaluar textos no ficticios, y comenta que los modelos de narrativa literaria quieren divorciar a la literatura del mundo real. Según Heyne, algunos críticos como John Hellman, de manera errónea, confunden el estatus literario con la ficción y creen que la dirección del significado apunta siempre a la literatura misma.

Heyne propone analizar los hechos, lo factual, para determinar el valor literario de la narrativa no ficcional, y establece una distinción entre "ficticio" o algo no verdadero y "factual" como algo que sí es verdadero. El estado factual proviene de la intención del narrador, es decir, de cómo quiere que la historia sea recibida, y no representa una adhesión a la verdad o a una representación especial de la realidad. En cambio, la adecuación factual (*factual adequacy*) proviene del lector y sirve para satisfacer el grado de veracidad que existe en él. Todo receptor tiene una percepción propia de lo que se considera real. En consecuencia, el individuo que lee un texto debe ajustar o considerar esos mapas para hacerlos coincidir con los del texto. Una diferencia entre ficción y no ficción yace en la suposición de que los datos de la historia factual corresponden de modo específico a hechos verificables. Según Heyne, no toda ficción demanda un estatus factual, y el lector siempre busca adecuación factual, mientras que la narrativa de ficción no requiere estado factual pero sí exige adecuación factual. En *Anatomy of Criticism* (1959), Northrop Frye determina que el canon literario es moldeado por la historia; los textos canónicos deben mantenerse vivos para los lectores que no experimentan el contexto original, y por eso es necesario buscar información fuera del texto.[19] Heyne toma este comentario para proponer que lo literario no implica ficción. La literatura no ficcional incluye un sentimiento moral que busca verificar los hechos, mientras que la no ficción habita el mundo y la ficción trata de cambiarlo, por consiguiente no se puede considerar a la literatura no ficcional como si fuera ficción.

El cuarto paradigma de mi trabajo se refiere a la estructura y la función del género detectivesco en la transformación de los hechos ocurridos, y cómo las características

---

[19] Si bien *Anatomy of Criticism* de Northrop Frye fue publicado hace cincuenta años, lo menciono porque se cita en el artículo de Eric Heyne de 1987 para demostrar que lo literario no implica únicamente ficción.

del policial argentino son incorporadas en los textos de ficción. Para indagar sobre la narrativa policial argentina es central la investigación de Jorge Lafforgue (1935-) sobre su trayectoria en el Río de la Plata, desde 1850 hasta 1995. En *Asesinos de papel: ensayos sobre la narrativa policial* (1996), el autor describe las características principales del género y menciona a los escritores más representativos de las novelas problema y negra. Asimismo, Sonia Mattalia, en *La ley y el crimen: usos del relato policial en la narrativa argentina, 1880-2000* (2008), investiga de qué manera el género policial es usado por la narrativa argentina para representar el crimen y su relación con la ley, enfocándose principalmente en textos que siguen los patrones de la novela problema, escritos por autores como Jorge Luis Borges, Roberto Arlt (1900-1942) y Julio Cortázar (1914-1984). Otra publicación relevante para mi investigación es *Contemporary Hispanic Crime Fiction* (2008) de Glen Close, trabajo que explora las representaciones de la ciudad y de la violencia urbana en las distintas capitales de Hispanoamérica. Dedica un capítulo entero a Buenos Aires para indagar sobre su crecimiento, la relación con el crimen, los mecanismos de poder durante la dictadura militar y el mundo de la droga en la Capital Federal.

De igual relevancia es *Delightful Murder: A Social History of the Crime Story* (1984) de Ernest Mandell, que expone las razones por las que el detective tradicional, considerado un héroe en el policial clásico, pasa a ser un villano en el género negro. Además, aborda cómo la literatura detectivesca, que tenía el propósito de salvaguardar los valores de la sociedad burguesa, se convierte en una forma de protesta contra los corruptos valores de la clase dominante y del Estado. Las observaciones de Mandell se reflejan en la mayoría de las obras escogidas para este estudio. Por ejemplo, en *El hombre que murió dos veces*, las instituciones del Estado tienen dirigentes incompetentes y sobornables que dificultan el acceso a la verdad e impiden hacer justicia. A su vez, Josefina Ludmer en *The Corpus Delicti: A Manual of Argentine Fiction* (2004) presenta al crimen no sólo como un instrumento utilizado para delimitar fronteras culturales y que funciona como medio de exclusión de ciertos individuos en la sociedad, sino también como un elemento que vincula al Estado, a la política y a una determinada cultura. Por ejemplo, Ludmer analiza la aparición de la mujer asesina en la literatura argentina y explora el antisemitismo en "Ema Zunz". Asimismo, aporta elementos de análisis *El cuento policial argentino* (1986), donde Elena Braceras junto con Cristina Leytour y Susana Pittella estudian la tipología del relato policial y su vinculación con la literatura fantástica, la novela gótica del siglo XVIII y el folletín del siglo XIX. Estas escritoras exploran el concepto de verosimilitud, el suspenso, la figura del detective, los mecanismos de la parodia en la novela problema y la ausencia del detective en la novela negra.

Los paradigmas anteriormente mencionados –la correlación entre periodismo y literatura, la relación entre realidad y ficción, y el funcionamiento del género detectivesco– son los pilares que sostienen el desarrollo de mi investigación. Tras este capítulo introductorio, el capítulo II examina la estructura del cuento policial palimpséstico haciendo hincapié en la transformación de la nota periodística en un cuento de ficción. En él analizo elementos transtextuales presentes en los textos, y conceptualizo distintos tipos de hibridez provenientes de la fusión entre el policial clásico y la vertiente de la novela negra. En segundo término, exploro la denuncia social del cuento policial palimpséstico. Precisamente, resalto los conflictos económicos y sociopolíticos de corrupción y violencia, así como los factores históricos determinantes que se ponen de manifiesto en tres cuentos pertenecientes a *Escritos con sangre* (2003), colección basada en hechos reales. Sus autores son algunos de los más representativos del género policial en la actualidad: Vicente Battista, Enrique Sdrech y Osvaldo Aguirre. Sergio Olguín, editor del libro, le pidió a cada uno de estos escritores que escribiera un cuento basado en un hecho ocurrido en la Argentina.[20] En "Caminaré en tu sangre", Battista refleja la marginación y la situación de los inmigrantes italianos a principios del siglo XX en la Argentina. La trama gira en torno al asesinato de Carlos Livingston, subcontador del Banco Hipotecario Nacional, planeado por su esposa y ejecutado por tres hombres recién llegados de Italia. Del mismo modo, en "Dos primas", Sdrech toma el caso de dos primas halladas muertas en una bañera en su domicilio, y explora la ineficacia y la corrupción del sistema judicial y policial argentino. "Algo bien grande" de Osvaldo Aguirre es el tercer cuento a analizar. Éste explora la estigmatización de dos jóvenes que viven en un barrio marginal de la ciudad de Rosario y terminan secuestrando ciudadanos y asesinando a un custodio del mercado de abasto y a un taxista. La selección de estos cuentos se justifica por presentar características muy variadas, ya que cada uno incorpora las particularidades del policial clásico y de la novela negra de manera diferente,

---

[20] A manera de ejemplo, "La marca del ganado", de Pablo de Santis, presenta a un veterinario de pueblo que se convierte en un asesino al enterarse que su hijo murió en la Guerra de Malvinas, el conflicto armado conocido también como la Guerra del Atlántico Sur, que ocurre entre la Argentina y el Reino Unido en 1982, dura menos de dos meses y le permite a Inglaterra recuperar el archipiélago en cuestión. En "Caballero estafador", de Elvio Gandolfo, se resalta la importancia cultural del bar en la Argentina, la relación entre el mozo y el cliente, el café como lugar donde se conducen los asuntos laborales y en este caso también la estafa. Asimismo, Osvaldo Aguirre juega con el lenguaje coloquial mientras que Angélica Gorodischer lo hace de una manera más tradicional. De Santis y Martini escogen un lugar remoto de la Argentina para ubicar sus cuentos y contar la historia basándose en crímenes poco conocidos, mientras que Juan Sasturain y Carlos Gamerro prefieren casos muy populares relacionados con la política argentina.

permitiendo una clasificación y un análisis de la hibridez entre ambas tendencias.

En el capítulo III exploro el policial palimpséstico en dos episodios de la emisión televisiva *Mujeres asesinas,* y analizo la transformación entre la nota periodística de los crímenes y su puesta en escena.[21] En especial, se hace hincapié en la personificación de la mujer y los problemas de género sexual que se desencadenan en crímenes violentos. Estos episodios están basados en hechos reales y en los tres libros de Marisa Grinstein, también titulados *Mujeres asesinas.*[22] Por un lado, la serie de televisión presenta las razones por las cuales diferentes mujeres optan por cometer un asesinato y proporcionan una visión de la situación de la mujer actual en la sociedad argentina. Por ejemplo, el episodio de Emilia Basil se enfoca en la violencia doméstica y en la intersección de género y raza para definir a la asesina, una inmigrante libanesa, que para superar la pobreza en la que vive tiene que sacrificarse trabajando en un frigorífico, un trabajo que por lo común se asocia con el género masculino. Asimismo, el crimen que comete Marta Odera, monja lesbiana, examina el abuso físico y mental que conduce al homicidio. El análisis de las notas periodísticas sobre estos casos, la reescritura por parte de Grinstein y la versión televisiva permiten indagar en el género policial. Mientras que las notas de los periódicos se acercan más al policial clásico por tratar de descubrir al asesino/a y exponer cómo se llevó

---

[21] Los episodios escogidos pertenecen a la primera temporada de *Mujeres asesinas*. La serie está basada en los libros de Grinstein y es posible notar que a medida que transcurre el tiempo, la escritora se aleja cada vez más de las notas periodísticas, deja de utilizar los nombres completos de las asesinas y las historias son cada vez más largas y más adornadas, lo cual imposibilita detectar el caso real que les dio origen. Por estas razones, he seleccionado "Emilia Basil, cocinera" y "Marta Odera, monja."

[22] La autora es periodista egresada de la Universidad de la Plata, trabajó en *El Heraldo de Buenos Aires* y durante diez años fue redactora especial de política nacional en la revista *Noticias*.

a cabo el asesinato, los textos de Grinstein y los episodios de *Mujeres asesinas* pretenden indagar el motivo que los produjo, siguiendo el estilo de la novela negra y reflejando la condición de la mujer.

El capítulo IV compara la nota periodística de los crímenes y su recreación en forma de relato autobiográfico policial y en serie de televisión. Para ello, considero necesario analizar el espacio existente entre estos estilos para explicar a fondo la estructura que requiere la ficción criminal. Al mismo tiempo, exploro las características de la víctima, el asesino y el detective, y la función social que imprimen tanto el escritor como el director fílmico en sus versiones palimpsésticas. Analizo el episodio "Yiya Murano, envenenadora", perteneciente a la serie de televisión *Mujeres asesinas*, y *Mi madre, Yiya Murano*, escrito por Martín Murano, hijo de la victimaria. Murano relata una experiencia personal que aporta datos desconocidos y valiosos sobre el caso, y de manera ingenua, afirma que tiene la intención de contar los hechos "tal como ocurrieron, sin volcar su opinión personal". El drama se desencadena a partir de febrero de 1979, durante la época de la "plata dulce".[23] Yiya Murano se sumerge en la especulación financiera con dinero aportado por amigas. Al no poder afrontar los reintegros, asesina con veneno a tres de los prestamistas, poniendo cianuro en las masas mientras tomaban el té todas las tardes.[24] Su caso es tan conocido que después

---

[23] El gobierno de la dictadura implementó un plan económico basado en el neoliberalismo, apoyado por bancos extranjeros para transferir parte de la economía pública al sector privado. José Martínez de Hoz puso fin al Estado intervencionista, a la protección del mercado interno. Se congelaron los sueldos y se dejó actuar al mercado libremente. La deuda externa pasó a ser catastrófica y muchas industrias entraron en quiebra. A causa de esto, durante la dictadura se desató la inflación.

[24] En la Argentina, las masas son piezas pequeñas de pastelería hechas con masa de harina y otros ingredientes dulces y/o salados que se consumen a la hora del té.

de veinte años continúa apareciendo en televisión, ya no para conversar sobre los supuestos asesinatos cometidos, sino como una figura de la televisión participando como jurado en programas donde los participantes compiten por obtener el premio al mejor cantante, bailarín o imitador. El caso Murano tuvo mucha publicidad porque la acusada, hasta el día de hoy, niega haber matado a sus amigas, aumentando el misterio de lo acontecido. Además, la sociedad argentina sigue desconcertada ante la posibilidad de que una mujer, a la hora del té y de una manera trivial y no violenta, pueda llegar al extremo de asesinar a sus "amigas".

No es este el único capítulo que analiza la literatura policial y su función social. En líneas generales, toda mi investigación apunta a explorar el procedimiento del policial palimpséstico a partir de un caso real (hipotexto), indagando la transformación que ocurre al crearse una obra literaria (hipertexto), que si bien mantiene una relación estrecha con el texto que lo precede, debe seguir un estilo y una configuración específica para amoldarse al género policial. Al seguir esta trayectoria, se evidencian los cambios que se incorporan en el desarrollo creativo del autor y se detectan diferentes grados de hibridez provenientes de la incorporación del policial clásico y de la novela negra.

De igual importancia en este proyecto es destacar el auge de la literatura policial palimpséstica y evaluar la frágil línea que existe entre la realidad y la ficción. Asimismo, me interesa escudriñar el vínculo existente entre el periodismo y la literatura policial. No es casual que la mayoría de los escritores del género sean periodistas. Tal es el caso de Osvaldo Aguirre, Enrique Sdrech, Marisa Grinstein, Juan Sasturain, Vicente Battista, Carlos Gamerro, Juan Martini y María Moreno, entre otros. A veces son ellos mismos los que elaboran las notas periodísticas que aparecen en los periódicos y deciden reescribirlas como cuentos, novelas o crónicas.

La revisión de la crítica existente sobre el tema indica que los planteamientos que propongo suponen un acercamiento novedoso que, en mi opinión, contribuye en varias maneras al estudio del género policial contemporáneo y sus particularidades específicas en el contexto argentino. Mi estudio, en primer lugar, aporta evidencia por la cual aflora en la Argentina el policial basado en hechos reales, mostrando una estrecha interdependencia entre la situación socioeconómica del país y sus signos culturales; en segundo término, puntualiza las reestructuraciones que los escritores efectúan a partir de notas periodísticas para configurar distintas formas de hibridez genérica en base a las pautas del género detectivesco; y por último, plantea modalidades específicas, como el cronicuento, y otras manifestaciones, como la hibridez uniforme, dispar y nula que funden las técnicas de la vertiente negra y del policial clásico de manera homogénea a lo largo de la narración, sin fusionarse o presentando una unión inexistente. El resultado de mi análisis revela la disparidad de propósito entre las notas periodísticas sobre los crímenes y las recreaciones palimpsésticas. El policial palimpséstico mitiga, en sus distintas variantes, el sensacionalismo de la prensa amarilla y roja, para denunciar, a través de su discurso y estructura, males de la sociedad argentina que abarcan la marginalización del inmigrante, la violencia doméstica y el allanamiento de los derechos de los menores, entre otros.

Capítulo II
La estructura y la función social del cuento policial palimpséstico

¿Dónde estará (repito) el malevaje
que fundó, en polvorientos callejones
de tierra o en perdidas poblaciones,
la secta del cuchillo y el coraje?
[...]
Una mitología de puñales
lentamente se anula en el olvido.
Una canción de gesta se ha perdido
en sórdidas noticias policiales.

"El tango", Jorge Luis Borges

El policial palimpséstico es una forma de dar una respuesta a cada crisis que se materializa en la Argentina. Así como durante el malestar económico de la década de 1990, la editorial Planeta edita más de una decena de novelas policiales basadas en hechos reales, la inestabilidad política y socioeconómica proveniente del catastrófico "corralito" de 2001 contribuye al surgimiento de la primera antología de cuentos policiales del mismo tipo.[25] En 2003,

---

[25] El "corralito" es el término con el cual se designa a las medidas tomadas por el ministro de economía Domingo Cavallo de congelar las cuentas bancarias y prohibir el retiro de los fondos en dólares. El valor del peso argentino, que era equivalente al del dólar estadounidense, se devalúa a casi cuatro pesos por dólar provocando un malestar entre los ciudadanos, quienes realizan una serie de protestas en contra de las medidas establecidas. El corralito finaliza en diciembre de 2002. En *Convivir con el capital financiero: corralito y movimientos ahorristas*, Ignasi Brunet Icart comenta que "en diciembre de 2001, las estadísticas dictaban

Sergio Olguín publica *Escritos con sangre*, una serie de cuentos inspirados en hechos reales. Su política editorial es requerir que escritores famosos del género escriban un cuento inspirado en las crónicas policiales de los diarios del país.[26] En este capítulo, arguyo que la comparación entre las notas periodísticas y el cuento policial evidencia una discrepancia en la intención del escritor. Mientras el propósito del cronista se centra en lo efímero de la primicia, el cuentista persigue un acercamiento reflexivo por medio de un distanciamiento crítico. Como parte de la tradición amarillista, los periodistas muestran un interés por relatar el caso de una manera sensacionalista, concentrándose en el horror, el chisme y los estereotipos sociales. En cambio, la reescritura de los hechos por el autor de ficción busca una función estética que se vale de la vertiente del policial clásico y de la novela negra para incorporar una crítica de la sociedad actual, ya sea por medio de una hibridez

---

como cruel sentencia que de 36 millones de habitantes, en Argentina 14 millones vivían bajo el umbral de la pobreza. Ante tanta violencia, exclusión, corrupción, dependencia, ignorancia y democracia de fachada [...] la sociedad se movilizó conmovida por la crisis productiva, financiera, social, política e institucional, y, por otro, situada en un contexto de desigualdad mundial creciente y que refleja el fracaso de la era del capitalismo neoliberal." (23).

[26] La compilación incluye "Algo bien grande" de Osvaldo Aguirre, "Caminaré en tu sangre" de Vicente Battista, "La marca del ganado" de Pablo de Santis, "Los que vieron pasar al rey" de Carlos Gamerro, "Caballero estafador" de Elvio E. Gandolfo, "La sangre de los dioses" de Angélica Gorodischer, "Las cosas son como son" de Juan Martini, "Lengua larga" de Juan Sasturain y "Las primas" de Enrique Sdrech. En el prólogo de la antología, Olguín comenta que estos escritores tenían un desafío doble: "No sólo tenían que escribir un cuento policial sino que además tenía que estar basado en un hecho real ocurrido en la Argentina. La propuesta, realizada en Suiza o Japón, tal vez no despertaría tantos escalofríos como aquí, donde la realidad cotidiana se encuentra inmersa en las noticias policiales, donde hablar de casos policiales es a menudo hablar de casos políticos. Corrupción, inseguridad, muertes sospechosas, conspiraciones, mafias que se mueven cómodas en los estamentos del poder: lo político teñido de policial y viceversa." (14).

uniforme, dispar o nula. Propongo estos términos a modo de clasificación de las tendencias más generales de los cuentos editados por Olguín.

He escogido enfocarme en tres obras de la antología –"Caminaré en tu sangre", "Dos primas" y "Algo bien grande"–, por ser representativas de las distintas modalidades estructurales del cuento policial palimpséstico. La primera presenta una organización híbrida uniforme, porque combina de manera homogénea, a lo largo de la narración, las particularidades del policial clásico y de la vertiente negra. La segunda obra exhibe una hibridez dispar, ya que se evidencian los dos vértices del género policial, pero sin fusionarse. El tercer cuento sólo incorpora las particularidades de la vertiente negra, mostrando así una hibridez inexistente. Para cada cuento, contrasto el titular y la manera en que los hechos fueron reportados con las alteraciones que se efectúan para dar origen a cada pieza literaria. Asimismo, hago hincapié en el componente híbrido. Paso seguido, escojo un motivo social y conecto el pasado de esas historias criminales con los cuentos del presente para explicar el abono que los mismos generan, al centrarse en aspectos como la corrupción, la exclusión social y la incompetencia de las fuerzas del orden, entre otros.

El caso Livingston: horror, chisme y detalle

"Caminaré en tu sangre", de Vicente Battista, está inspirado en el asesinato del subcontador del Banco Nación, Frank Livingston, encontrado muerto después de haber recibido alrededor de cuarenta puñaladas en su residencia de la calle Gallo en 1914.[27] Las autoridades a cargo de re-

---

[27] Vicente Battista nació en Buenos Aires en 1940. En los años 1960 fue parte de la revista *El Escarabajo de Oro*. Ganó los premios Casa de las

solver el crimen realizan una investigación que los lleva a descubrir que la propia esposa del occiso, Carmen Guillot de Livingston, era la que había planeado el asesinato, y para concretarlo había recurrido a unos inmigrantes italianos recién llegados de Calabria. El motivo del crimen termina siendo de carácter pasional, ya que su esposo le era infiel con una amante y al mismo tiempo frecuentaba la casa de una prostituta.[28]

La historia aparece por primera vez en el diario *La Capital*, en una crónica publicada el martes 21 de julio de 1914 con el título "Asesinato del Sr. Livingston. Un crimen alevoso. Misterio que rodea al asunto".[29] El caso llama la atención de la población por ser un asesinato significativo

---

Américas y Fondo Nacional de las Artes por su libro de cuentos *Los muertos*. Otros libros de cuentos de Battista son *Esta noche reunión en casa*, *Como tanta gente que anda por ahí* y *El final de la calle*. También escribió las novelas *El libro de todos los engaños* y *Siroco*. En 1995 ganó el Premio Planeta por su novela policial *Sucesos argentinos*. Es también escritor del diario *Clarín*, ha incursionado en el cine y en la televisión y su último libro es *Gutiérrez a secas*.

[28] Este resumen del caso Livingston proviene de las notas periodísticas y del cuento de Vicente Battista.

[29] *La Capital* es un diario de la ciudad de Rosario y el primero de la Argentina, fundado el 15 de noviembre de 1867. A diferencia de los "diarios de ocasión" de la época que sólo emanaban durante campañas electorales y luego desaparecían, este periódico tuvo permanencia y se desarrolló dentro del periodismo de la época. Asimismo, no es posible distinguir de manera cortante las tendencias entre periodismo doctrinario o de información. Este último también es conocido como periodismo comercial, popular o de masas (Brunetti: 61). La nota periodística del caso Livingston pertenece al período en que los diarios, ya desde fines del siglo XIX, comienzan a organizarse siguiendo las características de la prensa comercial norteamericana. Es decir, que siguen las pautas establecidas por Joseph Pulitzer y William Hearst. Núñez de Prado, quien investiga en el campo de la comunicación social, enumera las siguientes distinciones que se incorporan a la prensa argentina, en especial en las ciudades que se perfilan como sociedades burguesas con un cambio demográfico y social importante: bajo costo, prensa sensacionalista, preferencia por las crónicas de interés humano, línea editorial simple, criterios éticos mínimos para obtener la autenticidad

en el campo de lo político e institucional, ya que la víctima ejercía un cargo importante en el Banco de la Nación y era ampliamente conocido en la sociedad porteña. En *Ensayos críticos*, Roland Barthes indaga sobre las noticias de interés humano (*fait divers*) en los periódicos sensacionalistas franceses, las cuales se ocupan de sucesos trágicos y raros. Según Barthes, estos acontecimientos no tienen cabida dentro de las categorías en las que se distribuye la información periodística moderna (política, economía, guerra, etc.). El crítico señala que si un crimen es político "es una información, si no lo es, es un suceso" (225). La prensa selecciona de esta manera los más significativos y los ordena en términos jerárquicos hasta ubicar los "sucesos" criminales en las páginas finales del diario con el propósito de reflejar la "descohesión social" de un grupo determinado, una práctica vigente hoy en día (Brunetti: 11).

El caso Livingston se presenta en las primeras páginas del periódico y su título denota la tendencia de una prensa comercial e informativa. Cabe mencionar que en la primera década del siglo XX, los diarios argentinos tienen un formato distinto al del actual. Se caracterizan por un espacio gráfico "excesivamente homogéneo debido a la aparente uniformidad de la página y a la diagramación en largas columnas verticales (Brunetti 139)". Utilizando la terminología de Genette, el único elemento paratextual (11) –conjunto de enunciados como títulos, subtítulos, ilustraciones u otros tipos de señales complementarias que mantienen una relación con el texto principal– que sobresale, precediendo a largas y uniformes columnas, es la titulación en la que se observa gran diversidad tipográfica: tamaño, grosor, tipo de letra (Brunetti: 139). Los títulos y

---

de la noticia, publicidad constante y una relación primordial entre lectores y el periódico (181).

subtítulos de la crónica sobre el asesinato de Livingston se presentan de la siguiente manera:

La Capital, 21 de julio de 1914

Esta composición utiliza el rótulo genérico característico del hecho, en este caso en particular, el significante "asesinato", cumpliendo así una función informativa. El título es resaltado en negrilla para separar esta noticia del resto de la información contenida en la misma página, y de este modo, romper con el diseño uniforme típico de la época en cuestión. En *Relatos de prensa: la crónica policial en los diarios cordobeses de comienzos del siglo XX (1900-1914)*, Paulina Brunetti comenta que la función principal es captar la atención del lector y motivar un interés por la noticia (140).[30] El segundo título utiliza la palabra "alevoso" y tiene la función de prescribir emociones, seducir al lector y despertar el horror por los hechos acontecidos. El encabezado predispone lo que el receptor debe experimentar frente al asesinato de Livingston. Patrick Charaudeau, en su investigación sobre las crónicas francesas y brasileñas, encuentra que los vocablos que se utilizan pertenecen a un universo trágico. Hay palabras que describen emociones: "horrible", "terrible", "angustia"; otros términos como "asesinato", "crimen", "tragedia" y "drama" son suficientes para avivar el estremecimiento del receptor (139).

Los dos primeros encabezados de la nota periodística sobre la muerte de Livingston contienen las palabras "asesinato" y "alevoso", las cuales captan la atención y despiertan un sentimiento patético en el lector (9). Según la óptica de Brunetti, en "la crónica se evidencia una variante de la fórmula aristotélica [...] No se ponen en escena las categorías que eran convenientes a la tragedia ya que, entre otras cosas pero sobre todo, la crónica reemplaza una categoría ética (el temor) por otra estética (el horror) en la que el sensacionalismo encontrará su procedimiento predilecto" (193). El horror que evocan los dos primeros títulos se fusiona con el suspenso que origina el tercer encabezado al presentar los hechos como misteriosos. Desde el comienzo, el lector de la crónica se queda absorto y dispuesto a experimentar una lectura sangrienta, violenta y con detalles repugnantes, los cuales espera encontrar en el cuerpo de la nota. De modo consecuente, por medio de una descripción hiperbólica de acciones y pasiones, el cronista irá revelando los sucesos horrorosos para entretener a su lector.

---

[30] Brunetti agrega que los títulos tienen una "polifuncionalidad", la de "informar, resumir, actualizar, situar, explicar, y al mismo tiempo: conmover e incitar a la lectura. Se podría ver en este modo de titulación el origen de lo que luego fue adoptando formas diferenciadas: sobretítulo / título / bajada / copete / etc." (142).

El cuerpo principal de la nota policial sobre el asesinato de Livingston responde a lo que Guillermo Sunkel, al estudiar los periódicos chilenos de mediados del siglo XX, ha denominado prensa sensacionalista. A diferencia de las noticias de la prensa blanca, la cual incorpora una jerarquización de la información, incluyendo los datos en orden decreciente de importancia y donde la intención primordial del cronista es transmitir la información "sin adornos", en la prensa sensacionalista adquieren preponderancia el hecho sangriento y el drama humano, invocando la subjetividad del lector (90).[31] Después del título, la parte introductoria de la nota se denomina "secuencia de apertura", y puede ser un "espacio heterogéneo" ya que puede tener un propósito multifuncional e incluir una "reflexión, el relato de la búsqueda de información y los datos esenciales de la historia" (Brunetti: 184).[32]

Al igual que los títulos, la primera sección del cuerpo de la crónica tiene la función de seducir al lector prometiendo la descripción de hechos cautivantes. La secuencia de apertura de la primera nota periodística sobre la muerte de Livingston mantiene el suspenso y el horror de los títulos iniciales. El periodista comienza con una reflexión al decir que se ha cometido uno de los crímenes más espantadizos e indignantes en contra de una persona relacionada con el mundo bancario y miembro de la alta sociedad porteña. Esta reflexión prorroga dar el nombre de la víctima, que aparece sólo en el segundo

---

[31] Asimismo, la investigadora sobre los medios de comunicación Stella Martini dice que el sensacionalismo es "un estilo discursivo propio de la prensa llamada amarillista, destinada a un lector de corte popular [...] Se caracteriza por su apelación a la emoción y el sentimentalismo más que a la argumentación y el relato directo de los hechos. El propósito es la representación y dramatización de los hechos según una matriz melodramática que subyace en su base" (105).

[32] Tomo el término de "espacio heterogéneo" de Michel Foucault. En "De los espacios otros", el crítico define los lugares heterotópicos e incluye entre sus características la de tener "el poder de yuxtaponer en un solo lugar real múltiples espacios, múltiples emplazamientos" (48).

párrafo introductorio, y prescribe la emoción del suspenso en el lector. Le despierta la curiosidad de saber qué persona famosa ha sido asesinada y la necesidad de saber más sobre el asunto. Luego, en el próximo párrafo, se revela el nombre de Livingston, y de manera breve se explica la forma en la que fue asesinado, "muerto a puñaladas en su propio domicilio", para finalizar con otro elemento seductor y de suspenso, como la confusión que proveen los informes de la policía "en especial en lo que se refiere a los móviles del crimen y las circunstancias que rodearon al mismo" (9).

El periodista relata como si lo que estuviera contando fuera una serie de chismes.[33] Existen crónicas que se estructuran por medio de una curiosidad indiscreta donde vecinos, testigos, conocidos, familiares y amigos suministran sus voces al cronista, quien termina montando una historia con la que pretende asegurar su verdad, pero que son, finalmente, murmullos del barrio (Brunetti: 168). En la nota inicial sobre el caso Livingston, el periodista señala que "un inspector de tranvía los vio [a los posibles responsables del crimen] así como también un agente situado en las inmediaciones [...] el mismo vigilante manifiesta que vio llegar al señor Livingston sin que notara nada de anormal" (9). Estos comentarios resaltan que el periodista ha recogido información de ciertas personas que se encontraban cerca del lugar del crimen para tejer una historia estructurada por medio del chisme. Asimismo, la segunda nota policial sobre el caso se erige de la misma manera, ya que se añaden las observaciones del inspector de tranvía y los comentarios

---

[33] En *La cultura popular en la Edad Media y en el Renacimiento*, Mijail Bajtín estudia las tradiciones del realismo grotesco en *Chismorreos de la mujer que acaba de parir* de 1622, y explica que éste surge a través de la indiscreción del narrador, quien se esconde detrás de una cortina para "escuchar los parloteos" de un grupo de mujeres, registrar "una mezcolanza de chismes y comadreos" y finalmente narrarlos sin tapujo, convirtiéndose así en un "murmurador maledicente" (98).

que él mismo recibe de ciertos vecinos que "le hablaban [sobre] tres individuos sospechosos que se iban alejando [y] que llevaban sobretodos oscuros y sombreros blancos."

El chisme contribuye a estimular el interés del público lector y crea suspenso, pero también demuestra que obstaculiza la investigación oficial del crimen. El uso de expresiones imprecisas como "puede ser", "se dice", "parece" reproduce emociones innecesarias en cuanto a la información criminal, las cuales se evidencian en las notas periodísticas en cuestión. Por ejemplo, el periodista dice que "se supone que los victimarios fueron tres", "se presume que conocían perfectamente todas las costumbres de la víctima", "parecía que [los sospechosos] no daban muestras de apresuramiento" y que "esos tres individuos le temían al señor Livingston" (9). Un dato importante que demuestra el entorpecimiento de la información fidedigna del crimen se comprueba con claridad en los titulares y en el cuerpo de una de las notas periodísticas sobre el caso. El encabezado dice:

La Capital, 22 de julio de 1914

> **El asesinato del señor Livingston**
> CONTINUA EL MISTERIO
> En busca del turco
> Autopsia del cadáver

En este título se introduce a un posible asesino, un turco. Como se verá en el análisis del cuento sobre la muerte de Livingston, ese dato no se incluye en la narración y demuestra la influencia del chisme como elemento importante en la construcción de la crónica roja.[34] Según el periodista, parece ser que un turco le reclamaba a la víctima una cierta cantidad de dinero desde hacía mucho tiempo y se aparecía con frecuencia en la casa de Livingston para obtener los fondos, por lo que un día Livingston lo había echado con violencia y el turco juró vengarse. Este dato en realidad no es necesario para informar quién fue el verdadero asesino, pero se utiliza para aumentar los enredos y el suspenso por medio del chisme.

Después de haber introducido a un falso sospechoso y haber puesto en duda su inocencia, el periodista procede a dar información sobre los verdaderos asesinos y dice que "las pesquisas tienen el propósito de proceder a la detención de una persona de sexo femenino que si bien no ha sido la autora material del delito se cree que sabe quiénes son los del asesinato". De este comentario se puede deducir: (a) el periodista se está refiriendo a la esposa de Livingston y a los inmigrantes italianos responsables del asesinato; y (b) su prioridad no es informar quiénes fueron los culpables, sino relatar todo tipo de habladurías. Asimismo, se demuestra que la crónica es una reescritura licenciosa de un informe policial que hace hincapié en las versiones orales que obtiene el periodista en el lugar de los hechos.

Otro elemento característico de la crónica roja es el detalle de las escenas atroces que sirven para aumentar el horror y cautivar al espectador. En "El efecto de realidad",

---

[34] Véase *Amarillas y Rojas: estéticas de la prensa sensacionalista* de Olga del Pilar López Betancur. El periódico *New York Press* inventa el concepto de "prensa amarilla" para describir la metodología de sus competidores, quienes utilizaban recursos poco tradicionales y sensacionalistas para aumentar la venta de ejemplares. La crónica roja también tiene una estética sensacionalista y se refiere específicamente a notas que relatan sucesos y crímenes sangrientos y violentos (45).

Roland Barthes analiza *Madame Bovary* y "Un corazón sencillo", de Gustave Flaubert, para explicar que estos textos evidencian descripciones inútiles, un lujo que ninguna función narrativa desde el punto de vista de la estructura cede a autorizar (180).[35] Si bien pareciera que esos fragmentos inútiles para la retórica clásica pueden ser saltados por el lector para continuar con el hilo de la narración, en la crónica roja cumplen una función de espectáculo y atracción. Las notas periodísticas sobre el asesinato de Livingston describen el hecho de una manera truculenta y lo reconstruyen de una forma que provoca escepticismo en aquellos que en realidad buscan obtener sólo la información pertinente.

El periodista cuenta con lujo de detalles, dando distintas explicaciones enmarcadas mediante frases como "según una versión" o "según otra versión"; y de manera progresiva, entre el entretenimiento y el espanto, señala que uno de los asesinos le dio una puñalada en el cuello a la víctima, la cual posiblemente corrió al comedor donde le dieron "cincuenta heridas profundas en los brazos, en las piernas y en el costado derecho del cuerpo" (11). Otros detalles revelan que cuando el cuerpo de Livingston fue descubierto por la policía, "los cuchillos estaban atados en unos palos, como de cuarenta centímetros de largo en forma de lanzas" (11).[36] Igualmente, la narración se detiene a contar que varios vecinos vieron desde la "puerta de calle

---

[35] En *Introducción al análisis descriptivo*, Philippe Hamon señala que el detalle es "quizás la única definición que se puede dar de un concepto tan vago –es aquello que determina sentido e insignificancia. Es aquello que detiene, bloquea y suspende el movimiento de la lectura. Pero reclama, entonces, una 'traducción', en cuanto a su sentido, a su función en la obra: interpela e interroga al lector a quien transforma en hermeneuta" (21).

[36] Según Michel Foucault, las escenas atroces de un crimen se "manifiestan escandalosamente, son obra de la inhumanidad y suscitan un horror inaudito" (61).

hasta el lugar donde yacía el cadáver [...] un reguero de sangre." De este modo, el periodista, en vez de utilizar fuentes oficiales, se sirve del chisme para apuntalar el escenario escalofriante y sangriento de los hechos. Al mismo tiempo, satisface al eventual comprador del diario empleando dispositivos como el detalle exagerado para llevar al lector a devorar con rapidez algo que también se escribía de modo apresurado (Brunetti: 204).

"Caminaré en tu sangre": estética del crimen e inmigración en la Argentina

Como ya se ha analizado antes, la crónica periodística de Livingston comienza con un título que le anticipa al lector los hechos que van a encontrarse en el cuerpo principal de la nota. Al encabezado le sigue una secuencia de apertura, que revela la existencia de un crimen alevoso e indignante para atraer, desde el inicio, la atención del lector. Inmediatamente después, el cuerpo de la nota mantiene el interés del público al incorporar las causas, hipótesis, declaraciones oficiales y extraoficiales.[37] Asimismo, el periodista se vale del chisme, el suspenso y el detalle para darle relevancia al horroroso hecho sangriento. La dinámica de "Caminaré en tu sangre" es totalmente distinta. Es un cuento policial palimpséstico híbrido por tener una estructura que combina la vertiente negra con el policial clásico.[38] Igualmente, se evidencia una hibridez en tanto que

---

[37] Brunetti divide el cuerpo de la crónica utilizando la siguiente terminología: antecedentes, contexto / suceso e intervención policial (137).
[38] El estudio de la estructura del policial es fundamental ya que "posee una técnica propia" (Acosta: 33). Asimismo, en "Características del relato policial", Luis Rogelio Noguera menciona que Chesterton decía que se asombraba de la falta de una crítica seria sobre el policial y decía que "es tanto más curioso que no se trate la técnica de tales narraciones, siendo

la crítica social, junto con la investigación racional y enigmática, constituyen un constante entretejido inseparable.

El título del cuento cumple una función distinta al encabezado de las notas periodísticas. En oposición a la crónica, que revela la información principal en su titulación, el título del cuento no tiene el propósito de resumir todos los eventos importantes a contar. En el caso específico del cuento de Battista, el escritor titula su obra según una de las pistas principales del suceso. Esta elección provoca una intriga indescifrable hasta el desenlace del cuento. Desde la aparición de la primera nota periodística sobre la víctima, se menciona el hallazgo de la huella de un pie pequeño, y la segunda crónica sobre el caso revela que "ha aparecido marcando la sangre un pie de mujer", lo que llevará finalmente a inculpar a la esposa del occiso. En la crónica, el periodista incluye el dato de la marca del pie, pero no lo utiliza como un elemento determinante para construir su nota. Es una información más que se incluye y ni siquiera se la relaciona con lo que se dice más adelante sobre la "detención de una persona de sexo femenino que si bien no ha sido la autora material del delito se cree sabe quiénes son los del asesinato." El periodista no parece tener información de que la mujer de la víctima es la implicada en el crimen y tampoco relaciona el dato de la huella femenina y la detención de una señora.

La organización narrativa en el cuento se logra por medio de un cuidadoso montaje gobernado por leyes precisas que su propia naturaleza le impone. La estructura del

---

como son, precisamente una clase de relatos donde la técnica es casi toda la tramoya" (80). "Caminaré en tu sangre" presenta una estructura híbrida. Por un lado, combina el conocimiento previo de los criminales y una crítica social a la exclusión del inmigrante, dos características de la vertiente negra. Por el otro, incorpora el rol protagónico de un detective minucioso que utiliza pruebas científicas y se vale de forma constante de una investigación racional para armar "el rompecabezas."

cuento gira en torno al desenlace y a la búsqueda de un efecto final (Paredes Núñez: 34).[39] El narrador del cuento menciona que el agente Tapia es el primero en llegar a la escena del crimen y que se "advirtieron huellas de un pie pequeño" (Battista: 37). Todos estos datos son fieles a las notas periodísticas, pero el narrador agrega que "esas huellas [...] se adjudicaron al propio Tapia, ya que dijo haber recorrido la zona en puntas de pie" (37). Esta tergiversación de la información periodística tiene el propósito de despistar al lector desde el comienzo para no revelar el desenlace y descubrir que la huella en cuestión era de la esposa, quien había planeado el crimen y caminado sobre su sangre. La preocupación por un desenlace no se evidencia en la nota periodística. Los datos están esparcidos sin buscar un efecto final. Por ejemplo, la primera nota periodística termina diciendo simplemente que el comisario y el subcomisario "salieron en dirección a Flores con el propósito de allanar una casa donde se cree que está oculto uno de los autores del crimen."

La estructuración de los hechos de este cuento no presenta las cuatro facetas bien marcadas de la vertiente clásica: la presentación de un hecho criminal y misterioso, un examen minucioso del caso donde se exhiben

---

[39] En *El cuento hispanoamericano: antología crítico-histórica*, Seymour Menton define el cuento como "una narración, fingida en todo o en parte, creada por un autor, que se puede leer en menos de una hora, y cuyos elementos contribuyen a producir un solo efecto" (8). Según dice Paredes Núñez, "el cuento suele tener una extensión máxima de treinta páginas. H. G. Wells calculaba la extensión temporal en menos de una hora mientras que Edgard Allan Poe habla de una hora de lectura" (25). Existen varios tipos de desenlace en un cuento. Puede ser "normal" cuando se soluciona como una sucesión metódica del proceso constructivo; "inesperado" si hay un mecanismo que asombra al lector; "anticipado" si se estila como esclarecimiento de un acontecimiento revelado al inicio; "sugerido" si se prescinde el final deliberadamente para acrecentar el suspenso; o "cortado" si los comentarios destruyen el efecto de choque final (Paredes Núñez: 35-39).

sospechas y sospechosos, un análisis racional para detectar al culpable, y finalmente el descubrimiento de los asesinos (Rodríguez Joulia: 22).[40] En "Caminaré en tu sangre", el narrador presenta desde el principio a los asesinos, da sus nombres, cuenta sobre sus vidas en Italia y sus trabajos como vendedores ambulantes de pescado. Es decir, que uno de los dos elementos principales del policial clásico, el conocer quiénes son los culpables, queda esclarecido desde el comienzo. El lector rápidamente se informa de que fueron cuatro inmigrantes –"Viterale, Salvato, Lauro y Prostamo"– los ejecutores del crimen (Battista: 49). De la misma manera, el lector enseguida conoce cómo fue asesinado Livingston. El narrador cuenta que el occiso fue atacado en su casa, que murió debido a cuarenta y dos puñaladas, y que intentó abrir la puerta de calle para escaparse (40).

El elemento híbrido de este policial palimpséstico exige un nuevo armazón, que podríamos estructurar de este modo: (a) presentación del crimen y regresión a la víspera del mismo / crítica social; (b) introducción de los asesinos, reconstrucción del hecho por medio de testigos y allegados al occiso en conjunto con la búsqueda y el hallazgo de pistas concluyentes / crítica social; y (c) solución con atención a la ley. Al conocer a los culpables y el modo en que fue perpetrado el crimen, el resto de la historia busca reconstruir el crimen por medio de pistas. Esta reedificación del caso es un componente esencial del policial clásico para llegar a descubrir que la esposa de Livingston, Carmen Guillot, estaba implicada en el asesinato. Asimismo, durante la búsqueda de pistas y por medio de la interrogación de sospechosos se realiza una

---

[40] Tampoco puede aplicarse la estructura del policial clásico de Maxime Chastaing, ya que divide al texto en tres partes que responden a un planteamiento, misterio y resolución de un problema (29).

crítica social sobre la marginalización de los inmigrantes italianos en la primera década del siglo XX.[41]

A continuación, indago sobre el estilo y la organización presentada y exploro la función social del cuento en cada parte de la estructura. Concluyo que la transformación de la nota periodística en ficción se realiza siguiendo las pautas que requiere el género del cuento policial y con el propósito de impregnarlo con un mensaje de denuncia social. Asimismo, el policial palimpséstico no puede desprenderse totalmente de los sucesos que le dieron origen. Al partir de un crimen que ocurre en la sociedad, donde es necesario descubrir un responsable e indagar cómo se cometió ese delito, este tipo de literatura policial tiende a ser híbrida. Por un lado, incluye un proceso de búsqueda en el texto, que es policial clásico. Por otro, incorpora la intención de crítica social de la novela negra que motiva a una reescritura de la misma.

La exposición del crimen en el cuento se lleva a cabo por medio de un narrador que adopta lo que Reis consigna como "focalización externa", ya que no acoge la perspectiva de un personaje ni se convierte en un protagonista de la historia (316). Los hechos se relatan con la intervención de dos detectives, Ruffet y Barrera, desde un punto de vista racional y analítico. A diferencia de la crónica sensacionalista que ahonda en el horroroso crimen y se explaya en contar el hecho de manera sangrienta, el narrador se limita a decir que "pocas veces dos policías con muchos años de

---

[41] El tema de la inmigración es una constante en la literatura argentina de comienzo de siglo. En *Ficciones culturales y fábulas de identidad en América Latina*, Graciela Montaldo dice que a partir de 1920, la gauchesca ya no constituye un género "que ponía en escena un conflicto político", sino que "era más bien una de las formas a través de las cuales las élites culturales y políticas generaban un modelo de identificación nacional para oponerse a las masas migratorias y para homogeneizar étnica, cultural y lingüísticamente al país" (156).

servicio, se habían encontrado con una carnicería de esas características" (Battista: 40). Luego, los detectives son los que comentan el crimen y sacan conclusiones: "Mucho odio [...] mucha saña, repite Ruffet [...] Barrera asiente con un gesto. ¿Quiénes habrán sido?" (40). En contraste con la nota periodística, los policías asumen un papel protagónico con características opuestas, porque Barrera vendría a representar al ayudante, menos agudo y perspicaz, mientras Ruffet sería el Sherlock Holmes, Hercule Poirot o Philip Marlowe, que ve más allá de lo evidente y logrará solucionar el crimen.[42]

Por medio de un desplazamiento temporal se insertan sospechas perspicaces que confirman que toda la información está subordinada a un desenlace y previamente calculada por el escritor. Una vez presentado el asesinato, de inmediato se produce una "anacronía", "analepsis externa", en términos de Gerard Genette, que no interfiere con la narración principal pero que tiene el propósito de dar antecedentes y rellenar la información que recibe el lector (*Narrative*: 50). Con este propósito en mente, el autor incluye una conversación entre Livingston y su esposa que introduce una pista sutil que a primera vista pasa desapercibida: "'No te olvides de ir a misa', dijo Carmen, sin abrir los ojos" (Battista: 39). Aquí se evidencia la complejidad narrativa que requiere el cuento de incluir situaciones que contribuyan a una "unidad de impresión"[43] y a un efecto final, ya que es Carmen la que urde el plan para asesinar

---

[42] Estos detectives son representativos del policial clásico porque no se evidencia un desplazamiento del sujeto público (juez, forense, policía) al privado (detective aficionado o por contratación) (Gramsci: 180).

[43] En *Filosofía de la composición*, Poe escribe sobre la técnica que utilizó para crear su poema "El cuervo"; señala que "el requisito vital de todas las obras de arte" (82) es mantener la unidad, y que es necesario "elegir la impresión o el efecto que el poema produciría" (68).

a su marido y de manera indirecta le dice a Livingston que vaya a misa para que no muera sin confesión.[44]

Esta primera división del cuento también comienza a impregnarse de crítica social por medio de comentarios que realizan los policías a cargo de la investigación. El comisario Barrera le pregunta a Ruffet quiénes podrían haber sido los que asesinaron a Carlos Livingston, y Ruffet le responde: "Los criollos no dejan abandonadas las armas, los italianos, sí" (40). En "Mirando a los italianos: algunas imágenes esbozadas por la élite en tiempos de inmigración masiva", Diego Armus comenta que ya desde el siglo XIX "se buscaban por el mundo a los portadores del progreso argentino" (96) para poblar un país extenso, pero "la Argentina en los años siguientes a las celebraciones del Centenario no es exactamente igual a aquella otra que, en la letra, proclamaba su disposición a recibir a todos los hombres de buena voluntad interesados en poblar un territorio ofrecido como si estuviera vacío de gente" (98). En "La defensa social y la inmigración", escrito por Francisco Stach en 1916, se comenta que lo que "falta es la aceptación de cualquier emigrante sin clasificación ni selección" (381). Asimismo, la inmigración que debe recibirse es la de los países "germánicos, la eslava, la vasca [y a] los germanos latinos del norte italiano" (Ruiz Moreno: 69). Estos comentarios demarcan el inmigrante italiano al que se aspiraba y el que se excluía por indeseable.[45]

---

[44] Edgard Allan Poe, en su crítica sobre *Twice-Told Tales* de H. Hawthorne, comenta que "cada palabra contribuye al efecto que el narrador previamente se ha propuesto. Este efecto debe prepararse ya desde la primera frase y graduarse hasta el final; cuando llega a su punto culminante, el cuento debe terminar; sólo deben aparecer personajes que sean esenciales para fabricar el efecto deseado" (106).

[45] Según los datos que proporciona Fernando Devoto en *La inmigración italiana en la Argentina*, durante el período entre 1910 y 1914, el 51% de los emigrantes italianos provenía de la región Meridional e Insular y esto los convertía en inmigrantes no deseados (65).

En la segunda parte estructural del cuento, el narrador presenta a los asesinos de Livingston y dice que "salieron de Calabria a comienzos de 1913", y que "Viterale y Prostamo [...] habían sido pescadores en el Golfo de Squillace" (Battista: 49), datos que sitúan a los criminales como inmigración marginal por ser provenientes del sur de Italia. Asimismo, se hace referencia a las autoridades sanitarias argentinas, las cuales "declararon [a los asesinos como] individuos sanos, de otro modo no hubieran ingresado al país" (49). Al teorizar sobre la defensa social, Stach también dice que hay que velar por la higiene, y que "se admitan extranjeros [...] sanos, física y psíquicamente [...] que impida el ingreso de los atacados de enfermedades infecciosas" (381), y patrocina una nueva ley que "oponga todas las dificultades posibles para el ingreso de las razas inferiores" (368). El narrador, en oposición a los comentarios explícitos de los policías, presenta la información sobre los asesinos sin opinar, pero –como la investigación precedente corrobora– estos datos sirven para acentuar la alienación del inmigrante italiano que no se quiere incluir en el seno social.

Además de establecer a los culpables, esta segunda parte del cuento presenta una serie de testigos en discrepancia con la crónica policial que narra a través de chismes y los incluye sin poner en duda su veracidad. El comisario Ruffet afirma que "los testigos le mienten a todo el mundo" (Battista: 40). Sin embargo, la interrogación de los declarantes se utiliza siguiendo las características del policial clásico a través de una técnica suspensiva que requiere la participación del lector para resolver el misterio junto con el detective.[46] Así se investiga a la amante, una inmigrante

---

[46] En *La novela policial*, P. Boileau y T. Narcejact citan a S. S. Van Dine, quien dice que el policial "es una especie de juego de inteligencia; más aún, es de algún modo una competencia deportiva en la que el autor

"italiana, tímida y analfabeta" que era una de las antiguas sirvientas de la casa donde se crió Livingston (46). Otra interrogación que se efectúa es con una prostituta que el occiso solía frecuentar, quien era emigrante del Uruguay pero se apodaba Nicole, porque las mujeres francesas se valorizaban más que todas las otras (44). También los dos detectives interrogan a un amigo de la víctima para reconstruir los pasos de Livingston la noche previa al crimen, ya que éste había ido al hipódromo con su cuñado Carlos Luro. En definitiva, todos estos personajes no aportan datos contundentes pero dilatan la acción, mantienen al lector en busca de pistas decisivas y sirven para caracterizar la época porque la prostitución francesa[47] era una recreación popular entre los hombres, y era común que la mano de obra de las mujeres italianas fuera absorbida por el trabajo doméstico.[48]

Existen otros testigos que además de contribuir a la "arquitectura de lo enigmático", proporcionan datos que llevan a los detectives y a un lector activo a armar las piezas de un juego en apariencia ininteligible (Gubern: 14).

---

debe medirse lealmente con el lector" (80). También véase *Les récreants: essai portant, entre autres choses, sur le roman policier*, en el cual Jean Poupart explica que el policial es en realidad un rompecabezas (23).

[47] En *Sex and Danger in Buenos Aires: Prostitution, Family and Nation in Argentina*, Donna Guy señala que era común que las prostitutas que no eran francesas cambiaran sus nombres por uno francés porque era más glamoroso, sofisticado y redituable (221). Guy también comenta que en 1915, la prostitución ejercida por francesas aumenta un 15 por ciento (16) y las pardas y las criollas fingen tener acento francés para cotizarse mejor (46).

[48] Véase *Latinoamérica: las ciudades y las ideas* de José Luis Romero, quien al hablar de las ciudades masificadas dice que especialmente para las mujeres "la esperanza de insertarse o de prosperar en la estructura se asoció a la posibilidad de introducirse en el servicio personal de alguien que perteneciera a la estructura, alguien con cuyo apoyo pudiera extenderse esa primera relación establecida en ella [...] toda una vasta parentela y una fila interminable de amigos y paisanos podía beneficiarse con esa brecha abierta en la estructura" (337).

En *La novela criminal*, Sánchez Trigueros comenta que la implicación del lector en la resolución del crimen "representa mejor lo que es la verdadera pasión propia del acto de leer: la avidez por alcanzar el final pero deteniéndose debidamente en los distintos pasos de la acción o investigación; el poderoso deseo de avanzar con rapidez hacia la solución del enigma o conflicto, frenado por la necesaria atención al [...] párrafo [...] en fin, el gozo iluso de acabar participando en lo que no es sino un falso dominio de la realidad". (11)

El lector, junto con el comisario Ruffet, se entretiene con los diferentes caminos que toma la investigación, selecciona los datos más decisivos aportados por ciertos testigos y adjunta las conclusiones que los científicos aportan al caso.

En "Caminaré en tu sangre" el comisario recibe un informe del médico forense manifestando la existencia de escamas de pescado en la escena del crimen; Ruffet dice que hay que "buscar a italianos que trabajen con pescado, que vendan pescado en alguna feria o por la calle" (Battista: 49) y luego agrega que "en casi todos los barrios hay ferias con puestos de venta de pescados, sin contar a los vendedores ambulantes; italianos la mayoría de ellos" (51). Este descubrimiento lleva a los comisarios a interrogar a una nueva sirvienta, Catalina Gonzáles de Scarello, con el propósito de preguntarle si los Livingston comían pescado. De este modo, la sirvienta cuenta que no sólo compran el pescado en la feria y el mercado, sino además que un italiano llamado Salvatore Viterale lo lleva a la casa. Los detectives de inmediato consiguen arrestarlo mientras "dormía en su pieza del conventillo" (53). La mención de este tipo de vivienda lleva implícita una función social a la investigación racional que se está desarrollando, ya que permite cuestionar la situación precaria en la que viven estos inmigrantes calabreses. En *Desarrollo urbano y vivienda*, Arnoldo Gaite dice que el conventillo es un producto arquitectónico absolutamente definido y tan crudamente racional en su diseño como el de un "barco de negreros" donde el hacinamiento, la promiscuidad y la escasez de servicios patrocinan un detrimento social (9).

La inmigración del italiano es también un elemento de crítica social que se entrecruza con la investigación racional del caso. Se evidencia cuando los comisarios se enteran por medio de los resultados del informe del departamento científico de que una de las huellas digitales puede ser de Viterale. Al ser interrogado el sospechoso, éste admite que Livingston le debía dinero. El detective Barrera, de manera precipitada, le dice a Ruffet que "el caso está resuelto" y que son "cosas de la mafia" porque "no me va a negar que estos inmigrantes italianos son todos mafiosos" (61). En *Historias de la mafia en la Argentina*, Osvaldo Aguirre indica que si bien parte de la inmigración siciliana que llega a Estados Unidos también se asienta en la Argentina, no se dedica a los negocios sucios en el Cono Sur. Los mafiosos que intentan reproducir los esquemas de la *Cosa Nostra* surgen sobre todo y de forma temporal en La Boca y en Rosario.[49] Debido al temor de la población local, se generaliza esta idea para conceptualizar al inmigrante italiano. Aguirre comenta que la mafia era un fenómeno marginal dentro del ambiente de los inmigrantes, pero "llegó a ocupar en poco tiempo un lugar central en la consideración pública. La creciente espectacularidad de sus acciones y su repercusión en la prensa y la opinión social

---

[49] En *Cosa Nostra: History of the Sicilian Mafia*, John Dickie explica que el término *cosa nostra* o "nuestra cosa" tiene su origen entre la comunidad de inmigrantes italianos en Estados Unidos y se refiere a que era algo exclusivo de esta congregación, no permitiendo el ingreso de ningún otro grupo étnico (7).

redundó desde temprano en una notoria estigmatización de la colectividad que la albergaba" (38).

A través de la crítica social, el escritor incorpora recursos intertextuales que acentúan la temática policial del cuento. El comentario del comisario Barrera sobre la posibilidad de que la mafia italiana fuese la culpable de la muerte de Livingston le provoca risa a su compañero y le dice que está leyendo demasiados folletines policiales, estableciendo una relación intertextual. Según Genette, la intertextualidad es:

> Una relación de copresencia entre dos o más textos, es decir eidéticamente y frecuentemente, como la presencia efectiva de un texto en otro. Su forma más explícita y literal es la práctica tradicional de la cita (con comillas, con o sin referencia precisa) [o puede manifestarse como] alusión, es decir, un enunciado cuya plena comprensión supone la percepción de su relación con otro enunciado al que remite necesariamente, tal o cual de sus inflexiones, no perceptibles de otro modo (*Palimpsestos*: 10).

Otro ejemplo de intertextualidad se evidencia cuando el detective Ruffet comienza a sospechar que las infidelidades del esposo de Carmen podrían haber desencadenado el asesinato. Barrera le dice: "No lo tome a mal, comisario [...] pero creo que usted lee muchos folletines policiales" (Battista: 61). Esta relación intertextual explícita pero sin una mención particularizada de los folletines del siglo XIX y comienzos del siglo XX es una manera eficaz de impregnar en el texto su característica de cuento policial, a la vez que remite a la evolución global del género en cuestión. En la Argentina, después de 1915, comienzan a aparecer publicaciones como *La novela semanal, El cuento ilustrado, La novela universitaria*, que incluyen relatos policiales inspirados en los folletines y recurren a sus "estratagemas, sus incongruencias, sus *deus ex machina* y su apelación a lo romántico y a lo maravilloso" (Lafforgue: 114). Asimismo, los razonamientos folletinescos de los cuales se acusan mutuamente los detectives es una forma de enfatizar y diferenciar la búsqueda racional, deductiva, metódica y argumentada que ellos están llevando a cabo con los relatos policiales de los periódicos.

Su investigación llega a su punto culminante por medio de dos pistas: (1) el descubrimiento de una hoja que contiene una frase única –"caminaré en tu sangre"– escrita por la esposa de Livingston, lo que lleva a Ruffet a darse cuenta de (2) que la huella del pie que se le atribuye a un policía presente al comienzo del cuento podría ser nada más ni nada menos que la de Carmen Guillot. Antes de ir a interrogar a la esposa de Livingston, los detectives interrogan a la sirvienta, quien al enterarse de que el italiano Viterale ha confesado todo, confirma las sospechas de Ruffet. Carmen había planeado el crimen, contratando a Viterale y a otros italianos para que se deshicieran de Livingston, y así vengarse de forma definitiva de las infidelidades de su marido que tanto la mortificaban. El descubrimiento de los culpables da lugar a la última parte del cuento, donde se aplica la ley para castigar a los culpables y se preserva el orden que anhela la burguesía. Por planear el asesinato, Carmen es condenada a "la pena de penitenciaria por tiempo indeterminado, con reclusión solitaria de veinte días en los aniversarios del crimen" y los italianos que lo cometieron son condenados a la pena de muerte y "fusilados el jueves 22 de junio de 1916 en el patio de la penitenciaria de Las Heras" (Battista: 77).

"Caminaré en tu sangre" manifiesta ideas muy difundidas entre la burguesía sobre la muerte, el crimen y los detectives. A continuación analizo la ideología burguesa, preponderante en 1914, como elemento del policial clásico. Luego presento una interpretación actual de la crítica social que incorpora el cuento como elemento representativo de la vertiente negra.

De acuerdo con Ernest Mandell, el desarrollo de las comodidades de producción capitalista produce una alteración en la actitud que manifiestan los individuos de las sociedades modernas sobre la muerte. Por un lado, en las sociedades primitivas, la muerte es aceptada como un proceso natural que pone fin a la vida terrenal, y se exhibe un respeto por los mayores y por la cultura ancestral. Por otro lado, en las sociedades basadas en la producción y distribución de bienes, la competición entre individuos se incrementa y los ancianos pasan a ser considerados un estorbo para el mundo capitalista (40). La sociedad burguesa comienza a obsesionarse con la integridad del cuerpo, ya que éste es un instrumento indispensable para la obtención de recursos materiales. Consecuentemente, surge una preocupación por la muerte, vista como un accidente catastrófico y no como una inevitable conclusión de la vida. Es en parte debido a este marco socioeconómico que la burguesía se ve perturbada por la muerte violenta, y en términos más específicos, por la existencia del crimen en el seno social (41).

En "Caminaré en tu sangre", los personajes principales son miembros de la burguesía. Para empezar, la víctima pertenece a la clase alta de Buenos Aires. La nota periodística del 22 de julio de 1914 publicada por *La Nación* llama a la víctima "el niño Livingston", no por su edad sino por su condición social. En el cuento se describen las costumbres refinadas de Livingston y cómo despilfarraba su dinero en las carreras de caballos. Con respecto a la esposa, el narrador dice que "es una mujer de bien [...] su tío bisabuelo fue Juan Crisóstomo Lafinur; es nieta de Florencia Borges de Lafinur; una de sus tías abuelas fue Antonia Borges de Jiménez, y la otra, Leopoldina Borges (Battista: 54). Los detectives parecen obsesionados por averiguar los detalles de la muerte del esposo de Carmen, y son a la vez los encargados de preservar el orden burgués. En "The Ideology of the Detective Story", Mandell comenta que *"death in the crime story is not treated as a human fate, or as a tragedy. It becomes an object of enquiry. It is not lived, suffered, feared or fought against. It becomes a corpse to be dissected, a thing to be analyzed. Reification of death is at the very heart of the crime story"* (41). No se desarrollan los sentimientos de tristeza por parte de la viuda o de la amante, ni se exhibe compasión alguna por parte de los otros personajes, produciendo así un distanciamiento entre el lector y la muerte. Tanto los detectives, instrumentos para mantener el orden burgués, como la burguesa esposa de Livingston quieren saber cuáles son las pruebas y quiénes son los culpables. Así pues, como se ha visto en el análisis de la estructura del cuento, la segunda parte se enfoca en la investigación racional del caso y la esposa de Livingston; cuando los detectives van a interrogarla, lo primero que ella pregunta es "¿encontraron al asesino de mi esposo?" (Battista: 67).

La preocupación por el crimen y la seguridad social conduce a un maniqueísmo que divide a los personajes entre buenos y malos, donde las pistas se han ocultado y deben ser descubiertas. Mandell comenta que con los valores burgueses se consigue la eliminación de la tortura propiamente dicha, para dar paso a un proceso de acumulación de datos y así dilucidar el origen de un crimen (42). Ernst Bloch escribe que este progreso histórico se produce debido a los intereses de la burguesía en defender y solidificar su posición (234). En "Caminaré en tu sangre", los personajes burgueses o los encargados de asegurar el sistema burgués, Barrera y Ruffet, son los que se encuentran del lado del bien, y aunque la esposa haya planeado el crimen, ella no es la asesina. Los perpetradores materiales del crimen no son miembros de la clase burguesa, sino inmigrantes calabreses. Pareciera que la dinámica de la trama tiende a castigar a la clase baja.

De acuerdo con esta visión, la obra cumple un fin didáctico que intenta mostrar que aquellos que no siguen las normas impuestas por la sociedad deben ser sancionados, y que los que quebrantan la ley son siempre los individuos de un nivel socioeconómico no privilegiado. La burguesía pretende mantener una cierta estabilidad, y toda violación del orden social por parte del inmigrante no deseado se convierte en una actividad delictiva. Es más, Mandell dice que es sobre todo la clase obrera la que es vista como una clase criminal (44). El punto clave es mostrar a Giovanni Battista Lauro, Salvatore Viterale, Francesco Salvatto y Raffaelle Prostamo como inadaptados sociales que violan las normas impuestas por la clase gobernante y deben ser castigados por esa razón. En la vertiente del policial clásico, el criminal siempre es arrestado, y como explica Mandell, *"justice is always done. Crime never pays. Bourgeois legality, bourgeois values, bourgeois society, always triumphs in the end"* (48). El rico siempre gana, y sobre todo la propiedad privada, la ley y el orden deben ser protegidos para asegurar el predominio de la burguesía.

Este cuento policial palimpséstico, además de ser en parte un instrumento integrador que persuade al espectador a aceptar y reafirmar la legitimidad de la burguesía, solidifica la rama de la criminología dentro de la producción capitalista. En *The Corpus Delicti*, Josefina Ludmer explica que el criminal no sólo comete crímenes, sino que además *"produces the whole of the police and criminal justice, constables, judges, hangmen, juries, etc; and all these different lines of business which form equally many categories of the social division of labour, develop different capacities of the human spirit"* (3). Ludmer quiere destacar el hecho de que la violación de las leyes impuestas por la burguesía contribuye a afianzar el sistema económico capitalista y justifica la existencia de la industria del crimen. El criminal rompe la monotonía y la seguridad de la vida burguesa y por otro lado estimula las fuerzas productivas.

La industria del crimen tiene un papel prominente en la obra de Battista. Así se menciona la intervención del agente Tapia, quien fue el primero en descubrir el cuerpo de Livingston; los dos detectives a cargo de la investigación, Ruffet y Barrera; "el personal de la seccional 19, [y] en el escenario del crimen también se encuentra [...] la seccional 39" (38); el médico forense que confirma que Livingston intentó defenderse (42); aquellos que transportan al occiso a la morgue (48); los científicos que detectan las escamas de pescado (51); la celadora de la cárcel correccional de mujeres (70); el padre Mazzeo "párroco de la penitenciaría" (72); los abogados que defienden a Carmen (76) y el tribunal que termina juzgando, condenando y ejecutando a los culpables (77). El crimen no sólo provee fuentes de trabajo, sino que también "*reduces competition among the labourers –up to a certain point preventing wages from falling below the minimum- the struggle against crime absorbs another part of this population*" (Ludmer 4). Los criminales en la obra pasan a ser reguladores naturales que equilibran la demanda de trabajo. La sirvienta y los inmigrantes calabreses son arrestados por sus crímenes y dejan libre posiciones laborales. El crimen como herramienta niveladora del mercado capitalista, la reificación de la muerte, y la preocupación con el crimen y la seguridad social son componentes fundamentales de la ideología burguesa. A través de la vertiente del policial clásico se presenta una problemática de conflictos individuales para ilustrar la fricción existente entre las clases sociales. "Caminaré en tu sangre" no sólo le sugiere al lector que todo aquel que ponga en peligro el orden establecido por la burguesía debe ser castigado, sino que también es un medio para que el burgués visualice su poder y se convenza a sí mismo de que toda tensión social puede ser distendida por medio de los órganos de la justicia.

Ya se hace evidente la hibridez (uniforme) del cuento que se debate, por tener una estructura con un enlace (intrínseco) entre la vertiente clásica y la vertiente negra, en tanto que esta última quiere ahondar sobre la marginación y el estereotipo hacia la población proveniente del sur de Italia. Es necesario, entonces, indagar sobre la recepción que podría tener para un lector contemporáneo esa crítica social. En *The Reader and the Detective Story*, George Dove estudia la recepción del género policial. Utilizando la teoría de la recepción, Dove expresa que el significado no es inherente al texto sino que, en cambio, es generado por el intercambio entre el lector y el texto durante el proceso de lectura (46), por lo que puede haber una gran cantidad de significados. En el intercambio entre el texto y el lector, este último puede tener señales incompletas llevándolo a imaginarse signos que no han sido denotados. El receptor entonces transforma la denotación en connotación y el significado se convierte en significante. Esto produce un significado secundario que puede ser más importante que el aparente (47).[50] Es decir que la crítica social hacia el maltrato de los inmigrantes de comienzos del siglo XX podría hacer pensar al lector en la marginalización actual de los inmigrantes en la Argentina.[51]

---

[50] En *Valididy in Interpretation*, E. D. Hirsch sostiene que "*as soon as the reader's outlook is permitted to determine what the text means, we have not simply a changing meaning but quite possible as many meanings as readers*" (213) y en *Truth and Method*, Hans-George Gadamer rechaza la idea de objetividad y la intención del autor para decir que "*to try to escape from one's own concepts in interpretation is not only impossible but manifestly absurd. To interpret means precisely to bring one's own preconceptions into play so that the text's meaning can really be make to speak to us*" (397).

[51] En *Inmigración contemporánea en Argentina: dinámicas y políticas*, María Inés Pacecca señala que la población de extranjeros en la Argentina,

En *Política migratoria y derechos humanos en un contexto de ajustes y reformas neoliberales. Argentina: 1989-1999*, Susana Novick señala el aumento reciente de la población peruana, el crecimiento de la inmigración asiática proveniente de China, Taiwán y Corea, y el flujo de los países vecinos (Chile, Bolivia, Paraguay y Uruguay). Asimismo, Novick hace hincapié en el "impacto negativo de la globalización", y en especial en "la polarización de la riqueza" que afecta en términos socioeconómicos a estos inmigrantes y agrava su vulnerabilidad (2). Novick agrega que las leyes migratorias que surgen en la segunda mitad de los años 1990 contienen un "discurso xenófobo y con ribetes racistas, aplicado con particular intensidad a los inmigrantes de origen boliviano y peruano" (23).[52]

Estos ejemplos demuestran con claridad la actualidad de la crítica hacia la discriminación del italiano que se pone de manifiesto en el cuento, dándole al lector la posibilidad de desplazar ese reproche hacia la problemática de la sociedad actual. La reescritura de la muerte de Livingston

---

según el censo de 2001, es de 1.531.949 personas (20).

[52] Otro grupo migratorio que se destaca en la Argentina actual es el senegalés. Estos africanos se dedican en su mayoría a la venta ambulante de *bijouterie*. El diario *Crítica* del 2 de febrero de 2009, bajo el título "Los negros venden oro y cobran bollos", hace referencia al racismo que experimenta este sector inmigratorio. La misma policía les prohíbe la venta de mercadería en la calle, les confisca la mercancía y les hace desaparecer sus pasaportes. Una víctima le cuenta al diario que cuando trató de ver si los oficiales lo dejaban tranquilo, dándoles unos relojes, éstos le dijeron que "no recibían nada de negros". Otro caso de discriminación racial hacia los inmigrantes que comenta el periódico es el de un congolés Licenciado en Administración de Empresas, quien dice que "la cultura que prevalece en la Argentina no permite que un negro comparta una oficina con un blanco y nacional [...] el refugiado genera desconfianza y desde que llega recibe insultos de todo tipo: negro de mierda, negro trolo, negro puto, agresiones verbales y físicas. Nosotros no podemos hacer nada porque es algo ya muy arraigado en la cultura. Sólo una acción política de alto nivel podría cambiar esta situación" (Nicolini: 1).

se hace con el propósito de recrear la historia buscando elementos estructurales y estéticos del género policial. La transformación de la nota periodística, que se construye en busca de un sensacionalismo comercial para entretener al lector por medio del chisme, suposiciones, descripciones espeluznantes y sangrientas del crimen, se convierte en un cuento palimpséstico de hibridez uniforme que cuidadosamente incorpora a través de toda su extensión las características estilísticas del policial clásico –un proceso lógico y matemático de detección, detectives racionales, personajes burgueses, interrogación de testigos y sospechosos– y del género del cuento (brevedad, atención al detalle, efecto final, unidad de impresión y un armazón estructurado donde la primera oración ya ha sido pensada en función del desenlace). Esta sofisticación se combina con la crítica social inherente a la novela negra para recapacitar sobre la discriminación de inmigrantes a principios del siglo XX e incitar al lector actual a reflexionar sobre los problemas inmigratorios de la actualidad en el escenario urbano contemporáneo.

Crónicas sobre el caso de las primas muertas en una bañera: misterio y escenas atroces

En "Dos primas", Enrique Sdrech incorpora numerosas notas policiales para crear un cuento policial palimpséstico.[53] Para trazar la transformación de los hechos en ficción,

---

[53] Desde sus comienzos como escritor en la columna política del diario *La Vanguardia*, Enrique Sdrech (1928-2003) siempre demostró una pasión por el crimen y el misterio. Además de su profesión periodística, Sdrech fue escritor de ficción. Desde muy chico, se interesó por la literatura policial clásica: Arthur Conan Doyle, Gaston Leroux, Agatha Cristie, Jorge Luis Borges y Adolfo Bioy Casares. Sdrech trabajó para

inicialmente parto desde las raíces periodísticas de 1989.[54] Luego, analizo otra versión de los sucesos en "Las primas en la bañera", una crónica periodística escrita por Sdrech y publicada en *Crímenes famosos: 50 años de investigación periodística,* de 2001. Finalmente examino la creación de "Dos primas" (2003) como modelo del policial palimpséstico de hibridez dispar.

Las notas periodísticas sobre este crimen y el cuento de Sdrech están basados en la misteriosa muerte de dos primas en la zona norte del conurbano bonaerense en abril de 1989. Debido a las peculiaridades del caso, se ha convertido en un suceso popularmente conocido.[55] Todo comienza cuando los vecinos de las víctimas alertan a la policía debido al mal olor proveniente de la casa de al lado. Al entrar a la vivienda, encuentran los restos descompuestos de dos mujeres y los peritos determinan que habían muerto hacía dos meses. Una vecina declara que dos días antes del hallazgo, las primas le pidieron usar el teléfono para llamar a un médico porque la más joven se sentía mal. El doctor de turno confirma haber atendido a las occisas un par de días previos al descubrimiento de los cuerpos. Los investigadores policiales y forenses no pueden explicar la descomposición prematura. Además, surgen diferentes hipótesis sobre la causa de muerte: suicidio, electrocutamiento, botulismo, arsénico y sobredosis de psicofármacos, entre otras.

---

el diario *Clarín* por casi cincuenta años mientras que hizo cursos de criminalística, criminología y balística, entre otros (Olguín: 219).

[54] Para mi análisis utilizo las notas del crimen que se publicaron el 20, 23 y 30 de abril de 1989 en *Clarín*.

[55] A pesar de que los hechos ocurren en 1989, las muertes de las primas siguen siendo noticia, ya que el 6 de junio de 2005, el diario *Clarín* publica una nota sobre la irresolución del caso bajo el título "Casos sin resolver: a 16 años del crimen de la bañera. Dos primas desnudas, muertas y ningún asesino."

Tres meses después del hallazgo, el juez de la causa decide visitar la escena del crimen y encuentra la bañera llena de gusanos y de agua. Un grupo de científicos llega a la conclusión de que el veneno de la mamba, una serpiente sudafricana, puede descomponer el cuerpo humano de forma casi inmediata y sospechan que esto podría haber ocurrido en el caso de las primas. La policía continúa con sus indagaciones y descubre que el novio de una de las víctimas trabaja en el serpentario de un laboratorio de productos medicinales. Cuando las fuerzas de la ley tratan en vano de encontrar al sospechoso, el juez ordena una pericia de los corazones de las víctimas, pero los órganos que estaban en una morgue de La Plata desaparecen de manera misteriosa. Un año después, el juez a cargo del asunto da por finalizada la investigación y decide que las mujeres murieron por inhalación de monóxido de carbono, aunque los peritos descartan esa idea porque las ventanas de la casa estaban abiertas el día en que se hallaron los cadáveres.[56]

En *Periodismo y literatura: el arte de las alianzas*, Luis Sexto señala que la prensa se identifica con la información proveniente de hechos que realmente ocurrieron, "en particular con la convertida en noticia [...] que es información que se alberga en la vida, la calle, en el choque cotidiano de los intereses, la perfidia, la esperanza de la sociedad, y que difunden los medios de comunicación social codificada en géneros" (7). Los sucesos que publica el *Clarín* sobre este caso son percibidos como hechos ocurridos en la sociedad argentina, y el receptor de la noticia acepta la veracidad de los sucesos narrados. Otra forma de decirlo, utilizando el lenguaje de Eric Heyne, es que en una nota periodística debe existir "adecuación factual" que proviene del lector y

---

[56] Este resumen del caso de las primas encontradas muertas en una bañera proviene de las notas periodísticas y del cuento de Enrique Sdrech.

sirve para satisfacer el grado de veracidad existente. Todo receptor tiene una proyección propia de lo que se considera real y tiene que ajustar o considerar esos mapas para hacerlos coincidir con los del texto (139).

Las circunstancias que se relatan pueden parecer extrañas y hasta ficticias por ser insólitas. Por ejemplo, las primas son encontradas desnudas en una bañera, sus cuerpos presentan signos de dos meses de descomposición pero sólo parecen haber muerto dos días antes de haber sido encontradas, y hay una posibilidad de muerte por la formación de un arco voltaico producido por el aire y los vapores del baño. Estas situaciones en apariencia inverosímiles le proveen al lector una dosis de emoción, alteran la regularidad de su vida diaria y lo llevan a experimentar una catarsis proveniente del desorden social por medio de un lenguaje que promueve un "espectáculo para la vista" (Brunetti: 132). Otro elemento que según Heyne debe estar presente en la narrativa no ficcional es *"factual status"*. En el periodismo existe estatus factual proveniente de la intención del narrador, es decir, de cómo éste quiere que la historia sea recibida (139). La información periodística interesante debe poseer una persuasión realista para enfatizar el estatus factual derivado de la intención del narrador. En "Periodismo y literatura: el último encuentro" (2002), Amparo Tuñón toma el término de Roland Barthes "el efecto del texto" para decir que el texto periodístico necesita conseguir un efecto real, y que éste se logra utilizando la anticipación del sentido, la redundancia, el realismo biográfico, la descripción y los testimonios indirectos, entre otros recursos. Estos mecanismos permiten que la realidad parezca contarse por sí misma, sin intervención explícita del periodista (Tuñón: 59). Los titulares de las notas periodísticas sobre la muerte de las primas presagian el sentido y se presentan de la siguiente manera:

Clarín, 20 de marzo de 1989

INVESTIGAN EL DECESO DE 2 MUJERES EN SU CASA DE FLORIDA
Dos muertes y un enigma

Clarín, 23 de marzo de 1989

EL CASO DE LAS MUJERES MUERTAS EN LA BAÑERA
¿Fue electrificada el agua?

Clarín, 30 de marzo de 1989

Además de anticipar la información que contiene el cuerpo principal de la crónica, estos títulos presentan el caso como misterio.[57] La información periodística parte de una conjetura con el propósito de buscar datos para corroborarla. En la jerga periodística se utiliza el término "ir a buscar el título". Es decir, que el periodista parte de un título y utiliza su intuición para ir en busca de los sucesos

---

[57] En *Nacen los otros*, el poeta y ensayista argentino Arturo Carrera dice que "secreto es lo que cuidadosamente se oculta y reserva; arcano es un secreto altamente recóndito y que todo el mundo ignora; misterio es lo que no se entiende ni se explica, por salirse de todas las reglas posibles. Secreto es lo que no se sabe. Misterio es lo que no se puede saber. El secreto es humano. El misterio, para los diccionarios, es sagrado, religioso, místico" (19).

que lo confirmen (Fernández Pedemonte: 181). Asimismo, prever el sentido y la intriga, sirve para motivar la lectura completa de la nota en cuestión. Para lograr un efecto real, en el texto subyacen elementos redundantes que reiteran lo que dice el encabezado. Por ejemplo, en la secuencia de apertura de la primera nota policial se hace referencia al enigma que menciona el título: "Dos víctimas de esta misteriosa historia" (34). El cuerpo principal del texto reitera que "aquí se presenta el más grande enigma", y el final de la crónica dice que "es evidentemente, un gran misterio."

Para mantener el interés del lector, el ritmo de la narración es sumamente acelerado, sin detenerse demasiado en cada dato proporcionado. El detalle se utiliza para contar que el tejido de los cuerpos "es el clásico que presentan los cadáveres extraídos del mar luego de permanecer en las aguas más de un mes", y sólo se incorpora para enfatizar el nudo del misterio debido a que había testigos que aseguraban haberlas visto con vida apenas tres días antes (32).

La descripción es mantenida a un mínimo porque el propósito de estas notas periodísticas es informar quién, qué, dónde, por qué medios, por qué, cómo y cuándo. Con responder a estos interrogantes, los periodistas construyen desde mediados del siglo XIX el relato noticioso. Sexto comenta que la nota periodística "blanca" tiene el propósito de informar al ciudadano de los hechos ocurridos en su entorno, el discurso utilizado es "pasivo, en el orden decreciente de mayor a menor [y se] caracteriza por la relación de los datos primordiales del suceso" (32). Las notas periodísticas bajo análisis siguen esta estructura. Los relatos comienzan con la información más importante, el hallazgo de las dos mujeres desnudas y muertas en la bañera. Luego, comentan el misterio del caso y las posibles causas que determinaron sus muertes. Cabe destacar que al comparar las tres notas sobre el crimen de las primas, cada una de ellas incorpora una nueva hipótesis de muerte que aumenta el misterio. A diferencia de las crónicas sobre el caso Livingston recién examinado, donde se estructuraba la narración en base al chisme infundado, aquí se presentan distintas posibilidades de muerte que son validadas por las investigaciones científicas de los peritos que trabajan en el caso.

Un elemento común en las crónicas policiales tanto en el caso Livingston como en el de las dos primas es la presencia del horror en escenas de hallazgos de cadáveres. Este aspecto se presenta de maneras diferentes. Mientras la historia de Livingston enfatiza la sanguinaria muerte de la víctima, el caso de las primas en la bañera incorpora el horror con la putrefacción de los cuerpos. No sólo la muerte aterroriza en esta historia, sino también la descripción repulsiva de la descomposición de la carne humana. Las notas policiales mencionan "la rigidez cadavérica, cuerpo frío o el blanqueo de la epidermis" y dicen que en "el caso que nos ocupa los especialistas, sobre las partes oscuras e hinchadas y las extremidades blandas y arrugadas determinaron que correspondía a 30 días de muerte" (34). Las descripciones repugnantes se mezclan con las visuales –colores del cuerpo descompuesto– para aterrorizar al lector y sumergirlo en la lectura (Brunetti: 216).[58] Una vez presentadas las características más prominentes sobre las notas periodísticas del caso, paso a analizar la reescritura de las mismas en una crónica de Sdrech titulada "Las primas en la bañera", que precede a la creación del cuento palimpséstico "Dos primas."

En "Las primas en la bañera" se detecta una fusión de la narración, una cierta tonalidad poética con la "noticia" y el

---

[58] Asimismo, en *El hombre y la muerte*, el filósofo francés Edgar Morin comenta que el hombre desde tiempos inmemoriales ha despertado una obsesión por la muerte y la descomposición de la carne y que por estos motivos ha habido un particular interés por la incineración o el embalsamamiento de los cadáveres (174).

comentario para poner en vilo al lector, que es transportado de forma sincrónica al taller de los hechos evocados y a la dependencia de las impresiones del periodista. Para Sexto, habrá crónica "en tanto haya estilo, lenguaje, imagen que vuelen sobre la valla de los límites periodísticos del qué o el quién informativos o noticiosos y sus exigencias de claridad, concisión en interés, y prioricen la construcción interesante que, en lo que respecta a la crónica, equivale a solicitarle un préstamo estético a la literatura" (42).

Comenzando con el título de la crónica, se nota un cambio significativo con respecto a las notas periodísticas de *Clarín*.[59] En la reescritura de Sdrech, no se exponen en el encabezado todos los datos primordiales que se pretenden informarle al lector en el cuerpo del texto. En esta crónica, se abstrae de modo considerable el título y no se revela ninguna información sobre el crimen. Sdrech utiliza un enunciado que cautiva al destinatario y lo motiva a ahondar en el texto por la incongruencia de los significantes *primas* y *bañera* y la curiosidad que despiertan.

Todavía no hay un desarrollo de los personajes como entes literarios, como se evidenciará en el análisis del cuento de Sdrech. Sin embargo, el narrador de la crónica describe más a fondo a las víctimas en comparación con las del periódico. La misma estructura de la crónica lleva al narrador a optar por la descripción. Las notas de *Clarín* no incorporan descripciones detalladas, en cambio, en la crónica de Sdrech se narran los hechos. Sexto diferencia el relato de la narración y dice que "no ha de haber narración sin descripción, porque no hay narración sin escenario" (16).

---

[59] Véase "Los géneros literarios en el periodismo del traspaso de siglo" de Leonardo Romero Tobar. Tobar destaca "un tipo de texto al que los hermanos Goncourt se habían referido como '*l'invention de raconter tous les jours Paris à Paris*', es decir, el relato de lo que acaba de ocurrir en la Ciudad Luz que marcaba los rumbos de la cultura en el fin de siglo, me refiero a la 'Crónica', la crónica de actualidad" (169).

En la crónica de Sdrech, el narrador cuenta que la víctima de mayor edad "era muy apreciada en el barrio. Vivía sola y salía muy temprano, por la mañana, rumbo al trabajo. Retornaba siempre alrededor de las 19, luego de hacer algunas compras en comercios de los alrededores" (25). También se detalla que "las dos primas habían decidido fabricar artesanalmente pequeños arreglos florales" (26). Sdrech recrea una atmósfera propicia para darles vida a las víctimas, las individualiza creando una serie de imágenes que acercan y familiarizan al lector con los personajes.

Además de las descripciones mencionadas, una distinción importante, a nivel de personajes, es la mención de detectives. Las notas policiales del diario generalizan mucho más la función de investigación del crimen, al mencionar a la policía en general: "Cuando policías de la comisaría 2ª irrumpieron se encontraron [con los cadáveres]." Asimismo, hace mención de los investigadores: "Lo que desconcierta a los investigadores es la circunstancia, que según los forenses, el estado de los tejidos es el clásico que presentan los cadáveres extraídos del mar." Si bien la crónica de Sdrech pluraliza al equipo de investigadores, el narrador utiliza una palabra más individualizada, *detectives*: "Al ser consultada por los detectives, aseguró [la vecina] que hacía sólo dos noches..." (26). En otra ocasión se narra que "[los] detectives iniciaron una prolija revisión en la vivienda" (27). Al añadir la figura del detective, Sdrech de modo sutil va incorporando códigos de la narración detectivesca clásica que, como se verá más adelante, ocuparán un lugar central y personalizado en el cuento.

Sin embargo, el detective no narra los acontecimientos. Existe un narrador omnisciente que cuenta la historia en tercera persona. Su omnisciencia es limitada porque sabe los hechos pero no conoce los pensamientos de los personajes, quizás debido al escaso desarrollo de los mismos. Una característica relevante del narrador son sus intervenciones, el misterio y la subjetividad que implican sus comentarios, típicos de la crónica. La primera intromisión del narrador ocurre después del párrafo introductorio. Éste dice: "Veamos cómo se fueron desarrollando los hechos" (25); y otro párrafo comienza con el narrador diciendo: "Y esto fue sólo el comienzo", dándole un clima de intriga a las incógnitas y posibles causas de muerte (27). Asimismo, para presentar la razón de muerte causada por el veneno de la víbora mamba, el narrador agrega de manera subjetiva: "Pero faltaba lo peor" (29).

Las intromisiones expresadas coinciden en cierta forma con la estructura de "Las primas en la bañera", porque se comienza con una breve introducción sobre el hallazgo de los cuerpos. Luego, interviene el narrador en tercera persona del plural para incluir al lector en el desarrollo de la historia y denotar la primera división del cuento: el desarrollo de los hechos. La segunda intromisión –"y esto fue sólo el comienzo"– permite una segunda división que da origen a la simple enumeración de las distintas hipótesis que se analizaron y desecharon: "Muerte por un arco voltaico [...] homicidio seguido de suicidio [...] intoxicación por monóxido de carbono [y] muertes por asfixia por inmersión" (27). La tercera parte de la crónica comienza con otra intervención subjetiva del narrador –"pero faltaba lo peor"– que da lugar al punto culminante de la historia donde se explora la posibilidad de muerte por veneno de mamba, se sospecha del novio de una de las mujeres y se descubre que los corazones de las víctimas han desaparecido. "Las primas en la bañera" es una reescritura intermedia entre la nota policial de *Clarín* y el cuento de Sdrech, donde la frontera entre el periodismo y la literatura comienza a desvanecerse. Se acentúan las descripciones, la subjetividad del narrador a través de sus intervenciones y se introduce de manera genérica la figura de los detectives como los encargados de dilucidar el misterio, producto de dos muertes misteriosas. Como se verá a continuación, en el cuento "Dos primas", estos elementos son reelaborados para conformarse a las reglas del policial clásico y del género negro a través de una profunda transformación de los hechos en ficción.

"Dos primas": el investigador minucioso y la ineficacia de la justicia

Una de las divergencias entre periodismo y literatura radica en que el primero trabaja con datos candentes, mientras que la segunda con circunstancias que son intrascendentes o que tienen una importancia diferida. Sdrech escribe "Dos primas" en 2003, catorce años después de que acontecieran los asesinatos de las mujeres en cuestión, y utiliza las técnicas del cuento detectivesco clásico y de la novela negra. El escritor se aparta de la urgencia, síntesis y jerarquización de los acontecimientos típicos del periodismo. En "Dos primas" prevalece la función estética del policial y se supedita lo cognoscitivo, lo informativo y lo educativo (Sexto 59).

En "Dos primas" se transfigura la información periodística para discrepar de la realidad, creando una disímil, pero que no es contendiente con la del mundo porque la ficción usa elementos que coinciden con los detalles del crimen ocurrido. En *Ficciones verdaderas, hechos reales que inspiraron grandes obras literarias*, Eloy Martínez explica que la escritura literaria tiende a erigir verdades que cohabitan con otros objetos reales, pero que no son la realidad, sino una representación que tiene la misma fuerza de la realidad y genera una ilusión igualmente verdadera (9). Sdrech se apropia del caso policial que ocurrió en la Provincia de Buenos Aires en 1989 para escribir, lo que según Tomás Eloy Martínez sería un cuento de ficción verdadera: "Una operación mental que extrae de todo lo que la rodea el descubrimiento de que el objeto amado tiene ocultas perfecciones [...] una explicación cabal de la transfiguración que se opera en un dato trivial cuando un novelista de talento lo rescata para narrarlo a su manera, tiñendo la rama original con los colores del arco iris" (11).[60]

Sdrech utiliza la imaginación y técnicas narrativas del policial para dar lugar a la ficción rehaciendo la realidad, reescribiéndola y transfigurándola con un objetivo de crítica social que se ilustrará más adelante. La ornamentación narrativa y las características del policial se pueden apreciar por medio de un análisis minucioso de la forma y de la función social de "Dos primas", y de este modo evidenciar en un cuento de ficción la "cristalización" de la información sobre un crimen ocurrido en la sociedad argentina.

A diferencia de la nota policial y de la crónica de Sdrech, el título del cuento no expone ningún indicio sobre la historia a narrar. El lector sólo sabe que lo que va a leer es sobre dos mujeres que son primas. Esto contribuye a que se anude al texto y continúe leyendo con el propósito de conocer toda la historia. "Dos primas" es un señuelo que le despierta curiosidad al lector desde el comienzo. Raymond Chandler define el género detectivesco como "un efecto de movimiento, de intriga, de objetivos entrecruzados" (Lafforgue: 263).[61] El suspenso también se evidencia en el

---

[60] Como mencioné brevemente en la introducción, Tomás Eloy Martínez toma la definición de ficción verdadera de "la teoría de la cristalización" de Stendhal en *De l'amour*, una colección de fragmentos publicada en 1822. Stendhal escribe que "en las minas de sal que hay en Salzburgo se deja caer a veces una rama sin hojas al fondo de un pozo en desuso. Dos o tres meses más tarde, cuando se recupera la rama, está ya cubierta por brillantes cristalizaciones. Las ramas más chicas, semejantes a las patas de una golondrina, se adornan con innumerables diamantes deslumbradores, y ya no es posible reconocer la rama original" (45).

[61] Asimismo, Lafforgue incluye una cita de Louis Vax, quien dice que "nos guía hacia los relatos policiales la atracción del misterio" (264).

marco del cuento. El narrador dice que "el hecho, por sus especiales características, golpeó muy fuerte a los vecinos [...] No era por las dos muertes descubiertas [...] sino por los tenebrosos matices que aparecían rodeando esas muertes" (Sdrech: 193). El pretexto para contar la historia es la intriga que se genera alrededor de las muertes de las víctimas. A diferencia de la nota periodística y de la crónica de Sdrech, las cuales revelan la información más relevante al comienzo del texto, en el cuento se hace lo opuesto para mantener el misterio, y en consecuencia exige más paciencia e interés de parte de los lectores.

El narrador que cuenta los hechos en tercera persona no es omnisciente, porque no conoce los sentimientos o pensamientos de los personajes y no logra saber cómo murieron las primas. Tan sólo conoce los acontecimientos y los pormenores del crimen. De cualquier modo, el narrador contribuye a crear el suspenso. En el primer párrafo, se rellena lo factual con la imaginación del narrador, teniendo en cuenta que no se puede verificar la existencia de un asesino en la vida real. En el cuento se introduce un asesino, otro elemento imprescindible del policial, y a la vez se agregan sucesos ficticios que reescriben la realidad y refuerzan el suspenso. El narrador cuenta que "al autor de aquel macabro suceso [...] siempre bien entrada la noche, se lo ha visto llegar a la cuadra, detenerse largo rato contemplando la casa que había sido escenario del doble homicidio, para luego desaparecer entre las sombras" (193).

La descripción es abundante en "Dos primas", y exhibe un refinamiento estético carente en los textos analizados con anterioridad. Por ejemplo, en el cuento hay una descripción sobre el clima que utiliza expresiones sofisticadas y sensoriales. Este lenguaje se encasilla en los parámetros de la literatura policial clásica, pues se menciona una ola de calor excesivo para atribuirle una explicación racional a la descomposición acelerada de los cuerpos. El narrador indica que "por esos factores imponderables del clima [...] abril [...] se había presentado con temperaturas muy altas, algo absolutamente atípico que los entendidos imputaban al bloqueo de un centro de alta presión localizado en el Atlántico, al que el aire tropical había trasladado a estas latitudes" (194). La manera en la que se retrata el clima es detallada, y además se aprovecha para explicar de forma lógica la razón por la cual la temperatura había subido así. El narrador no deja nada al azar, sino que al igual que en la narración policial clásica se busca una respuesta a todo suceso en apariencia inexplicable.

Más allá de una refinada descripción estilística de los datos relevantes al hecho, la estructura del cuento sigue las pautas del policial clásico. "Dos primas" es una especie de juego de inteligencia que utiliza herramientas racionales y circunstancias exactas para revelar sistemática y progresivamente un suceso misterioso, pero como demostraré más adelante, el cuento también incorpora la estética de la novela negra sólo en su última parte estructural.[62] En contraste con "Caminaré en tu sangre", donde la hibridez genérica se evidencia de manera uniforme y constante a lo largo del cuento, Sdrech opta por hacer una separación dentro de la historia misma para cambiar de estilo e impregnar en el texto una crítica social hacia la corrupción y el mal funcionamiento de las fuerzas del orden. A esta divergencia pronunciada entre dos modos de narración policial, la denomino "hibridez dispar", y la ejemplificaré más adelante.

La primera parte de "Dos primas" comienza con el anuncio del crimen y el pretexto de contar la historia por

---

[62] Ver "Definiciones, códigos y otros elementos de juicio" de Lafforgue. El crítico incorpora las diferentes definiciones del policial clásico de los mayores exponentes del género detectivesco, como S. S. Van Dine, Régis Messac, Laín Entralgo, Roger Caillois, Boileau-Narcejac, Reymond Chandler y Marcel Duhamel, entre otros (259).

ser un suceso tétrico e intrigante. A continuación, se destacan tres demarcados períodos estructurales. El primero le presenta los hechos al lector. Incluye quiénes son las víctimas, cómo fueron encontradas y en qué condiciones se encontraban los cadáveres en el momento del hallazgo. La segunda parte exhibe un desarrollo detallado de las posibles causas de muerte. A diferencia de las notas periodísticas, el narrador hace un razonamiento de las distintas alternativas, presentado sospechas y descartándolas por medio de un proceso analítico y deductivo, y a través de un lenguaje científico.

La dificultad de aclarar las causas del deceso es debida al alto grado de descomposición de los cadáveres, estando en un estado avanzado de dos meses, cuando dos días antes del hallazgo fueron vistas las dos primas por varios testigos. El narrador dice:

> En un primer momento [...] teniendo en cuenta no sólo la flora cadavérica, las lividec es, rigidez y espasmo cadavérico, que la muerte de ambas jóvenes databa, por lo menos de dos meses, y para ello hemos tenido en cuenta los fenómenos especiales, la humedad del ambiente, la aireación y, sobre todo, los calores de los últimos días –había expresado con cierta suficiencia un renombrado médico legista (198).

Este tipo de razonamiento se extiende a todas las presuntas hipótesis de muerte y se realiza con un lenguaje forense ("fauna cadavérica, lividec es y espasmos cadavéricos"). En otra instancia se dan explicaciones científicas sobre la descomposición de los cuerpos: "La putrefacción, que no es otra cosa que la destrucción de la materia orgánica cadavérica por acción de las enzimas microbianas" (196). En las notas periodísticas el vocabulario es sencillo y no incluye conjeturas. Sólo se mencionan motivos de electrificación, inhalación de monóxido de carbono, suicidio, envenenamiento, entre otros. De manera diferente, en "Dos primas", el narrador explica el porqué de cada sospecha y el consecuente descarte de las mismas. En el caso específico de la muerte por monóxido de carbono, el narrador explica:

> Cabe recordar que la muerte por monóxido de carbono plantea siempre dudas y problemas desde un punto de vista estrictamente legal [...] tratándose de un gas incoloro e inodoro afecta primordialmente al glóbulo rojo, lo bloquea, formando un compuesto estable de carboxihemoglobina, lo que impide el transporte de oxígeno [...] Los técnicos concluyeron que si bien presentaba una deficiente combustión de gases, en modo alguno alcanzaba para provocar semejante tragedia (201).

No sólo el narrador de los hechos demuestra un alto grado de raciocinio, sino también el comisario Raúl Alfil, quien a través de monólogos irrumpe cortando el hilo narrativo. Según Sexto, este es un efecto de movimiento, ya que "donde sucede algo, también algo se habla", y contribuye a dividir el ritmo, lo altera; facilita el acrecentamiento de la historia y está lleno de significado. Los textos periodísticos antes analizados no destacan la presencia de un detective, tan sólo mencionan a las fuerzas de la ley y del orden de forma colectiva: los bomberos, la Policía Federal, los forenses. La imaginación del escritor literario y la necesidad de amoldarse a la ficción policíaca lo llevan a individualizar y crear un protagonista central. El narrador cuenta que Alfil es "un hombre de gran experiencia, no se equivocaba" (202). Asimismo, recalca la inteligencia del comisario al decir que si "el misterio de las causas de las muertes y la fecha en que se produjeron no la esclarece el comisario Alfil, el caso quedará impune" (202). Cuando se descubre el hecho de que el perro de una de las primas había sido encontrado con vida, el investigador descarta la muerte por monóxido de carbono y lo expresa a través de un breve monólogo: "El monóxido de carbono mata a todos los que estén en la casa, el gas no discrimina a perros de humanos –afirmó contundentemente el comisario Alfil"; y las intervenciones subjetivas del narrador refuerzan la capacidad del detective: "Y tenía mucha razón. Su argumento, simple y directo, tenía que haber descalificado también aquella antojadiza versión" (203). Esta referencia a la presencia de un perro en la escena del crimen no se menciona en ninguna de las notas periodísticas sobre el caso. Su inclusión facilita el lógico razonamiento del detective Alfil e intensifica la estética del policial clásico.

Antes de proceder al análisis de la tercera parte de "Dos primas" y su relación con la novela negra, faltaría destacar la intertextualidad presente en la segunda sección del cuento. Ante todo, existe un discurso entre el periodismo y la literatura. El narrador cuenta que el caso de las primas se hizo famoso a través de los periódicos, los cuales se referían de modo asiduo al crimen como "primas muertas en la bañera" (197). Por otro lado, el narrador conecta al periodismo con los escritores de cuentos detectivescos clásicos y expone la similitud entre los hechos ocurridos y casos famosos de la literatura policial. "Dos primas" incluye uno de los comentarios de un supuesto diario: "'Edgar Allan Poe, partidario de los criptogramas y las deducciones, pero fascinado también por la muerte violenta, y hasta Charles Dickens y Wilkie Collins, sus sucesores más próximos, se hubieran regodeado con un tema como éste', afirmaba una publicación especializada" (202). La incorporación de este marco metatextual corrobora la presencia del policial clásico en el cuento, conecta ampliamente la hibridez genérica entre periodismo y literatura y revalida la clasificación de este cuento como policial palimpséstico de hibridez dispar.

Según el narrador, otras notas periodísticas resaltaban la similitud del caso con *Estudio en escarlata* de Arthur Conan Doyle, padre literario de Sherlock Holmes, quien "en una de sus apasionantes historias actuaba en casos de misteriosos homicidios [...] presentando situaciones aparentemente imposibles que la lógica terminaba por resolver" (202). Esta conexión con los relatos de Arthur Conan Doyle y John Dickson Carr surge de la posibilidad de muerte por envenenamiento, causado por la toxina de la víbora mamba, la cual acelera el proceso de putrefacción y justificaría por qué los cuerpos, después de dos días, presentaban signos de descomposición mucho más avanzados de lo normal.[63] En uno de sus monólogos, Alfil cuenta: "Por esas ironías de la vida de Sherlock Holmes debió actuar en un caso donde una mujer aparece muerta en su alcoba. La puerta estaba cerrada y atrancada desde adentro, y no había ventana alguna, la víctima había sido envenenada con una poderosa toxina y, ¿sabe quién es la asesina?, una víbora que habían introducido a través de un pequeño orificio que había en el techo" (203).

La posibilidad de muerte por causa de envenenamiento se desarrolla sólo en el cuento, ya que no se menciona en ninguna de las notas periodísticas de *Clarín*.[64] El narrador cuenta que dos casos absolutamente idénticos al de las primas habían ocurrido en el Canadá y en Italia. En consecuencia, surge la probabilidad de que alguien haya introducido una serpiente por la cerradura de la puerta de entrada de las víctimas. De ahí la intertextualidad con los escritores del policial clásico como Conan Doyle y Dickson Carr, quienes se especializaban en resolver asesinatos ocurridos en "cuartos cerrados."

---

[63] John Dickson Carr (1906-1977) es un escritor estadounidense considerado como uno de los más prolíficos e importantes de la época dorada de la literatura de misterio. Escribió bajo los seudónimos de Carter Dickson, Carr Dickson, y Roger Fairbairn.

[64] La revista *Somos* publica una nota sobre la muerte de las primas el 21 de junio de 1989 y tampoco menciona la sospecha de envenenamiento ni la posibilidad de que las víctimas hayan sido picadas por una serpiente venenosa.

Aunque las primeras divisiones del cuento hacen referencia al policial clásico, la última parte exhibe las características de la novela negra y refleja la problemática social y legal de la Argentina en la actualidad. Comienza con la intervención del narrador preguntándose: "¿Entonces? ¿Cómo explicar ese nuevo e inquietante misterio?", y se refiere de manera específica a la búsqueda de datos que corroboren la muerte de las mujeres por envenenamiento de una víbora africana (206). Los vecinos empiezan a decir que el novio de la prima mayor trabajaba en un serpentario y que estaba prófugo. El narrador cuenta que "en ningún momento la policía, ni de civil ni con uniforme, intentó verificar el inquietante comentario [de los vecinos]" (206). Estos comentarios aluden a la corrupción que existe en la Argentina, donde es habitual que los crímenes se cierren sin haberse encontrado a un culpable, y al mismo tiempo forman parte de la tendencia de la novela negra a reflejar la decadencia de la sociedad.[65] Aun más, el hecho de catalogar a "Dos primas" como "ficción verdadera", es decir, una ficción inspirada en hechos reales, contribuye a mostrar una conciencia plena de la época de producción, porque su inicio procede de sucesos que la definen y un determinado episodio de la realidad "suscita en el narrador un interés hacia la red de significaciones que desata", como la corrupción, la falta de eficiencia de la ley, la violencia y la impunidad del crimen (Eloy Martínez: 12).[66]

---

[65] En una encuesta de 1998, el 26% de la población y el 30% de adolescentes creen que los oficiales militares, policías jubilados y en servicio son los que están más frecuentemente involucrados en actos criminales (Smulovitz: 137). Asimismo, la justicia tiende a centrar los castigos en los sectores pobres y marginales de la sociedad y, por consiguiente, éstos no denuncian los crímenes que sufren. El 40% de los ciudadanos argentinos no reporta los delitos por falta de confianza en las instituciones policiales y de la justicia en general (Dammert: 11).

[66] La corrupción es un problema que se evidencia en todos los niveles del gobierno durante el gobierno de Carlos Menem, desde 1989 hasta

Al ver que la investigación no progresa de la manera debida, el detective Alfil convence al juez de la causa para que se realice una comprobación toxicológica más precisa examinando los corazones de las víctimas que se hallaban "preservados en formol" en una morgue de Vicente López. Para la sorpresa de todos, los corazones desaparecen de la morgue, impidiendo un examen más a fondo. El narrador cuenta que "los corazones de Nilda y de Leonor habían desaparecido. ¿Robo? ¿Desidia? No se sabe." (Sdrech: 207). Así, demuestra que la impunidad gana otro caso. El final abierto y la corrupción típica de la novela negra también se manifiesta a través de la intertextualidad. El narrador comenta que un periódico compara el robo de los órganos de las víctimas con las novelas de Chandler y Hammett,

---

1999. Por ejemplo, a Menem y a varios ministros se los acusa de la venta clandestina de armas a Croacia y Ecuador. Un periodista aparece asesinado por haber involucrado a la policía bonaerense en el robo de autos, tráfico de drogas y prostitución. Además, se verifica que las fuerzas del orden están implicadas en el ataque terrorista de un centro comunitario judío, la Asociación Mutual Israelita Argentina (AMIA) en la Capital Federal, el 18 de julio de 1994, dejando un saldo de 86 muertos y más de 300 heridos. Pruebas contundentes demuestran que el vehículo que llevaba el detonante había sido suministrado por un oficial de alto rango (Deleis: 458). Asimismo, las privatizaciones también comprometen al gobierno. Al desnacionalizarse la empresa del correo, ésta pasa a manos de Alfredo Yabrán, un allegado de Menem con gran influencia en las decisiones gubernamentales, a quien la prensa lo apoda "el cartero". Este empresario es acusado por evasión de impuestos y, a la vez, se incriminan a varios ministros de Menem y al juez de causa por tratar de protegerlo. Igualmente se lo culpa del asesinato del fotógrafo José Luis Cabezas en 1997. Al final, Yabrán se suicida cuando el caso se hace público (460). Otro caso famoso de corrupción es el *Swiftgate*. En 1990, el embajador de los Estados Unidos respalda una queja del frigorífico *Swift* en la Argentina por habérsele coimeado para que "agilizara" unos trámites de liberación de impuestos de maquinarias. Durante este mismo tiempo, la cuñada de Menem es detenida con una valija llena de dinero que supuestamente provenía de un negocio de tráfico de armas con Monzer al Kassar, a quien el gobierno le había emitido un pasaporte argentino (Romero: 290).

y dice que "Raymond Chandler, un escritor de gran éxito en misterios policiales, al referirse a Dashiell Hammett dijo textualmente: 'Hammett ha sacado al homicidio del laboratorio y lo ha arrojado en medio de la calle'" (207). Las pruebas de un crimen no pueden hallarse a través de la lógica, sino que la confusión, la corrupción y el caos de la sociedad actual ocultan las pistas existentes y hacen imposible la búsqueda de la verdad.

"Dos primas" es un cuento que ejemplifica la convergencia del policial clásico y la tendencia desmoralizante de la novela negra. Por lo general, los escritores del género detectivesco se inclinan hacia uno de estos dos estilos. En cambio, Sdrech logra una hibridez que enriquece el texto y comprime un proceso evolutivo de décadas en unas pocas páginas. El cuento policial palimpséstico erige imágenes y metáforas del entorno y de las conductas sociales. Sdrech utiliza esta historia, junto con técnicas estéticas manipuladas con conciencia y destreza, para expresar la ineficacia de las fuerzas policiales argentinas para resolver el crimen y la indiferencia de las mismas por apresar a un culpable. Además de esta denuncia social, el texto lo dramatiza a través de sus convenciones genéricas.

Los hechos históricos de las muertes de las dos primas son insuficientes para amoldarse a las exigencias de la literatura policial, y deben emplearse técnicas narrativas que enfaticen el refinamiento estético, la descripción y los elementos del policial: el detective, el asesino, el suspenso, la deducción metódica y racional, así como la problemática social que conlleve a un final abierto, entre varios. A través de los sucesos del pasado y del presente, el cuento se impregna de un efecto social. En "Dos primas", la reescritura de los hechos se transforma en ficción y se impone como verdadera dentro de la estructura lógica del texto, pero al mismo tiempo nunca deja de referirse, de forma inmediata, al hombre, a la sociedad argentina y a la cultura de su tiempo. Asimismo, este crimen en particular pareciera atraer a Sdrech y se convierte en un espacio propicio para practicar sus destrezas narrativas y configurar una nueva modalidad narrativa. El escritor literario, a través de un proceso creativo, reestructura los hechos para contar una historia a la manera del policial, incorporando una hibridez dispar debido a que la estructura del cuento se divide en dos partes donde cada una refleja una tendencia diferente y bien demarcada del género policial. En un primer momento, estas dos segmentaciones compiten entre sí. Para aminorar esta fricción, se relega la función del detective y se dramatiza la imposibilidad de llegar a una solución debido a la incompetencia de las fuerzas del orden y al sistema jurídico argentino.

El caso de dos asesinos adolescentes: demonización del delito juvenil

La historia que inspira a Osvaldo Aguirre a escribir "Algo bien grande" gira en torno al intento de robo en el mercado de productores de la ciudad de Rosario, efectuado por dos amigos, César y Seba, quienes terminan asesinando a un vigilante y consiguen robar el arma que portaba la víctima.[67]

---

[67] Osvaldo Aguirre es poeta, periodista y escritor de cuentos y novelas. Es autor de dos libros de poemas *Las vueltas del camino* (1992) y *Al fuego* (1994); *Velocidad y resistencia* (1995), una colección de relatos; una serie de crónicas bajo el título *Los pasos de la memoria* (1996); las novelas *Estrella del Norte* (1998), *Los indeseables* (2008) y *Todos mienten* (2009). Además ha publicado libros sobre temas sociales e históricos de la Argentina, como *Historias de la mafia en la Argentina* (2000), y ha participado en antologías como *Poesía en la fisura* (1995), *Los saqueos en Rosario: crisis social, medios y violencia* (1999), *Bonus Track* (2000) y *Escritos con sangre* (2003). Es editor del suplemento de cultura y periodista de la sección de policiales del diario *La Capital*, de Rosario. En este periódico dio a conocer dos series de relatos: *Historias perdidas* (1997) e *Historia del crimen* (1988-1999).

Los dos adolescentes logran escaparse y volver a su barrio de emergencia, situado en las proximidades donde aconteció el asalto.[68] Días después, ambos deciden ir a buscar el arma robada que habían escondido, primero en el patio de la casa de César, luego en una cancha de fútbol, y finalmente en una casa abandonada. Para ir en busca del revólver, roban un auto y amenazan al conductor para que los lleve. En busca de un auto mejor, tratan de forzar a otro automovilista que logra escapar. Al ver a un taxista dejan en libertad al dueño del coche en el que estaban y tratan de obligar al taxista a que los lleve en busca del arma. El chofer se resiste y es asesinado por uno de los jóvenes. Pocos días después, la policía logra atrapar a los muchachos, quienes son reconocidos por testigos e imputados por ambos crímenes.[69]

A diferencia de los dos casos policiales que dieron origen a "Dos primas" y a "Caminaré en tu sangre", los hechos de este crimen involucran a dos jóvenes, César de 18 años y Seba de 17. En *crímenes y pecados de los jóvenes en la crónica policial*, Leonor Artfuch sostiene que las notas policiales constituidas con la participación de niños o adolescentes conforman una especie de subgénero de la crónica policial. Esta socióloga argentina agrega que la sociedad estigmatiza al joven de irresponsable, "por ser un sujeto en formación, no dueño de reacciones y emociones, débil, indeciso, inexperto, presa fácil de tentaciones y flaquezas y de moralidad incierta" (12). En especial se discrimina al

---

[68] Al barrio de emergencia también se lo conoce popularmente como "villa miseria", un barrio construido con materiales precarios, por lo general en terrenos que pertenecen al Estado, donde habitan personas de escasos recursos. En *Procesos identitarios y exclusión sociocultural*, Héctor Vázquez dice que para la ciudad de Rosario, la ola migratoria de chaqueños criollos e indígenas tobas y la desocupación proveniente de la decadencia de su importante corredor industrial, a partir de 1990, son las causas principales de la proliferación de estos barrios (153).

[69] Este resumen del caso de los dos adolescentes asesinos proviene de las notas periodísticas y del cuento de Osvaldo Aguirre.

perteneciente a las clases populares sin tener en consideración que la desocupación, el incremento de drogas y la criminalidad son variables interrelacionadas que victimizan a los menores que pertenecen a familias carentes de bienes y convierten al joven marginal en "un blanco fácil [y en] una víctima propicia para la demonización" (12).[70]

Los crímenes cometidos por estos dos adolescentes se hacen públicos en tres notas policiales bajo los siguientes titulares:

La Capital, 21 de marzo de 2000

---

[70] En "Construyendo ciudades inseguras: temor y violencia en la Argentina", Lucía Dammert comenta que durante la segunda presidencia de Menem, entre 1995 y 1997, la delincuencia de menores de edad alcanza el 7,8% anual, y en 1999, el 42% de las sentencias son para ciudadanos entre 18 y 29 años (21). Asimismo, en "Citizen Insecurity and Fear", Catalina Smulovitz señala que entre 1989 y 1996, el porcentaje de desempleo se duplica en el Gran Buenos Aires afectando mayormente al sector de la población entre los 18 y los 25 años, y el 48% de adolescentes entre 14 y 19, pertenecientes a familias de escasos recursos, abandonan sus estudios secundarios (129).

La Capital, 27 de marzo de 2000

La Capital, 01 de abril de 2000

De forma similar a los otros dos casos previamente analizados –las muertes de las primas y de Frank Livingston–, estos rótulos describen emociones; por ejemplo, a través de la palabra "brutal". Suscitan también el interés del lector con expresiones como "dos madrugadas de locura y muerte" (30). Asimismo, evocan un cierto horror al revelarse que son dos menores los homicidas y que asesinaron a quemarropa a un vigilante y de un tiro a la cabeza a un remisero. A esto debe sumársele el suspenso que provoca la titulación al mencionar a sospechosos, la investigación que hace la policía para conectar los crímenes y finalmente la inclusión del testimonio de los asesinos. Todos estos elementos incitan al lector a sumergirse en la lectura completa del texto, despertándole un sentimiento patético. Además, estas notas policiales son de interés público para el ciudadano, ya que le ofrecen información para comprender mejor el comportamiento de los distintos grupos humanos que se entrecruzan en la ciudad (Fernández Pedemonte: 104).

Las crónicas presentan a César y a Seba como menores homicidas. Por un lado, la construcción mediática del menor victimario es idéntica a la de los adultos, y lleva a pensar al lector que si de "chico" es un asesino no podrá esperase algo positivo de estos jóvenes al llegar a su madurez (Artfuch: 35). Por otro lado, las notas que reportan los asesinatos de este caso no respetan la inimputabilidad que demanda la ley por debajo de los 18 años. La crónica, ya sea en el encabezado o en el texto en sí, hace público los nombres de los asesinos, entre ellos un menor, sin ninguna consideración (César Fernández de 18 y Seba de 17). De igual modo, se revela el domicilio del menor de edad situado en la calle "Amenábar al 3.000", y la última nota sobre el caso presenta la declaración de Seba, quien es desposeído de sus derechos y ni siquiera la fabricación de su retrato resguarda su condición de menor (Martini: 105).

Otro punto a considerar en los titulares es la mención de que los crímenes fueron perpetrados por dos muchachos. Éste es un recurso que se aprovecha del estereotipo de la banda o "patota", "como si fueran un 'semillero' de delincuencia juvenil, una 'escuela de la calle' [...] producto de una sociabilidad particular de los barrios pobres" (Artfuch: 36).[71] En el texto principal, la nota policial del 21 de marzo menciona que los "homicidas desaparecieron en el interior de la villa miseria conocida como San Francisquito", y que ahí [los policías] allanaron una vivienda donde habitaban dos jóvenes sospechosos del crimen (30).[72] Según la óptica de Martini, el enemigo es el delincuente común, cuyo tipo es el más joven, pobre y villero (94).[73] En este caso en particular, tanto los sospechosos como los verdaderos culpables son adolescentes entre 17 y 23 años, y todos pertenecen a familias carenciadas que habitan las villas de emergencias de la ciudad de Rosario.[74]

---

[71] En "Agendas policiales de los medios en la Argentina", Stella Martini dice que en el seno social, las imágenes diarias de riesgo y amenaza justifican la proliferación de notas periodísticas, y éstas se transforman en políticas de "discriminación social" ya que en algunos medios de comunicación se "escucharon condenas a las villas, consideradas un enclave de la delincuencia" (92).

[72] En esta instancia los sospechosos son dos adolescentes de los cuales se mencionan sus nombres, edades y domicilios pero no terminan siendo los verdaderos culpables de los crímenes.

[73] Para Martini, los medios de comunicación estereotipan a los sospechosos de delitos y es por esta razón que se generan discursos que tratan de diferenciar la posición de ciertos ciudadanos para no ser estigmatizados. Por ejemplo, en reclamos o protestas, los manifestantes suelen decir "'somos trabajadores no villeros' o 'aquí hay gente normal, trabajadora, vean, acá no hay negros o gente de la villa'" (98).

[74] Asimismo, toda noticia policial presenta un conflicto entre los ciudadanos legales o "normales" y los ilegales o "anormales" (Martini: 100). Como ya se ha visto a lo largo de este capítulo, los criminales son calificados de asaltantes, homicidas, delincuentes, todos términos marginales que los excluyen de la "'especie humana'" (100).

Este procedimiento de marginalización también se refuerza, en las notas periodísticas bajo estudio, por medio de una visión conmiserativa de las víctimas. Esta actitud pietista tiende a incrementar el peso de culpabilidad (Artfuch: 28). Las crónicas policiales sobre este caso en particular mencionan que el vigilante del mercado de productores "tenía dos hijos pequeños y por su trabajo ganaba menos de 300 pesos por mes", y que el remisero asesinado "tenía dos hijos y una nieta de tres años [...] era un ser muy querido por todos, respetuoso y luchador" (27). El elogio de las virtudes de la víctima subraya el carácter injustificable del crimen y demoniza a los menores inculpados en los asesinatos (43). En conclusión, las notas periodísticas sobre el asesinato del conductor y el vigilante perpetrados por César y Seba enaltecen a las víctimas. Asimismo, estereotipan el hecho de que el delincuente común es el joven de la villa que actúa en complicidad con otros adolescentes, y el periódico trata estos casos de homicidio al igual que victimarios adultos, sin respetar la privacidad del menor que exige la ley.

"Algo bien grande": exclusión social y cumbia villera

Vimos cómo el policial palimpséstico antes explorado en "Caminaré en tu sangre" y en "Dos primas" se caracteriza por tener una estructura híbrida proveniente de la fusión entre el policial clásico y la vertiente negra, ya sea a través de una combinación constante en toda la extensión del cuento o por medio de un cambio súbito y evidente. En el caso de "Algo bien grande" de Osvaldo Aguirre, la presencia de la vertiente clásica es inexistente, por lo tanto el texto sigue de manera exclusiva las características de la novela negra y permite añadir una nueva modalidad estructural a la que designo como cuento policial palimpséstico de "hibridez nula". En términos más explícitos, se puede agregar que este cuento de Aguirre no intenta descubrir a un delincuente que se "esfuma en el espacio", y que el cadáver es hallado en el lugar del crimen sin ninguna pista evidente para que un detective por medio de un método deductivo logre descifrar el misterio (Giardinelli: 17).[75]

"Algo bien grande" presenta a los criminales desde el comienzo del relato, y no hay misterio que dilucidar porque a medida que el lector se sumerge en la lectura se "tropieza" con todos los móviles de los victimarios. El narrador cuenta en detalle cómo acontecieron los hechos: "El custodio estaba sentado afuera, con una escopeta entre las piernas", los asaltantes "se separaron antes de llegar", César encaró al tipo y Sebastián "le pegó un tiro en la cabeza y otro más en la espalda cuando el viejo se fue de boca al piso, como si un camión invisible lo atropellara" (Aguirre: 21). Aquí yace una diferencia preponderante entre las notas policiales sobre el caso analizadas previamente y el cuento palimpséstico de Aguirre. Mientras que las dos primeras notas periodísticas mantienen al lector en suspenso porque no se conocen los asesinos y la policía interroga a jóvenes sospechosos que habitan en el barrio de emergencia cercano al crimen perpetrado en contra del vigilante, el cuento gira en torno a los jóvenes criminales para indagar por qué dos adolescentes llegan a convertirse

---

[75] Recuérdese el caso específico de "Dos primas" y "Caminaré en tu sangre", donde los cadáveres son encontrados en las residencias de sus respectivas víctimas sin pista alguna, código pertinente al policial clásico. Nótese también que mientras en "Dos primas" nunca aparece un culpable, elemento distintivo de la novela negra, en "Caminaré en tu sangre" se conoce desde el comienzo de la narración quiénes son los asesinos, otro componente característico de la vertiente negra. En contraste, en "Algo bien grande" no existe un detective ni la exploración racional del crimen y en los cuentos de Sdrech y Battista se entremezcla la deducción científica del detective con una crítica social representativa de la novela negra.

en homicidas. Tanto el narrador como los diálogos entre César y Seba esclarecen toda intriga que se podría suscitar en el lector.

Como se verá más adelante, este mecanismo que utiliza el escritor permite fortalecer el sentido de denuncia social que se desprende del texto y evita que el receptor busque exclusivamente la lectura entretenida que emana de un cuento en el que el suspenso y la acción lo distraen de todo propósito de crítica social. En *The Reader and the Detective Story*, George Dove explica que por medio de la experiencia el lector del policial desarrolla una intuición por el género, y que cuando un tema o característica se repite de modo regular pasa a formar parte de su estructura, dándole forma, dirigiendo la lectura futura del lector y permitiéndole comprender la fórmula (48). Es decir, que el ávido lector del policial que opta por la lectura de "Algo bien grande" espera el elemento de crítica social inherente a la vertiente negra y reconoce la ausencia del policial clásico.

Si atendemos a las pautas que Jorge Lafforgue establece en *Asesinos de papel* para el policial clásico, "Algo bien grande" no se puede encuadrar en dicho género. No incorpora los códigos de la narración de Edgard Allan Poe, ya que no hay sospechas superficiales que apunten de forma equivocada a un delincuente y carece de una investigación inexorable y sistemática por parte de un detective (260). A diferencia del cuento palimpséstico, las crónicas periodísticas sobre los crímenes mencionan a las fuerzas del orden y las averiguaciones que la policía realiza para descubrir a los responsables. Por ejemplo, la primera nota policial de *La Capital* menciona la información de testigos que se comunicaron "por teléfono con la seccional 13ª", una orden de "allanamiento firmada por la jueza de instrucción" y la intervención de "efectivos del Comando Radioeléctrico, la Guardia de Infantería [y] la Brigada de Homicidios", así como el hallazgo de sospechosos que la policía detiene e interroga por tratarse de dos jóvenes que cuentan con numerosos antecedentes penales y que ya habían sido condenados por asaltos previos al Mercado de Productores (27). Es decir, que estas crónicas que dan origen al cuento palimpséstico sí evidencian características del policial clásico, al indagar quién efectuó el crimen y cómo lo hizo.

Para averiguar cómo se llevaron a cabo los asesinatos, el periodista de la crónica actúa como si fuera un detective, reconstruye el caso de la muerte del vigilante y dice que "el crimen ocurrió alrededor de las 4:30. El portón que estaba sobre Castellanos a pocos metros de 27 de Febrero se encontraba abierto debido a que a esa hora la actividad en el predio es intensa [...] esa situación habría sido aprovechada por al menos dos delincuentes para entrar a robar [...] y entonces Gómez le salió al cruce." Estas suposiciones y el esfuerzo por reedificar el hecho para encontrar a los culpables al estilo del policial clásico se reflejan también en la nota policial sobre el asesinato del remisero: "Esta teoría fue descartada ayer a la tarde por uno de los investigadores del crimen, quien aseguró que los autores materiales serían dos hombres que se desplazaban a pie."

Al extender el análisis sobre la ausencia del policial clásico en "Algo bien grande", se ve que tampoco se manifiestan las observaciones de Thomas de Quincey en *El asesinato considerado como una de las bellas artes*, quien afirma que desde el punto de vista artístico son imprescindible la singularidad del plan y la intrepidez (23).[76] Los protagonistas del cuento deciden asaltar al Mercado de Productores pero el asesinato del vigilante no es planeado. Seba, al ver que el custodio monta su arma, le pega un

---

[76] El libro de Thomas de Quincy está conformado por dos ensayos escritos en 1827 y 1829. Ambos son considerados por la crítica literaria dos pilares fundamentales para el estudio del crimen desde un punto estético.

tiro en la cabeza. Las decisiones de sustraer un auto son precipitadas y el homicidio del remisero se debe a que no quiere que le roben el vehículo e insiste en darles su dinero a cambio de poder quedarse con su coche. Asimismo, la idea de robar el coche surge con la intención de ir a buscar el arma que le robaron al custodio y así vengarse de la humillación que recibieron César y Seba de una pandilla de jóvenes cuando fueron a un *pool* a jugar al *flipper*. Si las notas policiales en los diarios tienden a mostrar a las bandas juveniles como un símbolo clásico de la negatividad juvenil, en el cuento los asesinos son víctimas de una banda, lo cual ayuda a romper lo maniqueo, otro elemento característico de la novela negra.

La estética del crimen que resalta De Quincey tampoco se evidencia en las notas periodísticas, por el simple hecho de que lo contado –o dicho de otra manera, en términos de Genette, la diégesis o historia principal– es lo mismo en el cuento y en las crónicas, mientras que lo que varía es la forma de contar, es decir, el relato o la narración que se utiliza en cada versión (122). Como se ha demostrado, "Algo bien grande" carece de los códigos de la narración policial clásica y exhibe una "hibridez nula" al incorporar sólo las características de la novela negra. "Algo bien grande" presenta una de las estructuras características de este género: presentación de los asesinos / crimen-no búsqueda-localización[77] (Calatrava: 69), la cual sigue la

---

[77] La fórmula que utiliza Calatrava para generalizar la estructura de la novela negra es "CRIMEN-BÚSQUEDA / NO BÚSQUEDA-LOCALIZACIÓN / NO LOCALIZACIÓN" (69). En "Algo bien grande" no hay una búsqueda de los asesinos ya que no hay un antagonista o protagonista como detective que esté a cargo de una investigación para dar con los asesinos. Las notas periodísticas sobre el caso siguen también este recorrido pero la diferencia es que sí evidencian una búsqueda racional de los criminales. Mientras que las notas periodísticas presentan una hibridez homogeneizada al reflejar una realidad social, en el cuento palimpséstico la hibridez es nula.

corriente que tiene como protagonistas a delincuentes ocasionales representantes del desorden social y de los cuales se narra el itinerario criminal (54).[78] En *Thrillers*, Jerry Palmer hace una clasificación del delincuente por beneficio, venganza o poder (17) y Erico Ferri los tipifica en criminal congénito, perturbado, por costumbre, por pasión o por contingencia (10). En "Algo bien grande", los asesinos presentan características de estos dos sistemas de clasificación. César y Seba perpetran el robo al Mercado de Abasto por beneficio o provecho propio, ya que el narrador lo primero que dice es que el "proyecto de [los muchachos] era hacer algo grande y vivir sin problemas por un tiempo" (Aguirre: 19). De manera simultánea, los asesinatos que cometen son contingencias, ya que no los planean, sino que se materializan por casualidad. El vigilante del mercado saca su arma y Seba le pega un tiro en la cabeza (21), y al remisero, César le dispara por no cooperar y no dejarse robar el auto (32).

A diferencia de la nota periodística, que demoniza y estereotipa a los jóvenes delincuentes, el narrador no pretende lograr este efecto, porque desde el comienzo dice que los adolescentes querían vivir sin preocupaciones "por un tiempo [pero] para eso necesitaban armas" (19). No se pretende retratar a los jóvenes como a los delincuentes provenientes de una "villa miseria" donde se gesta un "semillero" del crimen juvenil. Todo lo contrario con respecto a las notas periodísticas: el propósito de la reescritura es explorar las circunstancias que los llevan a

---

[78] Para indagar más sobre las diferentes corrientes de la novela negra, véase "La novela negra" de Javier Coma, quien explora las distintas tendencias en el que el protagonista puede ser un criminal con antagonistas policiales o que explora las motivaciones interiores de un criminal ocasional (38-45). En *La novela criminal española*, Calatrava añade un nuevo tipo de malhechor al que denomina "delincuente honrado" (54).

cometer esos delitos.[79] Tanto los comentarios del narrador como los diálogos entre César y Seba son una manera de explorar las razones por las que la violencia juvenil ha tomado preponderancia en estas últimas décadas. El narrador comenta que Sebastián quería ir a un baile donde tocaba la banda de Freddy y los Solares, pero los guardias no lo dejaban entrar, y "no era cuestión de pagar o no pagar sino que le molestaba la actitud de la gente. Se quedó mirándolos un rato, sin rebajarse a pedir nada; no estaba lejos el día en que iban a arrepentirse de lo que hacían" (19). Mientras que la crónica periodística del 1º de abril de 2000 comenta que Seba no pudo ir a la "bailanta" porque le faltaban 50 centavos, el cuento palimpséstico recalca la marginalización, ya que el narrador dice que no era cuestión de dinero. El comentario del narrador denota el sentimiento de exclusión social que siente el personaje y se relaciona con la identificación de Sebastián y su gusto por la cumbia villera de Freddy y los Solares.[80]

La cumbia villera surge como contrapartida del relego del Estado menemista a los capitales transnacionales y de la brecha cada vez más pronunciada entre pobres y ricos (Carranza: 121).[81] En *Contemporary Hispanic Crime*

---

[79] En una entrevista personal con Osvaldo Aguirre, el escritor ratifica que la motivación de la reescritura de esta historia provino del deseo de "retomar el lenguaje" de estos muchachos y darles una voz mediada para reflejar la exclusión social del joven en una economía neoliberal.

[80] En *Argentina*, Danny Palmerlee dice que la "*cumbia villera is a fusion of cumbia and a gangsta posturing with a punk edge and reggae overtones. This spawn of Buenos Aires shanty towns has aggressive lyrics that deal with marginalization, poverty, drugs, sex and the Argentine economic crisis. Gauchín, Los Pibes Chorros, Yerba Brava and Damas Gratis are Argentina's best known cumbia villera groups*" (49). Freddy y los Solares es un grupo de cumbia villera que ha adquirido un éxito rotundo en la Argentina; lo demuestra su producción discográfica, que comienza en 1999. Desde entonces han grabado por lo menos 13 discos.

[81] En la ciudad de Rosario, lugar donde ocurren los hechos y de aproximadamente un millón de habitantes en 1999, las estadísticas concluyen

Fiction, Glen Close incluye un reporte más reciente y a nivel nacional en el que comenta que debido a los ajustes estructurales de los años 1990, el índice de pobreza llega al 42,3% de la población en 2002, y que el deterioro económico y la mala distribución de la riqueza son las causas por las que el crimen se cuadruplica entre 1991 y 2001 (127). El gusto de Sebastián por la cumbia villera es una contrapartida al lujo y al espectáculo político y social que pretende mostrar a una sociedad globalizada, capaz de consumir los lujosos productos que se exhiben en el mercado. Esta música es una manera de mostrar ciertas realidades en aumento dentro del seno social: "Una vida en la miseria, el delito y la desesperación" (Carranza: 121).[82] Este sector marginal al que pertenecen César y Sebastián se identifica con la cumbia villera, que es "una transformación cultural proveniente de grupos que reivindican una voluntad de dominación, un estar situados más allá de la moral, una vida en constante peligro, y que por haberse desprendido de los productos de una cultura decadente, hacen de su vida una lucha" (123).

Estos jóvenes están acostumbrados al peligro y a la violencia, y el narrador del cuento lo comenta diciendo que después del asesinato del vigilante del mercado, César "se encontraba incómodo, un poco raro, pero no por lo del guardia. No, lo raro era justamente que había pasado algo y no sentía nada en especial" (22). César demuestra que existen transformaciones psicológicas, patologías de

---

que los estratos de mayores ingresos y consumo sofisticado representan apenas el 7%, los cuales tienen acceso al 30% del Producto Bruto Interno, mientras que un tercio de la población recibe apenas el 8% del PBI de la región (Aguilar: 318).

[82] En *Los estudios del discurso: nuevos aportes desde la investigación en la Argentina*, Isolda Carranza comenta que la venta de "todos los bienes del Estado [y un país] sin políticas sociales en salud y educación, con un nivel de corrupción e inseguridad jurídica" es una situación propicia para la creación de la cumbia villera (121).

conductas y trastornos cognitivos que dificultan una vida digna provenientes de la agresión y la violencia diaria que experimentan estos grupos marginados (Martínez de Bringas: 139). "Algo bien grande" presenta a los delincuentes como "víctimas vivientes" y la narración se estructura alrededor de ellos para darles una "voz mediada", como afirma Osvaldo Aguirre. En contraste con las notas periodísticas sobre el caso, que exaltan las bondades de las dos personas que son asesinadas, el cuento obvia por completo toda mención sobre los occisos. "Algo bien grande" abre el panorama del lector a través de una denuncia social, pero no justifica los crímenes cometidos. Los dos delincuentes son por fin arrestados de pura casualidad por la policía, al quedarse dormidos en un terreno baldío y con un arma en la mano. Esta situación ilustra el fracaso del sistema de investigación policial. Al mismo tiempo, Aguirre, por medio de la reescritura, indaga el porqué de la violencia y complica la situación de los jóvenes, rompiendo la demonización y el estereotipo que promueven los periódicos.

Conclusión

"Algo bien grande", "Dos primas" y "Caminaré en tu sangre" son tres cuentos policiales que provienen de crónicas policiales de diarios argentinos. La información periodística es manipulada por escritores de ficción para recrearlas incorporando las vertientes del policial clásico o de la novela negra, con el propósito de dar voz a una crítica social. Este proceso creativo origina una nueva modalidad literaria: el policial palimpséstico. Asimismo, he destacado las diferentes modalidades híbridas que presentan estos cuentos, ya sea de manera uniforme ("Caminaré en tu sangre"), dispar ("Dos primas") o inexistente ("Algo bien grande"). Las modificaciones que se evidencian en estos textos se realizan a través de cambios de estilos, propósitos y estéticas. Mientras las notas periodísticas se inclinan por presentar la noticia de manera sensacionalista, con una narración a modo de chisme, exaltando el horror, promoviendo el interés del lector, incrementando el suspenso, y estereotipando la criminalidad de los jóvenes, el cuento policial evidencia un refinamiento estético que requiere amoldarse a la estructura específica del cuento como género literario. El escritor también se vale de la intertextualidad para dialogar y recalcar la similitud de los sucesos con otros textos clásicos del género policial, y se vuelca en la reescritura de los hechos para denunciar la corrupción, la marginalización de la delincuencia juvenil y del inmigrante, la violencia, la incompetencia de las fuerzas del orden y la pobreza, todos síntomas graves de la sociedad argentina actual. Asimismo, mientras la nota periodística inculpa al sujeto criminal, el cuento atenúa la imputación, reenfoca el origen del crimen y extiende el problema al ámbito colectivo.

Capítulo III
Mujeres homicidas: crónica roja, cronicuentos y series de televisión

In choosing a few typical cases which illustrate the remarkable mental qualities of my friend, Sherlock Holmes, I have endeavored, as far as possible, to select those which presented the minimum of sensationalism, while offering a fair field for his talents. It is, however, unfortunately, impossible entirely to separate the sensational from the criminal, and a chronicler is left with the dilemma that he must either sacrifice details which are essential to his statement, and so give a false impression of the problem, or he must use matter which chance, and not choice, has provided him with.

"The Adventure of the Card-Board Box", Sir Arthur Conan Doyle

Si todos los crímenes expuestos en el capítulo anterior fueron cometidos por hombres, esta sección indaga las razones por las cuales la mujer también puede llegar a convertirse en asesina. En "Homicidal Women", Barry Flowers señala que el homicidio más común que comete una mujer es aquel perpetrado en contra de su esposo, novio o amante. Según esta socióloga, este tipo de crimen es el suceso culminante de un patrón de abuso interpersonal, odio y/o violencia que se extiende en la historia misma de las dos partes involucradas (86).[83] Además, Flowers agrega

---

[83] Según Flowers, "*in recent years, sociologists and criminologists have studied the characteristics of homicidal women in order to attempt shedding some light on why they kill. A number of reasons and factors have been established, including self-defense, anger, jealously, mental illness, substance abuse, exposure to domestic violence, child abuse victimization,*

que el primer factor que motiva a la mujer a matar es la presunción de que su vida se encuentra en peligro o que algo la compromete física o emocionalmente (87).

Existen varias compilaciones literarias que reúnen los crímenes más famosos cometidos por mujeres. En *Ellas matan mejor: 50 crímenes cometidos por mujeres*, Francisco Pérez Abellán recoge homicidios perpetrados por españolas que dejan al lector estupefacto por el coraje, la espontaneidad y el método empleado por las asesinas. Según este investigador, está comprobado que los hombres matan más que las mujeres, pero que ellas asesinan mejor. Si bien las féminas causan menos miedo y son consideradas menos peligrosas que el sexo opuesto, en sus prácticas criminales las mujeres son más astutas y disimuladas que los hombres (16). Así lo demuestran centenares de historias policiales provenientes de periódicos, cuentos, novelas, series de televisión y creaciones cinematográficas. De la misma manera, en *Asesinas*, Cinzia Tani hace una compilación de 35 historias inspiradas en hechos reales para narrar los crímenes más atroces cometidos por mujeres de distintas partes del mundo entre 1604 y 1995. En la Argentina, la escritora y periodista de investigación Marisa Grinstein escribe *Mujeres asesinas* (2005), *Mujeres asesinas 2: los nuevos casos* (2006) y *Mujeres asesinas 3* (2007), tres volúmenes de crímenes perpetrados por mujeres e inspirados en hechos reales.[84] En el prólogo de su primer libro, la autora dice que todas las asesinas tienen algo en común: "Esperaban para sí mismas un destino mejor [...] Pero mientras hay quienes aceptan la derrota con cierta soltura y hasta resignación, otras se vuelven violentas, enloquecidas, tremendas" (9). Además

---

a feeling of isolation, financial gain, and the influence of another male lover" (87).

[84] Grinstein comienza su investigación periodística en 1998 y su primer libro de cronicuentos no se publica hasta septiembre de 2005.

de los textos de Grinstein, en 2005 salen por primera vez al aire las adaptaciones televisivas de estas historias. La serie fue y sigue siendo un éxito no sólo en la Argentina, sino también en México, Estados Unidos, Italia y Colombia.

En este capítulo, planteo que las notas periodísticas sobre estos crímenes perpetúan los estereotipos de la mujer –docilidad, apacibilidad, sentimentalismo, afabilidad, intuición, fragilidad, monogamia, sumisión, timidez y pasividad– construidos por una sociedad patriarcal, condenando toda desviación a la norma establecida. En cambio, las obras de Grinstein, las cuales presentan un estilo que converge las técnicas del cuento literario con la crónica informativa, y las adaptaciones televisivas, utilizando un lenguaje fílmico específico, se reestructuran en función del género policial, con el propósito de reflexionar sobre la violencia doméstica que puede sufrir una mujer en la esfera privada llevándola a convertirse en homicida. Para este propósito he seleccionado "Emilia Basil, cocinera" y "Marta Odera, monja", ambas pertenecientes al primer libro de Grinstein y a la primera temporada de la serie de televisión, ya que las dos historias permiten una exploración del abuso doméstico en la sociedad actual. Estos sucesos no sólo presentan a la mujer como víctima, sino que también indagan las razones por las cuales la mujer se convierte en victimaria. Propongo el término de *cronicuento* para delimitar la hibridez genérica de los tres libros de *Mujeres asesinas*. El cronicuento es la combinación de la crónica periodística con el cuento literario, enriqueciéndose de ambas tendencias pero sin llegar a ser plenamente una u otra.

El caso de Emilia Basil: imágenes de la crónica roja

La historia de este crimen gira en torno a un triángulo amoroso que ocurre en marzo de 1973, en la ciudad de

Buenos Aires.[85] Emilia, una inmigrante libanesa, conoce al peruano Felipe Rueda; entre los dos deciden formar una familia sin haber contraído matrimonio. Compran una casa con un restaurante que da a la calle y aceptan que el propietario anterior, el italiano José Petriella, viva con ellos en una pequeña habitación. Emilia tiene relaciones íntimas con Petriella y éste quiere que deje a su marido. La mujer trata de terminar la relación, pero el italiano la amenaza con decirle todo a Felipe, quien no sospecha que su esposa lo engañe. Petriella se vuelve cada vez más violento y Emilia decide asesinarlo. Lo ahorca, lo descuartiza y utiliza su carne para darles de comer a sus clientes.

A las partes del cuerpo que no puede cocinar, las envuelve en pedazos de diarios y las coloca en un cajón de manzanas en la puerta de su casa para que se las lleve el recolector de basura. El mal olor y los rastros de sangre llaman la atención de una vecina, quien alerta a Rosa, la hija de Emilia, por si era mercancía para el negocio. Rosa se lo comenta a su madre. Ella le dice que no les pertenece y que alerte a la policía por si se trata de mercadería robada. Cuando la policía llega, se encuentra con un cajón de madera que contiene partes de un cuerpo humano despedazado. El caso se resuelve en menos de 24 horas. Cuando las autoridades inspeccionan el restaurante de Emilia, encuentran la cabeza de Petriella envuelta junto a la mesada de la cocina.

El hallazgo del cadáver y la resolución del crimen aparecen en dos notas policiales del diario *La Capital* de la siguiente manera:

---

[85] A continuación, presento un resumen del caso Basil y la información que incluyo proviene de las notas periodísticas, el cronicuento y la versión televisiva.

La Capital, 30 de marzo de 1973

La Capital, 30 de marzo de 1973

A primera vista se deduce que los titulares del caso Basil cumplen el mismo propósito que los encabezados periodísticos de los asesinatos de Frank Livingston, las dos primas, el taxista y el vigilante del mercado de abasto, analizados todos en el capítulo anterior. Los títulos sobre este crimen tienen la función de cautivar y motivar al lector, utilizando significantes como "macabro" y "horrible", que pertenecen a un mundo patético e incorporan la estética del horror. Este tipo de prensa sensacionalista pone énfasis en el incidente sanguinolento y en la desgracia humana.

Una diferencia saliente del caso Basil con respecto a las crónicas policiales examinadas con anterioridad es el protagonismo femenino en la crónica roja. Por un lado, en *Espacios e imagen de la mujer en la prensa*, Esther Fuentes Hernández analiza el lugar que ocupa la mujer en varios periódicos chilenos, y concluye que no sólo aparecen subrepresentadas en los medios, sino que además ocupan un porcentaje mayoritario en las noticias policiales (48). Según la investigación de Fuentes Hernández, de un total de 93 titulares femeninos, el 52% es de carácter delictual (35). Por otro lado, en *Lo demás es silencio: la mujer en la crónica roja*, Uca Silva indaga la representación de la mujer en las noticias policiales de los diarios.[86] Su estudio sostiene que "el periodista que informa sobre eventos que han requerido la intervención policial es un funcionario de una institución social estructurada por las reglas del discurso imperante" (1). Es decir, que la palabra del cronista tiende a reafirmar una sociedad patriarcal. Para Janet Rifkin, en "Toward a Theory of Law and Patriachy", el patriarcado consiste en "*any kind of group organization in*

---

[86] Uca Silva es comunicadora social graduada en la Universidad de Ottawa, Canadá. En la actualidad, trabaja como investigadora y docente de la Facultad de Comunicaciones Universidad Diego Portales y la organización no gubernamental Sur Profesionales en Santiago de Chile.

which males hold dominant power and determine what part females shall and shall not play, and in which capabilities assigned to women are relegated generally to the mystical and aesthetic and excluded from the practical and political realms, these realms being regarded as separate and mutually exclusive". (412)

Entonces es posible afirmar que en la sociedad patriarcal existe una diferenciación de lo que se espera del hombre y de la mujer, lo cual lleva a la formación de estereotipos.[87] De la mujer se espera que sea "dulce, apacible, sentimental, emocional, afectiva, intuitiva, superficial, frágil, monogámica, sumisa, dócil, tímida, pasiva e inconstante. En cambio, al hombre se lo caracteriza por ser duro, rudo, frío, intelectual, racional, profundo, fuerte, polígamo, imperioso, autoritario, audaz, agresivo y estable" (Fuentes Hernández: 23).

Emilia Basil no se amolda al comportamiento femenino asignado por el patriarcado. En primer lugar, quebranta la idea de que la mujer sólo debe tener un cónyuge al mismo tiempo. Vive en concubinato con Felipe, y a la vez tiene una relación amorosa con Petriella. En segundo lugar, Basil no perpetúa la idea de que la mujer es frágil y dócil. Si bien su amante le pide que le restituya el dinero que le había dado, con la amenaza de que le contaría todo a su marido –mientras ostenta una cuerda de nylon con la que la amenaza de muerte–, ella no se muestra sumisa, sino que utiliza la misma arma con la que es amenazada y termina asesinando a Petriella.

Aunque Emilia rompe con los estereotipos de la mujer en una sociedad patriarcal, la crónica roja juega un papel

---

[87] Según Esther Fuentes Hernández, los estereotipos son "aquellas representaciones rígidas, al estilo de clisé, frecuentemente distorsionadas e inadecuadas, de los integrantes de determinados grupos, pueblos, razas, profesiones, edades, sexo, etc." (20).

primordial en la reafirmación de estos roles preestablecidos y en la mantención del patriarcado. La nota periodística hace referencia a la reacción violenta de Petriella como si fuera una información secundaria e irrelevante, y opta por concentrarse enteramente en el descuartizamiento del cuerpo del amante. Asimismo, el periodista califica de indecente la relación que ella tiene con su amante, al señalar que el origen del homicidio se debe a "las sórdidas relaciones íntimas" que mantenía la asesina con el occiso (15). Lo que es más, la foto que acompaña la nota retrata a una mujer homicida con rasgos físicos masculinos, reforzando la desviación de Emilia de la apariencia estereotipada de la mujer e incrementando el sensacionalismo de la nota a través de la imagen fotográfica. En *The Female Offender*, el primer estudio criminológico, ya obsoleto, realizado por Cesare Lombardo en 1909, sostiene que las asesinas se aproximan más a los hombres que a las mujeres "normales" (274). La fisonomía de Emilia alude a las descripciones que el científico italiano pormenoriza sobre una asesina que él mismo utilizó en sus investigaciones, concluyendo que "*[the murderer] jaws and cheek-bones are inmense; the frontal sinuses strong, asymetry of face, and above all [...] virility of expression. She looks like a grown woman –nay, a man*" (99).

En definitiva, tanto la foto de Emilia como la nota periodística en sí resaltan el desvío de las normas de la mujer tradicional. La forma en que la noticia es presentada responde a lo que Krista Gehring afirma en "Female Offenders Depicted by the Media". En su ensayo, ella indaga la manera en que mujeres criminales son representadas por los medios de comunicación y sostiene que la mujer que comete un crimen va en contra del punto de vista que tiene la sociedad de cómo ésta debería actuar. Asimismo, concluye que culturalmente se tiende a valorar el rol de la mujer como esposa o madre y que cualquier inversión de esta norma resulta en un desbaratamiento del orden social: "*Women who deviate from traditional norms become outcasts and must be punished to set an example so other women are not tempted to do the same*" (118).

Feministas como Fuentes Hernández sostienen que la mujer es noticia cuando se convierte en víctima u homicida debido a casos de violencia doméstica, ya sea de carácter físico, sexual o psicológico (65). En "Aproximación teórica al tema", Ana Cáceres teoriza sobre la violencia doméstica y sexual en contra de la mujer, y afirma que los hombres se respaldan en la ideología imperante, en la "legitimidad" de su superioridad sobre las mujeres. Ellos usan el poder de manera despótica y autoritaria. Maltratan a sus familias para solucionar conflictos, para que se obedezcan sus normas y para subyugar a "sus" mujeres a sus ideas. Según Cáceres, en el espacio privado se ponen en práctica los patrones sociales más generales que establecen una relación de dominación-subordinación, entre hombres y mujeres, y así se violan los derechos fundamentales de éstas sojuzgándolas como sujeto y como grupo social (11).

El diario *La Capital* pone énfasis en el horroroso asesinato de Emilia Basil y aborda el tema como un caso policial más, sin investigar a fondo la violencia doméstica contra ella. En *The Manufacture of News*, Stanley Cohen describe dos modelos para la creación de una noticia, el "modelo de mercado" y el "modelo manipulativo". Ambos responden al concepto de valor de la noticia (*newsworthiness*), que está determinado de modo primordial por el público lector. Por consiguiente, el periodista manipula la información, elige ciertos hechos y selecciona ciertas fuentes; en gran parte, para satisfacer la demanda del mercado (57). En *La historia de la literatura como provocación a la ciencia literaria*, Hans Robert Jauss señala que un texto literario "no se presenta como novedad absoluta en un vacío informativo [...] suscita recuerdos de cosas ya leídas, pone al lector en una determinada actitud emocional y, ya al principio, hace abrigar esperanzas en cuanto al 'medio y al fin'" (170).

El ávido consumidor de la crónica roja ya posee un "horizonte de expectativas" (*Erwartungshorizont*) proveniente de otras noticias policiales que ha leído (181). El lector de la nota policial no espera una investigación minuciosa de la violencia doméstica que ejercía Petriella sobre Emilia, sino que su interés radica en detalles sobre el descuartizamiento y los hechos sangrientos del asesinato. El periodista que reporta sobre el caso Basil menciona brevemente el abuso de Petriella. A su vez, dedica la mayor parte de la nota para describir el "macabro hallazgo" de "un torso desnudo [...] al que le faltaban la cabeza, los brazos y las piernas" (15) y para contar luego con lujo de detalles la "tétrica tarea" de cómo Emilia procede a mutilar el cuerpo (14).

"Emilia Basil, cocinera": cronicuento policial y violencia doméstica

Por un lado, las notas periodísticas sobre el caso Basil muestran interés por los detalles sangrientos, diluyen la problemática de la violencia doméstica, fragmentan la información y destacan de manera negativa la violación de las reglas del comportamiento femenino en una sociedad patriarcal. Asimismo, estas crónicas sensacionalistas que publica el diario *La Capital* buscan la primicia, recogen los hechos sin una exhausta investigación previa y expresan opiniones negativas sobre la asesina. Por otro lado, la periodista y escritora de ficción Marisa Grinstein reescribe los hechos con una "mirada femenina".[88] En *Feminismo y crítica*

---

[88] Lo que es más, en *Mujer y escritura: fundamentos teóricos de la crítica feminista*, Lucía Guerra Cunningham cita a la poeta, ensayista y feminista estadounidense Adrienne Rich, quien, al ser consciente del predominio

literaria, Marta Segarra señala que la mirada femenina en la literatura examina y piensa a la mujer, "que la pondera, la refleja, la siente y la asimila en el preciso territorio de la mente", con el propósito de encontrar un lugar donde resuene una "semántica hecha de experiencias, deseos, frustraciones, amores, odios, sentimientos y proyectos" (17). Así lo comenta Grinstein en una entrevista con la revista *Noticias*. La autora de los cronicuentos dice que le "interesaba el camino que tuvieron que recorrer [estas mujeres] para llegar a esa instancia, cuál fue esa encerrona trágica que las dejó sin salida, qué historias tenían detrás. Asimismo, agrega que todas las mujeres, en algo, se identifican con las asesinas, y lo ejemplifica diciendo que "por ahí tu novio no te rompió una botella en la cabeza, pero te ninguneó, te dejó plantada, te despreció [...] entonces, cuando escuchás las historias de estas mujeres que terminan matando, en un punto te resuena. Uno sabe de qué están hablando" (42). Es decir, que la intención de la reescritura del caso Basil por parte de Grinstein tiene como meta examinar y comprender por qué Emilia llega a cometer un crimen de tal magnitud. Para lograr este propósito y valiéndose de una previa investigación de los hechos, Grinstein sigue paso a paso las enmarañadas circunstancias de la asesina para dar a luz una versión que ponga de relieve la vida cotidiana de la protagonista y permita reflexionar sobre la condición de la mujer en la esfera privada de la sociedad contemporánea.

La escritora utiliza un estilo particular para contar estas historias. En el prólogo al tercer volumen de *Mujeres asesinas*, Jorge Fernández Díaz señala que Grinstein "creó un formato y que ahora muchos quieren copiarla" (9).

---

de la mirada masculina, propone que "la re-visión –el acto de mirar hacia atrás, de entrar a un viejo texto con una perspectiva crítica nueva– es para las mujeres [...] un acto de supervivencia" (23).

Además, agrega que los textos de esta autora son "libros rebeldes, profesionales e incalificables" (8). Las obras de Grinstein no tienen un estilo indeterminable. Como se ha mencionado con anterioridad en la introducción del capítulo, empleo el término de *cronicuento* para delimitar la hibridez genérica de los tres libros de *Mujeres Asesinas*, ya que éstos combinan las características de la crónica periodística con el cuento literario. Ahondando en las definiciones genéricas establecidas en el capítulo I, por *crónica* aludo al texto que pertenece al "género periodístico que cuenta un hecho sucedido en tiempo y en acción de principio al fin del suceso [...] que explique lo más importante de la información y luego la narración de los hechos" (Baena Paz: 22). La redacción técnica de la crónica toma la forma de pirámide combinada, esto es, un breve clímax de manera clara, concisa e interesante (Sexto: 42).[89] Esto se combina con la estructura del cuento, que Anderson Imbert describe de la siguiente manera:

Una narración breve en prosa que, por mucho que se apoye en un suceder real, revela siempre la imaginación de un narrador individual [...] La acción consta de una serie de acontecimientos entretejidos en una trama donde las tensiones y distensiones, graduadas para mantener el ánimo de suspenso en el lector, terminan por resolverse en un desenlace estéticamente satisfactorio (40).[90]

---

[89] Ver la definición completa de crónica de Luis Sexto que se ofrece en la página 34 del primer capítulo. Asimismo, Carlos Monsiváis en *A ustedes les consta: antología de la crónica en México* explica que la crónica es una reconstrucción literaria de hechos históricos verificables, personajes y atmósferas (13) y, en "De la Santa doctrina al espíritu público", agrega que ésta bordea los límites del cuento pero que requiere de la observación y de una investigación previa (754).

[90] En *Teoría y técnica del cuento*, Anderson Imbert también incluye ciertas especificaciones de Poe sobre el género: "El cuento se caracteriza por la unidad de impresión que produce en el lector; [...] cada palabra contribuye al efecto que el narrador previamente se ha propuesto; este

Los cronicuentos de Marisa Grinstein pertenecen al género policial, más precisamente a la vertiente negra, porque la trama gira siempre en torno a revelar las causas por las cuales una mujer se convierte en asesina, relegando a un segundo plano la búsqueda de pistas que expliquen quién comete el crimen y cómo lo hace. A continuación, puntualizo (a) las características de la crónica periodística presentes en el cronicuento sobre el caso Basil; (b) la estructura del cuento policial del mismo; y (c) la función social que emana de su reescritura.

"Emilia Basil, cocinera" presenta las características de la crónica noticiosa que adopta una actitud informativa al incorporar la investigación previa y rigurosa del periodista, sin emitir opinión explícita (Bernal: 81). Así, la autora recoge información sobre la vida de Emilia desde su nacimiento en el Líbano en 1911, menciona su llegada a la Argentina en los años 1940, su vida en una pensión, su trabajo en un frigorífico y la manera en la que conoció a su esposo, Felipe Rueda, entre otros datos (Grinstein: 15). La reescritura presenta la claridad y la sencillez típicas de la crónica periodística informativa (Sexto: 42). No luce adornos ficticios sino una economía de términos y descripciones. Para relatar el descuartizamiento del cuerpo, el narrador dice que Emilia "le sacó la camisa, los pantalones, los calzoncillos y las medias. Cuando estuvo desnudo, lo cortó en pedazos. Buscó las articulaciones y separó los brazos, piernas y cabeza" (Grinstein: 26). La crónica debe

---

efecto debe prepararse ya desde la primera frase y graduarse; hasta el final; cuando llega a su punto culminante, el cuento debe terminar; sólo deben aparecer personajes que sean esenciales para provocar el efecto deseado" (citado en Anderson Imbert: 40). Asimismo, en *Interpretación y análisis de la obra literaria*, Wolfgang Kyser señala que el cuento es "una narración de acontecimientos (psíquicos o físicos) interrelacionados en un conflicto y su resolución, conflicto y resolución que nos hacen meditar en un implícito mensaje sobre el modo de ser del hombre" (489).

hacer uso de párrafos breves y de construcción simple para evitar el salto de líneas o el abandono de la lectura por parte del lector (Tello: 94). Grinstein utiliza párrafos cortos para contar la historia. Muchos de ellos ni siquiera emplean tres oraciones. A título de ejemplo, "Emilia no se impresionó. Le dijo que estaba ocupada pero que a la madrugada pasaría a verlo" (23); o "el vínculo entre los dos quedó rápidamente establecido: era un vínculo sexual entre una sexagenaria libanesa casada y un italiano cuatro años mayor pero soltero" (21). Asimismo, Grinstein comienza cada párrafo con una frase contundente y persuasiva que invita a seguir leyendo.[91] Para contar cómo empezó la relación amorosa entre Emilia y Petriella, la oración inicial revela que "la relación la empezó él, pero la estrategia la armó ella", lo que seduce al lector y lo incita a continuar leyendo (20).

En cuanto a la estructura narrativa, no sigue la tendencia de la pirámide invertida, modelo que exige incorporar los hechos en orden de importancia. En *Periodismo actual: guía para la acción*, Nerio Tello señala que la crónica informativa es cronológica y todos los datos tienen la misma importancia (97). La historia que narra Grinstein es progresiva, comienza con el nacimiento de Emilia en el Líbano, en 1911, y finaliza diciendo que en "noviembre de 1979 [...] Emilia fue puesta en libertad condicional" (28). A su vez, el cronicuento bajo análisis reúne elementos del periodismo interpretativo (Gutiérrez Palacio: 102), porque se emiten juicios e interpretaciones del suceso a través de un narrador omnisciente que da a conocer ideas, además

---

[91] En *Periodismo actual: guía para la acción*, Nerio Tello sugiere que la crónica "debe huir de las frases débiles y explicativas en el comienzo de los párrafos. [En cambio] una frase decisiva, concreta, que contenga cada uno de los aspectos sobresalientes del hecho a describir deberá empezar el párrafo" (98).

de hechos.[92] La información recogida se funde con los pensamientos de Emilia, los cuales se manifiestan a través del narrador: "En los años 40, y por motivos insondables, llegó a la Argentina en un carguero desvencijado y con olor a podrido. Estaba sola. Estaba aburrida de tanto viaje. Estaba desesperanzada" (Grinstein: 15). Además de ser una característica del periodismo interpretativo, es también un ingrediente ejemplificativo del cuentista, quien "revela [...] la imaginación de un narrador individual" (Anderson Imbert: 40); a pesar de que la autora se inspira en un hecho real y reconstruye hechos históricos verificables, lo que según Monsiváis es una característica de la crónica periodística (Monsiváis: 754).[93]

Así, en el cronicuento, las características de la crónica periodística se entrelazan con las particularidades del cuento policial. Este último abarca toda narración que utiliza como tema principal un hecho delictivo, organizado alrededor del personaje de un detective o de un criminal (Calatrava: 22). En "Emilia Basil, cocinera", la narración gira alrededor de la asesina y se amolda a la corriente de la "psicología criminal", ya que presenta a un delincuente ocasional y a través de una "focalización omnisciente" (Reis: 323), el relator cuenta las motivaciones interiores

---

[92] Por un lado, en *La noticia: pistas para percibir el mundo*, M. M. Fontcuberta distingue la existencia de una intención informativa e interpretativa de ciertos géneros periodísticos y afirma que algunos "sirven para dar a conocer los hechos, y [otros] que dan a conocer las ideas" (102). Además, en *Periodismo de opinión. Redacción periodística: editorial, columna, artículo y crítica*, Gutiérrez Palacio corrobora que "sólo hay textos para conocer hechos y textos para conocer ideas" (102). Por otro lado, en *El discurso periodístico*, Luis Alberto Hernando Cuadrado asevera que "la crónica es un género híbrido que participa a la vez de los rasgos de los géneros informativos y de los interpretativos" (21).

[93] Véase la nota número 4, ubicada al pie de la página 71, la cual contiene la definición de crónica según la interpretación de Monsiváis.

del mismo.[94] A manera de ejemplo, al ser Emilia acosada por Petriella, el narrador revela los pensamientos de la futura asesina, mientras ella cocinaba, y dice que "era claro que [ella] no tenía ninguna intención de perder a la familia que había logrado armar, y tampoco iba a dejarse extorsionar por el italiano: la decisión de terminar con él era irrevocable" (Grinstein: 23).

Este tipo de introspecciones que presenta el cronicuento no ocurren en las notas periodísticas que publica el diario *La Capital,* porque la crónica roja, como se puntualizó antes, se construye con el propósito de relatar el crimen de manera horrorosa y sensacionalista. El periodista fragmenta la información y crea confusión, ya que recoge una serie de datos, no siempre corroborados, provenientes de varias fuentes; en vez de reconstruir los hechos dándole voz al criminal y llevando a cabo una seria investigación previa. Así lo demuestra el periodista de la primera nota policial, quien incorpora datos sin informar con precisión la proveniencia de los mismos: "La fuente dijo que la víctima", "añadió la fuente que el cuerpo" y "finalmente la fuente dijo". A su vez, algunos datos que se incluyen en la primera nota policial de *La Capital* no son más que especulaciones, como por ejemplo, "la fuente añadió que la policía trabaja sobre la base de que se trataría de una venganza, orientando la pesquisa entre elementos del hampa" (14). En la segunda crónica, que aparece al día siguiente en el mismo diario, no se rectifican las falsas sospechas y se vuelve a

---

[94] En *Diccionario de narratología*, Carlos Reis define a la "focalización omnisciente" como a "toda representación narrativa en la que el narrador hace uso de una capacidad de conocimiento prácticamente ilimitada [...] colocado en una posición de trascendencia en relación con el mundo diegético [...] el narrador se comporta como entidad demiúrgica, controlando y manipulando soberanamente los eventos relatados, los personajes que los interpretan, el tiempo en que se mueven, los escenarios en que se sitúan, etc." (104).

contar la historia como si nunca se hubiera escrito sobre el caso. Lo que es más, tampoco se le da voz a la asesina, ni el periodista asimila con profundidad las razones por las cuales Emilia se convierte en asesina.

En cambio, el narrador del cronicuento focaliza el relato internamente, ya que se interesa por la conciencia del delincuente y revela lo que sucede en la profunda intimidad de su personaje, manifestando la identidad, la conducta del criminal, así como su interacción con otros personajes.[95] En *S/Z*, Rolan Barthes realiza un análisis estructuralista de "Sarrasine", de Honoré de Balzac, en el cual señala que un personaje es en sí una combinación de rasgos que determinan la personalidad del mismo y se unifican en él por medio de un nombre propio (14). Seymour Chatman retoma el concepto de rasgos y concluye que éstos no son sólo fenómenos psicológicos –estado de ánimo, pensamientos, sentimientos–, sino también todos los hábitos estables del personaje, los cuales reflejan su identidad y se fusionan con la conducta y con las relaciones que éste mantiene con otros personajes (126-141); por este motivo, su construcción no es completa hasta llegar al final del texto (Garrido Domínguez: 88).

De esta manera, en el cronicuento se reconstruye la esfera privada de Emilia para dar a conocer sus cualidades. El narrador revela sus rasgos físicos, al decir que "nunca le importó ser fea" (Grinstein: 15), que tenía una "excepcional fortaleza física" (16) y que usaba "anteojos con aumento y

---

[95] Véase *El texto narrativo* de Antonio Garrido Domínguez. Este crítico estudia la focalización del relato y puntualiza que el relato focalizado internamente se "sitúa en el interior del personaje [...] para percibir el universo representado ante sus ojos" (147). El crítico señala dos técnicas, el monólogo interior y el estilo indirecto libre, para revelar lo que ocurre en el interior del personaje. El estilo indirecto libre se diferencia del monólogo interior por "la presencia de un intermediario, el narrador, que [...] traspone en su propio discurso lo que pasa en y por [el] interior del personaje" (149).

marcos gruesos de carey, pantuflas [...] un rictus amargo le bajaba por la comisura de los labios, y sufría de várices" (20). Asimismo, acerca al lector al mundo íntimo de la protagonista y le permite ver ciertas constantes en la vida de esta mujer, comentando que "sus problemas económicos la llevaron a concentrarse más en la supervivencia que en la felicidad" (15), que "tenía la frialdad de la mujer casada sin amor y sin esperanzas" (19), y que "cuidaba a sus hijas sin el menor asomo de afecto maternal" (18). El narrador también profundiza en las relaciones que Emilia mantiene con su esposo y su amante. Con respecto al primero, a ella no le gustaba ya que era despreciable y debilucho (16). Al segundo, "lo odiaba. Le parecía peor que su propio marido, especialmente desde el momento en que empezó a reclamar [y] empezó a acosarla" (21). La construcción completa del personaje finaliza con el propio y único comentario de Emilia en todo el texto. Se desvanece la presencia del narrador y ella le responde a un policía, que le pregunta qué va a hacer al salir de la cárcel. Ella le dice: "A usted no le importa. Y a mí tampoco" (28), acentuando la constante indiferencia, amargura e infelicidad que siempre la caracterizó.

Si bien el personaje principal cumple con todas las observaciones narratológicas previamente mencionadas, éste no se amolda a las características tradicionales del protagonista de la literatura policial que los críticos han destacado. En *La novela criminal*, Calatrava afirma que la historia de delincuentes presenta una inversión en la tipología de los personajes con respecto al policial enigmático, ya que, por lo general, este último se vale de un investigador como protagonista y de un criminal como antagonista. De este modo, Calatrava propone una clasificación especial con dos posibilidades que subvierten esta norma: (a) una "inversión relativa", en la que el delincuente es un representante de la ilegalidad y es perseguido por los órganos de la justicia; y (b) una "inversión absoluta", en la que el criminal que representa a la justicia se impone y vence a otros antagonistas, sean policías u otros delincuentes (71).

Sin embargo, "Emilia Basil, cocinera" tampoco se ajusta a estas clasificaciones. Propongo una subdivisión de la expansión relativa en (a) por persecución y (b) por casualidad. El cronicuento bajo análisis pertenecería a la segunda opción, ya que la homicida no es perseguida por la justicia. La policía apresa a la homicida sin hacer una investigación racional, al estilo de la vertiente del policial negro. Las fuerzas del orden tan sólo reciben una llamada de la hija de Emilia para reportar el bulto que estaba en la vereda. Cuando se descubre que su contenido eran partes de un cuerpo humano, un "agente [recuerda la] denuncia de un hombre cuyo hermano había desaparecido sin dejar rastros [y que] vivía en la misma cuadra donde habían encontrado el torso" (Grinstein: 27). Es por pura asociación y por revisar el cuarto de Petriella y el resto de la casa de la libanesa, que la policía encuentra la cabeza hervida de la víctima en la cocina.

La asesina del cronicuento podría ser clasificada como perturbada, según las diferenciaciones de Enrico Ferri, o siguiendo las de Jerry Palmer, como delincuente por venganza, ya que el motivo del crimen es una respuesta al abuso psicológico y físico que le ocasiona la víctima.[96] Sin embargo, en *Ellas matan mejor: 50 crímenes cometidos por mujeres*, Pérez Abellán establece una clasificación exclusiva para la mujer asesina, basada en los casos que él mismo investigó. El autor distingue cinco tipos de asesinas: ambiciosas / codiciosas, enamoradas, envenenadoras, aterrorizadas /

---

[96] Jerry Palmer hace una clasificación del delincuente por beneficio, venganza o poder (17) y Erico Ferri los tipifica en criminal congénito, perturbado, por costumbre, por pasión o por contingencia (10).Véase en más detalle la categorización del delincuente de Palmer y de Ferri en el primer capítulo.

acosadas y extraviadas / enajenadas. Según este escritor y periodista de investigación, las acosadas "matan por medio de las más diversas tácticas a los que ocasionan su temor, originado en malos tratos o en la incesante imposición para conseguir de ellas lo que pretenden, mujeres que sufren una resistencia violenta ante un peligro desmedido" (14). Según el cronicuento, Emilia es una mujer acosada por Petriella. Al estar obsesionado con ella, comienza a reclamarle que quiere verla con más frecuencia, y al negarle su pedido, "[empieza] a acosarla [...] hacía gestos frenéticos para dar a entender que quería verla. Si ella no levantaba la vista él golpeaba más fuerte" (21). La presión que la víctima ejerce sobre Emilia se acentúa frente a la presencia del marido y de sus hijas, quienes viven en la misma casa y podrían darse cuenta de que el italiano era su amante.

A diferencia de las notas periodísticas de *La Capital*, la escritora del cronicuento reconstruye la historia para reflejar que la violencia doméstica es una problemática social vigente, dentro de la esfera privada de la mujer. En *Strengthening Domestic Violence Theories*, Michele Bograd señala que existimos en un contexto creado por la intersección de sistemas de poder –raza, clase social, género y orientación sexual– y mecanismos de opresión (prejuicios, desigualdad de género, etc.). Por consiguiente, la violencia doméstica debe ser estudiada a través de la confluencia de estas variables (26). En el caso Basil, no sólo influye la desigualdad de género, sino también su condición de inmigrante y la falta de recursos económicos. Con respecto a la asimetría de género, el hombre, en este caso su amante, utiliza la violencia para expresar sus deseos de dominar y controlar el comportamiento de Emilia. En cambio, la protagonista la utiliza como escape y represalia.[97] El na-

---

[97] En "Marital aggression: Impact, Injury, and Health Correlates for Husbands and Wives", Michele Cascardi concluye que *"while men and*

rrador cuenta que "Petriella [...] fue tan insistente en el golpeteo a los vidrios de la cocina, tan elocuente era la cara que asomó por la ventana, que logró que ella fuera en el acto al cuartito del fondo" (Grinstein: 22). La obstinación del amante de dominar la conducta de Emilia por medio de golpes y gestos expresivos e impacientes obliga a Basil a someterse a él. Lo que es más, el narrador revela que "ella tendría que obedecerle o soportar las consecuencias" (24). Por ende, la protagonista era extranjera, nacida en el Líbano, y tenía "problemas económicos" que la llevan "a concentrarse en la supervivencia" (22).

Todos estos factores coinciden en el estudio de Robert Hampton: "Domestic violence in African American Communities" (2008). En su investigación sobre la violencia doméstica en las comunidades afroamericanas, afirma que las minorías suelen ser afectadas de manera particular en cuanto a la disponibilidad de círculos sociales, recursos en general y condiciones inmigratorias (135). Por un lado, no sólo Emilia es inmigrante, sino que además su esposo es de origen peruano. Ella no parece encontrar en él el respaldo necesario para terminar con el acoso de Petriella, ya que el narrador dice que Felipe, con frecuencia, desempeñaba "su papel de extranjero sufrido y victimizado por las circunstancias" (22). Por otro lado, ella no tenía amistades y tan sólo salía para "hacer las compras en el mismo almacén, caminaba por las mismas veredas y, al volver, miraba desde lejos su casa y el frente del restaurante" (18). Este comentario del narrador denota un gran aislamiento social en su vida y refleja la dificultad que tiene Emilia para encontrar ayuda fuera de su ámbito privado.

---

women alike employ violence to express anger, release tension, or force communication, women tend to use violence for self-defense, escape, and retaliation, while men employ violence for purposes of dominance, coercion, control of partner's behavior, protecting self-image, and punishment" (1179).

Emilia se encuentra sumergida en un círculo de instituciones sociales y culturales que la convierten en víctima. En "Defining Violence against Women", Shamita Das Dasgupta puntualiza ciertos impedimentos por los cuales puede perpetuarse el abuso de una mujer inmigrante, al estar atrapada en un laberinto individual, institucional y cultural (64). Según esta feminista, una extranjera no deja de lado la socialización que ha recibido en su país de origen. Por consiguiente, la ideología cultural puede llevar a Emilia a tratar de mantener su familia intacta, a toda costa, y así consentir al abuso psicológico, verbal o físico que algún miembro del hogar le inflige, en este caso Petriella, quien ha estado conviviendo con la familia Basil durante muchos años (66).[98] En el cronicuento, el narrador menciona que Emilia no quería perder a su familia, ya que "había invertido mucho más [en ésta] que en cualquier otro lado." (Grinstein: 22).

Una de las teorías más conocidas sobre violencia doméstica es el "síndrome de la mujer maltratada", que se ha utilizado en juicios para esclarecer las razones por las que una mujer acosada puede llegar a asesinar a quien la abusa. Es una explicación psicológica, acuñada por Leonore Walker, que se basa en la impotencia y el constante miedo que experimenta una mujer, que termina recurriendo al homicidio para poder escapar de esa relación. Esta teoría se emplea en especial cuando una mujer mata en defensa propia pero no se amolda al estándar tradicional del peligro

---

[98] En *Family and Gender among American Muslims: Issues Facing Middle Easter Immigrants and their Descendants*, Barbara Aswad señala que los miembros de una familia libanesa tienen la costumbre de expresar *"pride in the family and are protective of its members. An aspect of this pride and protectiveness is that family members may be secretive [...] about matters that are perceived to bring shame and dishonor to the family"* (196).

inminente que exige la ley.[99] En *The Battered Woman*, Walker explica que el "síndrome de la mujer maltratada" es un modelo recurrente de abuso físico y/o psicológico que se manifiesta en tres etapas. La primera se caracteriza por incidentes menores que aumentan la tensión, donde la mujer trata de aplacar al abusador (91). La segunda fase está marcada por un suceso grave que la hace sentir aislada y desprotegida, y en la última parte del ciclo, se evidencia un período de reconciliación momentánea para volver de nuevo a la etapa inicial (94). Este proceso se manifiesta en la relación que tiene Emilia con Petriella. Al principio ellos se veían una vez por semana, pero luego su amante le empieza a reclamar y a acosarla porque quería verla más seguido, y si "ella no levantaba la vista de lo que estaba haciendo, él golpeaba más fuerte" (Grinstein: 21). Así fue cómo Basil incrementa la asiduidad de sus visitas "de una a dos veces a la semana" para calmarlo, y "si podía incluía una tercera visita adicional" (22). Luego, Emilia comienza a decirle a Petriella que no habría un próximo encuentro porque estaba muy ocupada y su marido sufría de insomnio, entre otras excusas. Petriella se pone furioso, "golpea los vidrios de la cocina" y hace gestos que asustan a Emilia y logra que ella lo vaya a ver al cuartito de atrás. Su amante la amenaza con contarle todo al marido y con pedirle todo el dinero que le debía. Asediada "por un hombre que parecía morirse por ella", promete seguir visitándolo (23). Esa misma noche, Basil cambia de parecer y decide no ir a verlo. Ella sabía que estaba en sus manos y decide deshacerse de él con una cuerda de nylon, rompiendo así este ciclo vicioso.

---

[99] Según el ensayo de Sharon Allard, "Rethinking Battered Woman Syndrome", "*to claim self-defense, a defendant must show that she 'reasonably' believed that she was in 'imminent' danger of serious bodily harm or death. For a belief to be reasonable, the threatened harm must be imminent. The prevailing definitions of reasonableness and imminence, however, exclude a battered woman.*"

En "Rethinking Battered Women Syndrome", Sharon Angella Allard retoma el síndrome de la mujer maltratada para explicar los estereotipos y la demonización que sufren las afroamericanas al ser defendidas en juicios de violencia doméstica. Según Allard, el jurado no asocia la situación de estas mujeres con el estereotipo de la mujer abusada: débil, pasiva y temerosa. Para poder defenderse, ella tiene que convencer al jurado de ser una mujer "normal" que mató por miedo y no por ira. Si se desvía de estas expectativas, corre el riesgo de que en su situación no sea considerada como víctima de violencia doméstica (196). En *Terrifying Love: Why Battered Women Kill and How Society Responds*, Leonore Walker sugiere que las afroamericanas son estereotipadas como mujeres que se enojan con facilidad (206). Por consiguiente, el sistema legal legitima estas percepciones y es probable que el jurado crea que mató por ira o venganza y no por temor (Allard: 198).[100]

Como ya se ha demostrado a lo largo de este capítulo, Emilia Basil no es una mujer que se amolde al estereotipo de la mujer "normal" abusada. Por un lado, las notas periodísticas muestran la foto de una mujer con rasgos masculinos, polígama y racional. Por otro lado, el narrador del cronicuento la describe como una mujer "musculosa, de manos grandes y rasgos pétreos [...] Ella era decidida, fuerte, [e] iba de frente" (Grinstein: 17-18). Al igual que las mujeres afroamericanas, Emilia parece ser condenada por desviarse de las expectativas de los jueces y de la sociedad en general. El narrador cuenta que, al principio, Emilia

---

[100] De sus investigaciones, Walker afirma que "*the ratio of black women to white women convicted of killing their abusive husbands is nearly two to one [...] My feeling is that this is the result of our society's misperceptions of black people in general, of women in general, and of black women in particular. The 'angry black woman' is a common stereotype in many white minds; subtly, but no less powerfully, white society in America fears 'black anger'*" (206).

niega todo en la comisaría. Luego, al ser aturdida con la cantidad de pruebas en su contra, cuenta lo ocurrido con sumo detalle. Emilia no llora. Además, "dijo que no estaba arrepentida. No se quebró." Este comportamiento pone en peligro la posibilidad de que se la exima de todo cargo porque no deja entrever su temor sino su complacencia de haberse vengado de Petriella. El narrador confirma este sentimiento de Emilia, al decir que al día siguiente de haberlo matado, Emilia "vio el cadáver [y] se alegró de encontrarlo tan distinto de lo que recordaba de su amante en vida" (25). Asimismo, al describir las características de la protagonista, el narrador dice que ella no le tenía miedo a nada y no le intimidaban la calle ni la prepotencia ajena" (18).

Frente a este comportamiento y con la intención de ayudarla, su abogado le dice que "alegara defensa propia" (28). Siguiendo el consejo de su representante legal, ella declara una nueva versión de los hechos y asegura que "fue su amante quien quiso estrangularla con una cuerda de nylon, y que ella logró arrancársela de las manos y ahorcarlo a su vez" (28). Por medio de esta confesión, se podría demostrar que la asesina se encontraba frente a un peligro inminente y que lo mató para protegerse, y así evitar que él terminara matándola. El narrador no ahonda en detalles sobre la sentencia. Tan sólo dice que después de apelar el primer fallo de dieciséis años de cárcel, un segundo abogado consigue que se le disminuyera la sentencia a diez; al final, sólo pasa seis años en la cárcel. La reducción de la condena lleva al lector a preguntarse si esto es debido a que el abogado logró presentar a Emilia como una mujer "normal" y temerosa, conforme al estereotipo esperado, o si en realidad la mostró resuelta, valiente, corpulenta, resentida y sin temor alguno, tal como la presenta el narrador del cronicuento.

Mujeres asesinas: adaptación del cronicuento a la serie de televisión

Como ya se ha mostrado al principio de este capítulo, las notas periodísticas sobre el caso Basil utilizan titulares correspondientes a un universo patético, ponen énfasis en el hecho sangriento y presentan imágenes y comentarios que insinúan que una mujer puede llegar a convertirse en asesina, por el mero hecho de apartarse de los parámetros definidos por la sociedad patriarcal. A su vez, Grinstein realiza una investigación sobre el asesinato en cuestión y reescribe la historia en cronicuentos policiales que funden las particularidades propias del cuento policial y de la crónica periodística informativa, cuyo propósito es indagar en las razones por las cuales Emilia llega a cometer un asesinato. Según una entrevista que le hace la revista *TV Más* a la escritora, una tercera reconstrucción de los hechos ocurre cuando Víctor Tevah, gerente de la productora argentina Pol-ka, contacta a Grinstein para proponerle llevar a la pantalla chica uno de sus cronicuentos.[101] De esta manera, surge *Mujeres asesinas*. El quinto episodio de la primera temporada es "Emilia Basil, cocinera", que sale por primera vez al aire en marzo de 2005, por el Canal 13 (1). Dentro de este apartado, examino la adaptación del

---

[101] En la entrevista, Grinstein comenta que ya había tenido varias propuestas pero las había rechazado porque le parecía "que iban a tratar a las asesinas como unas locas desatadas que mataban porque eran histéricas o estaban con un exceso de dolor de ovarios. Y la verdad es que siempre, en cada uno de los libros de *Mujeres Asesinas,* me centré en entender qué es lo que había llevado a esas mujeres a tomar una decisión tan tremenda como el asesinato. Y siempre me encontré con que esas mujeres habían vivido historias tremendas, de infancias dramáticas, violencia familiar, madres maltratadoras, maridos dominantes, etc. [En cambio, con Pol-ka] tuve la sensación de que ellos iban a tener el mismo respeto y cuidado que yo tenía a la hora de presentar cada historia y los personajes" (1).

cronicuento a la serie de televisión prestando atención a las siguientes variables: (a) la enunciación y el punto de vista; (b) las transformaciones en la estructura temporal del relato; y (c) la añadidura de situaciones que enfatizan la violencia doméstica.

El autor fílmico de "Emilia Basil, cocinera" realiza una "adaptación como transposición", o lo que es lo mismo, una transformación intermedia entre la adaptación fiel y la interpretación.[102] Esta modalidad se caracteriza por la creación de un relato cinematográfico que reconoce los valores de la obra literaria, pero que a su vez posee una identidad propia (Sánchez Noriega: 64). En *Mujeres asesinas*, se desarrollan situaciones implícitas en el texto precedente, se ejecutan ampliaciones y alteraciones que acentúan las características típicas del relato policial y elevan el interés de la audiencia, y al mismo tiempo, son necesarias para extender la duración de la narración, ya que la adaptación proviene de un texto muy breve que necesita relleno.

---

[102] En *De la literatura al cine*, José Sánchez Noriega realiza una clasificación de los distintos tipos de adaptaciones de obras literarias al film. El crítico llama "adaptación como ilustración" a aquella que es literal o fiel al texto y "adaptación como transposición" a la que se encuentra a medio camino entre la adaptación fiel y la interpretación e "implica una búsqueda de medios específicamente cinematográficos en la construcción de un auténtico texto fílmico. Se traslada al lenguaje fílmico y a la estética cinematográfica el mundo del autor expresado en esa obra literaria con cualidades estéticas, culturales e ideológicas similares" (64). Asimismo, distingue la "adaptación como interpretación" para referirse a aquella que "se aparta notoriamente del relato literario –debido a un nuevo punto de vista, un estilo diferente, transformaciones relevantes en las historia o en los personajes [...] Se diferencia de la transposición en que no toma la obra literaria en su totalidad ni busca expresarla tal cual mediante otros medios." La última clase de adaptación es la "libre", la cual representa "el menor grado de fidelidad a una obra literaria y responde a distintos intereses reescribiendo una historia [...] y valores ideológicos [nuevos]" (65).

Al igual que el texto de Grinstein, la serie tiene como propósito retratar la problemática de la violencia doméstica y mostrar cómo este tipo de situaciones pueden llevar a una mujer a responder de manera inesperada, hasta llegar a convertirse en homicida. Mientras que el texto fílmico es fiel a la función social del cronicuento, se evidencian algunas modificaciones de forma y fondo, las cuales presento a continuación.

Tanto el texto de Grinstein como el episodio del caso Basil cuentan la misma historia o argumento, pero el discurso es diferente, es decir que varía la manera en que se cuentan los hechos (83). *En Historia y discurso: la estructura narrativa en la novela y en el cine*, Symour Chatman señala:

> El punto de vista es el lugar físico o la situación ideológica u orientación concreta de la vida con los que tienen relación los sucesos narrativos. La voz, por el contrario, se refiere al habla o a los otros medios explícitos por medio de los cuales se comunican los sucesos [...] El punto de vista no es la expresión, sólo es la perspectiva con respecto a la que se realiza la expresión. (164)

Es decir, que la voz es quien habla o cuenta la historia, mientras que el punto de vista es la perspectiva desde la cual se habla. En el cronicuento, el reconocimiento de la voz se hace evidente debido a las modulaciones verbales que revelan como hablante a un narrador que cuenta los hechos en tiempo pasado y en tercera persona. También es extradiegético, ya que no es parte de la narración. El punto de vista que sobresale es de carácter cognoscitivo, ya que es omnisciente y sabe más que el personaje.[103] En el programa

---

[103] Genette utiliza la palabra "focalización" para referirse al punto de vista cognoscitivo. Según su clasificación, el cronicuento se ubica dentro del "relato no focalizado", ya que el narrador es omnisciente y sabe más que el personaje (244). Asimismo, su omnisciencia es neutra porque no presenta interferencias en el relato que denoten su presencia (Sánchez Noriega: 93).

de televisión, al no haber un narrador explícito (más bien queda oculto), el punto de vista es revelado por la imagen.[104] Así, la cámara va en busca de Emilia, y a través de primeros planos, planos medios o americanos, el narrador cinematográfico narra los acontecimientos, concentrándose, con particular interés, en sus ideas, sentimientos y actitudes.[105] El texto fílmico presenta imágenes que denotan un tiempo presente y emplea un narrador oculto, contribuyendo a incrementar la intriga y el interés de la audiencia. En consecuencia, le permite a la audiencia sentirse parte de los hechos, como si fuera testigo de lo que ve y como si aquello estuviera pasando en ese momento. En cambio, el lector del cronicuento está mucho más distanciado de los hechos por el uso de la tercera persona que narra los eventos en tiempo pasado.

En *Le roman policier*, Roger Caillois señala que en el género policial la narración invierte el tiempo lógico para explicar las causas de un hecho que ya ha tenido lugar en el pasado (11). La narración en la obra literaria es, en todo momento, sucesiva, posterior a los hechos y no presenta alteraciones temporales retrospectivas; quizás, y como ya

---

[104] La ausencia de un narrador explícito da la impresión de que los sucesos se narraran por sí mismos. En *República III*, Platón distingue la mímesis de la diégesis. La primera corresponde a la tragedia o la comedia, donde los hechos parecen contarse a sí mismos por medio de diálogos. En cambio, en la diégesis, es el poeta el que cuenta la historia (329). Igualmente, Aristóteles, en *Poética* señala la diferencia entre representación dramática y representación narrativa (1448). También Genette, en *Narrative Discourse: an Essay in Method*, distingue entre relato de acontecimientos (165) y relato de palabras (169).

[105] Según Seymour Chatman, la figura del narrador cinematográfico es equivalente al autor implícito (162). Para Sánchez Noriega, el autor implícito es "un principio estructural, la imagen que el autor real proyecta en el texto, el enunciador en la sombra que está en la base de la narración estableciendo narradores intradiegético con normas del mundo de ficción, vertebrando el relato temporalmente, proporcionando distintos puntos de vista, etc." (84).

se ha mencionado, porque el cronicuento presenta características estructurales de la crónica informativa. Por el contrario, en el film se produce una modificación sustancial que incorpora una organización típica del policial, ya que se introducen fragmentos que rompen el orden cronológico; en palabras de Genette, anacronías.[106]

En la escena inicial, el narrador cinematográfico presenta por medio de un plano general a Emilia y a otros hombres de camino al trabajo, vestidos con la ropa que utilizan los carniceros en un frigorífico. A continuación, en una nueva escena, la cámara hace un recorrido del espacio físico para destacar que Emilia es la única mujer en el lugar, dándole a entender a la audiencia que es una mujer sumamente fuerte. Luego, la cámara se detiene en la protagonista para mostrar los sangrientos pero perfectos cortes que ella le hace a una res suspendida en el aire por un gancho que cuelga del techo. El texto fílmico no aclara, como lo hace el cronicuento, que este trabajo lo ejercía cuando ella llegó como inmigrante libanesa a Buenos Aires en los años 1930.

En el film se produce un salto, una ruptura de la continuidad temporal, donde las primeras escenas hablan de un pasado remoto que revela rasgos del personaje y que van a ser importantes para el desarrollo de la historia. Así, una nueva escena transporta al vidente al tiempo donde ocurrirá el asesinato. El narrador cinematográfico presenta todos los hechos de la historia de manera cronológica y da la sensación de que todo sucede en un tiempo presente, frente al espectador.

Recién en la mitad de la narración, la audiencia se da cuenta de que todos estos eventos ya habían ocurrido. Es, en realidad, una analepsis o retrospección temporal. Este

---

[106] Para Genette, las anacronías son "*the various types of discordance between the two orderings of story and narrative*" (36).

primer *flashback* finaliza cuando, en una nueva escena, aparece un detective que está interrogando a la homicida, como si se estuviera evocando a los clásicos del *film noir*.[107] De esta manera, se introduce un personaje tradicional de la literatura policial que no figura en el cronicuento, pero se le da un rol secundario porque la reconstrucción de los hechos se efectúa siguiendo las características de la vertiente negra. No existe la búsqueda racional de pistas, sólo se pone énfasis en las razones que motivaron el asesinato. Si bien no hay un *chiaroscuro* propiamente dicho, elemento típico del *filmnoir* –porque la iluminación no es en blanco y negro–, existe un contraste de luz proveniente de una persiana semiabierta, ubicada detrás del detective que provoca un efecto similar.[108] La cámara registra la interrogación, a través de primeros planos, con una profundidad de campo

---

[107] En *A Panorama of American Film Noir*, Raymond Borde señala que "*it's the presence of crime that gives film noir its most distinctive stamp. 'The dynamism of violent death' [...] blackmail, informing theft or drug trafficking weave the plot of an adventure whose final stake is death. Sordid or strange, death always emerges at the end of a tortuous journey. Film noir is a film of death, in all sense of the word*" (5). Asimismo, en *The Philosophy of Film Noir*, Mark Conard agrega que "*we can easily identify classic film noir by the contrast opposition of light and shadow, its oblique camera angles, and its disruptive compositional balance of frames and scenes, the way characters are placed in awkward and unconventional positions within a particular shot. But, besides these technical cinematic characteristics, there are a number of themes that characterize film noir, such as the inversion of traditional values and the corresponding moral ambivalence (e.g., the protagonist of the story, who traditionally is the good guy, in film noir often makes very questionable moral decisions), the feeling of alienation, paranoia, and cynicism; the presence of crime and violence; and the disorientation of the viewer, which is in large part accomplished by the filming techniques mentioned above*" (2).

[108] En *Foundations of Art*, Lois Fichner-Rathus define el chiaroscuro como "*a technique in which subtle gradations of value create the illusion of rounded three-dimensional shapes in space; also termed modeling. From the Italian light and dark*" (73). Este procedimiento es utilizado por los pintores del Renacimiento y, más tarde, es apropiado para describir la iluminación del *film noir*.

que permite ver las expresiones de Emilia y las del detective de manera simultánea. La protagonista se convierte en un narrador intradiegético y exterioriza sus más entrañables pensamientos. Por ejemplo, ella cuenta que jamás había pensado divorciarse de su esposo, que tenía que cuidarse de su marido y de Petriella porque uno la "jodía" y el otro la amenazaba. También cuenta que escondió el cuerpo debajo de la cama, durante un día; que luego lo hombreó porque pesaba menos que una res (este dato se hace verosímil, ya que durante la primera retrospección se muestra la fuerza que tiene Emilia para mover y despedazar una vaca), y otros datos que son importantes para explicar las razones por las cuales decidió deshacerse de Petriella.

Al igual que el cronicuento, el episodio televisivo se interesa por la violencia doméstica que sufre la homicida. En *La novela criminal española*, Calatrava subraya la "frecuente dimensión crítica [...] de los relatos negros [que] critican en mayor o menor medida, con mayor o menor profundidad, desde una u otra posición, algunas facetas negativas de la sociedad en la que nacen, bien de modo explícito (Chandler) o implícito (Hammett)" (36). La añadidura más importante del texto fílmico, en relación con su función social, consiste en la repetida violación que padece Emilia, causada por parte de su marido y de Petriella. Por un lado, esta nueva situación, que no se hace presente de manera específica en el cronicuento, permite una ampliación por medio de acciones latentes en la obra precedente y contrarresta la brevedad del texto original.[109] Por ejemplo, el narrador dice que a la protagonista no "le gustaba [su marido"] (Grinstein: 17) y expresa el rechazo

---

[109] En "Panorama teórico y ensayo de una tipología", Sánchez Noriega realiza una clasificación de la adaptación cinematográfica según la extensión del texto precedente. Así, distingue entre "reducción", en general utilizada en la adaptación de novelas, "equivalencia" o "ampliación, "la cual supone partir de un texto más breve", como en el caso del cronicuento (70).

que ella experimenta ante la insistencia de su amante, quien "la conminó a seguir adelante con la relación bajo amenaza" (23).

Por otro lado, estos comentarios son aprovechados por el narrador cinematográfico para aumentar el efecto dramático, y a través de la imagen, reforzar la función social del texto fílmico. En *Perspectivas teatrales*, Osvaldo Pellettieri indaga sobre la tensión dramática en las representaciones teatrales. Para este crítico, es una "referencia a la fuerza en valores de intensidad, donde se pondera un estado hacia la expansión del conflicto y se condensa en una tensión intensiva donde el personaje está en ebullición, a punto de explotar o bien, la situación se intensifica hasta el estallido, o se produce un aumento del clima enrarecido hasta su detonación". (53)

Con este propósito en mente, el narrador fílmico añade a la trama el tema de violación por aquiescencia. En "Rape by Acquiescence: the Ways in which Women 'Give in' to Unwanted Sex with their Husbands", Kathleen C. Basile señala que este tipo de violación proviene de la coerción sexual, sin necesidad de fuerza física o amenazas, la cual ejerce un hombre que tiene intimidad con una mujer determinada y ella, sin desear tener relaciones, accede de forma pasiva (1038). Este tipo de coerción sexual puede ser de carácter social, interpersonal, físico o de amenaza física. La de forma social se refiere a las expectativas culturales que perpetúan las instituciones legales y religiosas, como por ejemplo, el que una esposa sea consciente de sus deberes de satisfacer a su esposo (1039).

En el episodio de televisión, después de haber estado bebiendo con sus amigos, Felipe entra al dormitorio donde Emilia está recostada y le pregunta si está dormida. Ella le dice que no y él comienza a tocar su cuerpo diciéndole: "Dale, mi vida, dejame entrar, dale." Por medio de un primer plano, la cámara refleja la inmutable expresión de

Emilia y de modo simultáneo ella le contesta "dale, vení", con una voz carente de afecto. Mientras es penetrada por su marido, ella fija sus ojos en la cámara, como si supiera que el espectador televidente es testigo de su situación. En otra escena, también se incorpora la coerción intrapersonal. Según Basil, ésta ocurre por medio de amenazas. A lo largo del programa, Petriella amenaza a Emilia diciéndole que si ella no lo complace, él le dirá a su marido toda la verdad y les exigirá que le paguen el dinero que le deben. Es por estas razones que Emilia mantiene relaciones sexuales con su amante. En una de las tantas visitas que ella le hace, se saca la bombacha, se acuesta en la cama, abre las piernas y le dice: "No tengo toda la noche, Petriella, venga", expresando a través de sus gestos y palabras su más sincero disgusto.

Por medio de estas situaciones, el narrador cinematográfico presenta diferentes tipos de abuso que una mujer puede experimentar en su vida privada. A la violencia doméstica que refleja la autora del cronicuento, se le incorporan diferentes modalidades de violación, que aumentan la tensión dramática. A su vez, de esta nueva (re)presentación emana un efecto didáctico, ya que se rompe con el mito de que el abuso sexual es perpetrado en su mayoría por personas extrañas a la víctima, que la violación no puede ocurrir dentro del matrimonio y que siempre es de carácter violento.

La adaptación fílmica del caso Basil incorpora elementos esenciales de la literatura policial, como las retrospecciones temporales, el *chiaroscuro* del *film noir* y la presencia de un detective típico de la vertiente negra, porque en ningún momento hay una deducción lógica. Éste tan sólo interroga y es testigo de la confesión de la asesina. En cambio, en su reescritura, Grinstein fusiona elementos de la crónica informativa para compaginar la historia, y realiza una investigación previa antes de relatar de manera cronológica la información que recogió. Aunque la autora tiene un propósito de crítica social y ahonda en la psicología del personaje, siguiendo las características del cuento y de la crónica interpretativa, no añade situaciones ajenas al caso. Si bien el cronicuento se encuentra en una posición intermedia entre la nota periodística y la serie de televisión con respecto al desarrollo de los hechos ocurridos, ninguna versión puede llegar a revelar lo que de verdad aconteció. Las notas policiales fragmentan la información y la presentan de manera sensacionalista, el episodio de *Mujeres asesinas* inventa sucesos y Grinstein hace una interpretación subjetiva para plasmar los sentimientos y pensamientos de la asesina.

Crónica y cronicuento policial sobre la monja asesina: lesbianismo y violencia doméstica

El homicidio de Marta Silvia Fernández, cometido por Marta Odera, es otro de los casos policiales que investiga y reescribe Marisa Grinstein.[110] Marta es una monja que pertenece a la congregación de Los Camilos.[111] Al tomar los hábitos, se ofrece para ir como misionera al Amazonas. En el Brasil, se siente útil de poder ayudar a tanta gente necesitada, pero contrae malaria y debe volver a Buenos Aires. Al poco tiempo de su regreso va a la obra social a hacer un trámite, donde conoce a Marta Fernández y se hacen amigas. Marta Odera tiene dudas sobre su vocación religiosa y va a hablar con el padre Wendelin Rofner, su guía espiritual, quien le sugiere que se tome una licencia de dos años para reflexionar sobre su situación. En una de sus visitas al cura, la monja le comenta que quiere irse

---

[110] A continuación, presento un resumen del caso Odera y la información que incluyo proviene de las notas periodísticas, el cronicuento y la versión televisiva.
[111] Las hijas de San Camilo es una congregación religiosa. Las monjas que pertenecen a ella asisten a enfermos en sus hogares, hospitales, escuelas de enfermería y hogares de ancianos.

a vivir con su amiga Marta, pero que no tiene los medios necesarios para alquilar un departamento. El sacerdote la ayuda a conseguir una vivienda para las dos. Al principio, Odera se muestra contenta, pero luego Fernández comienza a maltratarla y a pegarle. Esto no era nada nuevo, porque Fernández había estado casada y también acostumbraba a pegarle a su marido, quien era mucho mayor que ella. Debido a que no puede soportar el abuso de su mujer, el esposo de Fernández se interna por voluntad propia en un geriátrico y rechaza las visitas de su cónyuge.

La monja acostumbra a visitar a otra amiga, Blanca, a pesar de que a Fernández no le gustaba que fuera a verla. Cada vez que se aparece en la casa de Blanca, Odera tiene los ojos morados y moretones por todo el cuerpo. Blanca le dice que no es normal que una amiga le pegue de ese modo, a no ser que fueran pareja. La monja le asegura que no tiene una relación de este tipo con ella, pero Blanca la convence de que presente una denuncia contra Fernández. Va a la comisaría pero la policía no le da importancia a sus declaraciones. Entonces, la monja se muda sola a una pensión que el cura le ayuda a conseguir. A pesar de que Fernández llama con frecuencia a la congregación de Marta para decir que es lesbiana y que tienen relaciones sexuales, ella continúa visitándola. Durante la noche del lunes 23 de noviembre de 1998, los vecinos de Fernández oyen gritos y ruidos, pero no se alarman porque las peleas eran algo común entre ellas y todo el edificio solía oír las discusiones que tenían. Al otro día, la dueña del departamento decide golpearle la puerta para ver si se encontraba bien. Nadie contesta y va en busca del sacerdote. Una vez dentro del departamento, hallan el cuerpo de Marta Fernández, que presentaba una cantidad enorme de puñaladas.

La policía localiza y arresta a Odera. La monja tenía los ojos llenos de hematomas, y al ser detenida, sufre un ataque de hipertensión y es trasladada a un hospital. El juez la interroga pero ella dice cosas incoherentes. Es examinada por psicólogos y psiquiatras, quienes diagnostican que Odera tiene "'personalidad epileptoide' y alteraciones en la conducta originadas por una patología de base orgánica cerebral" (Grinstein: 120).[112] Al no haber pruebas fehacientes en su contra, la monja es declarada inimputable e internada en el hospital Moyano. Un año después queda en libertad y se va a vivir con su familia. Asimismo, ella expresa su deseo de volver al convento pero le explican que una orden proveniente de Roma exige que se la expulse de la orden.

Tres días después del crimen, aparece la primera nota policial sobre el caso, y al día siguiente, sale la segunda y última crónica:

La Capital, 26 de noviembre de 1998

Acusan a una religiosa de matar a una mujer de 120 puñaladas

Afirman que la víctima mantenía una relación de pareja con la imputada desde hace seis meses

Buenos Aires.— Una mujer acusada de matar de 120 puñaladas a su pareja lesbiana, con quien convivía en una casa del barrio porteño de Chacarita, es una misionera de la orden religiosa de Los Camilos que habría quedado cansada de los malos tratos a los que era sometida.

Se trata de Marta Odera, de 39 años, quien se desempeñaba en un convento que se encuentra a unos 70 metros de la escena del crimen, aunque actualmente gozaba de una licencia de dos años para no utilizar los hábitos, informaron fuentes policiales.

La detenida mantenía desde hace poco más de seis meses una relación amorosa con la víctima, una enfermera identificada como María Graciela Fernández, de 38 años, quienes sostenían una convivencia inestable en una vivienda de la calle Ávalos 340. En el departamento ubicado del edificio de propiedad horizontal, la noche del lunes se produjo entre ambas mujeres una violenta discusión generada presumiblemente por los continuos maltratos que le dispensaba la víctima a la misionera.

Los investigadores sospechan que el móvil del crimen podría responder a los roles adoptados por cada una de las mujeres en la relación amorosa y que llevaban a la víctima a tomar una postura más masculina, desde la cual maltrataba a su pareja.

La discusión no llamó la atención de los vecinos, quizás habituados a las peleas, pese a que en esta oportunidad se escucharon pedidos de auxilios, gritos desgarradores y el reclamo de la víctima para que llame a la policía.

No obstante, los vecinos dieron cuenta que tras finalizar la discusión sólo se escuchó a alguien salir de la vivienda, cerrar la puerta con llave y recorrer el pasillo que conduce a la calle, tras lo cual Fernández no volvió a ser vista.

Cinco de los vecinos de los departamentos linderos del edificio declararon ayer ante el juez Julio Lucini, en sede de la comisaría 41, lo visto y escuchado en el momento en que presuntamente se produjo el crimen.

La vivienda había sido facilitada a Fernández por gestiones del padre alemán Wandelin Rafner, integrante de la Comunidad Religiosa Los Camilos, quien intentaba rescatar a la muchacha de la marginalidad. Fue el mismo sacerdote y la propietaria del departamento, quienes ingresaron a la vivienda y se encontraron con el cadáver de la mujer.

Efectivos policiales de la comisaría 41 llegaron al lugar a las 2 de la madrugada y a las pocas horas, gracias a los testimonios recogidos en el entorno de la víctima, lograron la detención de Odera en una vivienda de avenida Lacroze y Forest.

Las primeras pericias realizadas al cuerpo de la mujer permitieron contabilizar 120 puntazos, efectuados presuntamente con un cuchillo tipo serrucho, hallado ensangrentado cerca del cuerpo de la víctima. Télam

---

[112] Tomo el diagnóstico de los médicos del cronicuento de Grinstein. Nótese que la autora lo pone entre comillas. Es probable que al realizar su investigación, haya encontrado el reporte médico y haya trascripto literalmente una parte.

La Capital, 27 de noviembre de 1998

> ## Confirman que una mujer fue muerta de 146 puñaladas
>
> **Buenos Aires.—** La enfermera de 38 años asesinada el martes a manos de una religiosa con la que convivía en el barrio de Chacarita recibió 146 puñaladas en distintas partes del cuerpo, según determinaron los forenses.
>
> Los primeros informes recibidos por el juez Julio Lucini, de parte del Cuerpo Médico Forense, precisaron que fueron 146 las "heridas punzocortantes" que sufrió María Silvia Fernández, tras discutir con Marta Graciela Odera en el departamento que compartían.
>
> En tanto, fuentes cercanas a la investigación informaron que Odera, de 39 años y ex novicia de la orden Los Camilos, se negó a declarar ante el juez que instruye la causa.
>
> El magistrado se trasladó hasta el hospital donde permanece internada la mujer con un cuadro de hipertensión y pretendió tomarle declaración indagatoria, pero la mujer se negó.
>
> Como el delito que se le atribuye a Odera tiene una pena máxima superior a los 10 años de prisión, el juez dispuso que se le realice un examen mental para determinar si, en el caso que se determine que fue la autora del hecho, pudo comprender la criminalidad de su conducta.
>
> La medida ordenada por Lucini tiende a conocer el grado de imputabilidad de Odera ya que, aunque un médico legista la consideró "capaz", el juez desea un estudio "más completo", según consignaron las fuentes. **Télam**

Sin duda, este caso policial es sobresaliente por el hecho de que la asesina es una religiosa y aparentemente tenía una relación homosexual con la víctima. Es decir, que el crimen posee el drama necesario para que el periodismo se interese en reportarlo.

En "The Construction of Crime News", Yvonne Jewkles utiliza el término "*newsworthy*" para diferenciar entre las noticias que son insignificantes y las que tienen ciertos elementos que aseguran su diseminación en los medios de comunicación (41). Según Jewkles, el valor de la noticia está determinado por distintas variables. En primer lugar, depende de la fama o de la posición social de la persona:

"High stats individuals with an 'ordinary' life (the clergy [...] and so on are also deemed newsworthy and are frequently used to give a 'personal' angle to stories that otherwise might not make the news" (51). Cuando a estos individuos se los caracteriza como anormales, la noticia se vuelve aun más interesante. Por esta razón, el encabezado de la crónica dice: "Acusan a una religiosa de matar a una mujer", y yuxtapone la conducta que supuestamente caracteriza a una religiosa con la acción de matar, provocando curiosidad y morbo en el lector (46). Además, si los hechos del crimen convergen con temas de actualidad, la publicidad del homicidio está asegurada. Las posibles tendencias homosexuales de la asesina y de la víctima se relacionan con el tema de la legalidad del matrimonio y los derechos gay de los argentinos, los cuales son noticia de actualidad en el momento en el que ocurre el asesinato.[113]

En segundo lugar, se valoran las noticias policiales que tienen un componente sexual. Jewkles afirma que la prensa conecta el sexo y la violencia hasta hacerlos indistinguibles uno del otro (48). El caso de Marta Odera tiene ambos componentes, una supuesta relación homosexual y un caso de suma violencia física y emocional. El subtítulo de la crónica dice que "la víctima mantenía una relación de pareja con la imputada desde hace seis meses." Igualmente, el cuerpo de una de las notas policiales fusiona el tema del

---

[113] Por ejemplo, el diario *Clarín* publica en agosto de 1998 una nota bajo el título de "Los homosexuales luchan para ser iguales o diferentes" (1). También, en 1996, se pone en efecto el artículo de la Constitución de la ciudad de Buenos Aires, el cual dice que "se reconoce y se garantiza el derecho a ser diferente, no admitiéndose discriminaciones que tiendan a la segregación por razones o con pretextos de raza, etnia, género, orientación sexual, edad, [...] o cualquier circunstancia que implique distinción, exclusión, restricción o menoscabo" (citado en *Buenos Aires: Perspectives on the City and Cultural Production*: 200). Lo que es más, en los últimos diez años, Buenos Aires se ha convertido en la nueva capital gay de América Latina (www.elmundoviajes.com).

sexo y de la violencia, haciendo hincapié en la "relación amorosa", "en los malos tratos" que recibía la monja y en la "violenta discusión generada presumiblemente por los continuos malos tratos" (46).

El tercer elemento que caracteriza a la nota policial es la marginalidad de los protagonistas. En lo que respecta a la mujer, el valor de la noticia es aun mayor si la preferencia sexual de la mujer no corresponde a nuestra cultura "heteropatriarcal". Jewkles señala que "*lesbians [...] are archetypal 'outsiders.' Within a group already classified as 'other', they are even more other. As victims they are invisible, as offenders they are superordinate [and the] tendency of the media [is] to view lesbian sexuality as a 'cause' of aggressive behavior*" (116). Es decir que existe una doble marginalidad en las protagonistas por ser mujeres y lesbianas. Asimismo, la nota policial conecta la violencia con el hecho de ser lesbianas. Fernández es caracterizada como una lesbiana agresiva que maltrata a su pareja, y Odera es acusada de haber cometido un asesinato violento, al darle 146 puñaladas a su amante.

Lo que es más, la nota periodística pareciera posicionar a Fernández como si estuviera en el borde de lo masculino y lo femenino. Según Jewkles, "*lesbians 'dirty' the clarity of their boundaries and are subsequently designated taboo. At a physical level, lesbians represent neither one gender nor the other, but can be superimposed onto the social division between masculinity (active) and feminity (as passive)*" (116). La crónica menciona que las sospechas de los investigadores es que el motivo del crimen se debe a "los roles adoptados por cada una de las mujeres en la relación amorosa." El periodista agrega que "la víctima llevaba una postura más masculina, desde la cual maltrataba a su pareja" (46). Este comentario muestra cómo se trata de encasillar el rol de las mujeres, siguiendo un modelo "heteronormativo" y dividiendo el comportamiento pasivo y activo de cada una de ellas, como si se tratara de una relación heterosexual.[114] Un tercer componente de la noticia policial es la simplificación. Para Jewkles, la historia no tiene que ser simple, pero debe tener la capacidad de ser reducida a un mínimo número de partes para que no interfiera con la capacidad de concentración del lector. El caso de Marta se presenta de manera sintética. El periodista no se explaya en contar que la víctima también abusaba de su ex marido, que Odera dudaba de su vocación religiosa o que su amiga Blanca la había convencido de hacer una denuncia y que la policía no le había dado importancia al caso, entre otros detalles.

Estos comentarios periodísticos son tomados como punto de partida para la investigación que realiza Marisa Grinstein para escribir el cronicuento sobre el caso de Marta Odera. Como ya se mencionó en el análisis de "Emilia Basil, cocinera", Grinstein reescribe los hechos para revelar las causas que llevan a una mujer a perpetrar un crimen espeluznante. La autora utiliza un estilo particular que combina los rasgos formales de la crónica informativa y del cuento literario. En comparación con el cronicuento sobre Basil, el de Odera es más sofisticado en su composición literaria, pero ambos, por igual, emanan una crítica social hacia diversas formas de violencia doméstica y exhiben el trágico final de sus perpetradores y de sus víctimas. A continuación, analizo (a) los rasgos de la crónica y del

---

[114] En *Lesbian, Gay, Bisexual, Trans, and Queer Psychology: An Introduction*, Victoria Clarke explica que el término "heteronormativo" fue acuñado por el teórico Michael Warner y se refiere a "*the perceived reinforcement of certain beliefs about sexuality within social institutions and policies. These beliefs include things like the notion that sex equals penis-in-vagina intercourse, that family constitutes a heterosexual couple and their children, and that marriage is a procreated institution and therefore should only be available to 'opposite sex couples.' From this perspective, heterosexuality is viewed as the only natural manifestation of sexuality*" (120).

cuento policial presentes en "Marta Odera, monja"; y (b) el propósito social que emana de su reescritura.

Al igual que en que el cronicuento policial sobre el caso Basil, "Marta Odera, monja" incorpora datos provenientes de una detallada investigación previa, al estilo de la crónica de información. Por ejemplo, menciona que Marta Odera fue a la comisaría 41 y que el comisario Jorge Moreno le tomó su declaración (119), que el asesinato ocurrió la noche del 23 de noviembre de 1998 (118), que la asesina vivía en una pensión de la calle Federico Lacroze al 2.100 (118) y transcribe en comillas la declaración de los peritos forenses, que seguramente encontró en los archivos del caso (120). Asimismo, luce la simplicidad y claridad que exige la nota periodística. La escena del crimen es descrita sin ahondar en detalles. El narrador sólo dice que "Fernández había recibido exactamente 161 puñaladas", y que "cerca del cadáver había, tirado, un cuchillo tramontina" (119). A su vez, se percibe un intento de sofisticación literaria, al incluir una metáfora para referirse al cuerpo de la víctima, cuando el narrador dice que el cadáver era "una masa retorcida de carne acuchillada" (119).

Mientras que en el cronicuento sobre el caso Basil se utilizan párrafos breves, al estilo de la crónica, en la reescritura sobre el crimen que comete Odera, Grinstein recurre a párrafos extensos, alejándose de las prescripciones que Nerio Tello presenta para la composición de una crónica periodística.[115] Lo que sí se mantiene de la crónica son las oraciones contundentes y sugestivas al comienzo de cada párrafo. Según la óptica de Tello, se debe buscar un efecto de "intriga" por medio de "la incorporación en

---

[115] En *Periodismo actual: guía para la acción*, Tello expone que "si el párrafo es largo y le fuerza [al lector] a una lectura detenida [...] el lector se sentirá molesto, saltará líneas y abandonará la lectura; el peor castigo que puede tener un periodista" (94).

las primeras líneas de alguna palabra o frase que genere curiosidad o llame la atención" (79). Por ejemplo, para describir eventos del pasado, Blanca, la amiga de Odera, comienza diciendo que "a ninguna de las dos nos fue bien en la vida" (112). Al inicio de otro párrafo, Marta se dirige al lector y agrega: "Me olvidé de contarle otra cosa importante" (118). Además, un narrador extradiegético menciona, al comienzo de otro párrafo, que al volver del Amazonas, Odera "tuvo una profunda crisis religiosa" (116). Todas estas acotaciones despiertan una cierta intriga que incita al lector a continuar con la lectura para buscar respuestas a los planteamientos que se introducen en el inicio de cada párrafo.

"Marta Odera, monja", además de presentar características pertinentes a la crónica, reúne las técnicas narrativas del cuento. En *El cuento y sus claves* (1981), Alba Omil y Raúl Piérola expresan que "el buen cuento nace como una totalidad. Desde un comienzo, el autor ya tiene en sus manos la entidad entera, es decir, tiene previsto, sobre todo, su final, luego viene lo otro: dosificación del interés, selección de vocablos, búsqueda de matices, en una palabra, elaboración" (25). Como Grinstein se basa en hechos reales y realiza una investigación previa del caso, ella ya tiene la totalidad de la historia y hasta el trágico final de la misma. Es decir que, en parte, su labor literaria consiste en concentrarse en la "elaboración" de un cuento policial. En lo que sigue, examino la dimensión temporal, la función del narrador y la capacidad de crítica social en "Marta Odera, monja".

Si bien en la literatura policial los elementos narrativos dependen de cada obra en particular, es posible afirmar que existen ciertas similitudes en la construcción interna del tiempo.[116] Por ejemplo, el uso de referencias al pasado o retrospecciones que rompen con la continuidad lineal de la historia o la elaboración de hipótesis que anticipan la resolución del crimen (Calatrava: 60). El cronicuento sobre el caso Odera presenta un complicado manejo del tiempo, que realza su refinamiento literario. En *Narrative Discourse* (1980), Gerard Genette estudia los distintos planos narrativos de la *Ilíada* para diferenciar al relato de base o primer relato, que sirve de soporte o marco narrativo, de otros relatos secundarios que subvierten el orden temporal (48).[117] En este cronicuento bajo análisis, el relato base es la narración de la violenta relación que tenían Odera y su supuesta pareja, y el asesinato de Fernández como trágico desenlace. El uso de tres narradores diferentes altera el orden temporal de la narración. El primer narrador interdiegético que aparece es Blanca, la amiga de Odera, quien cuenta el inicio de la amistad. Estos sucesos ocurren antes de que la monja conociera a Fernández, pero no se precisa el tiempo, lo cual sería, en palabras de Genette, una retrospección "elíptica indeterminada" porque se silencia cierto material diegético de la historia, es decir, una fecha específica en la cual ocurre el primer encuentro entre Blanca y la monja (43).

Dentro de este salto temporal, hay una descripción de la ropa que tenía puesta Odera el día en que se conocieron.

---

[116] Cada escritor escoge algunos dispositivos de la literatura policial y los ordena para darle al texto el efecto deseado. Por ejemplo, no todos los autores incorporan la figura de un detective. No hay un investigador en "Algo bien grande", mientras que "Emilia Basil, cocinera" añade la figura de un policía, el cual tan sólo interroga pero no va en busca de pistas para dilucidar el crimen. Lo mismo ocurre con el manejo del tiempo. Algunos escritores prefieren una construcción lineal de los hechos, mientras otros se valen de retrospecciones para narrar la historia.

[117] Este teórico distingue tres dimensiones temporales: "orden", "duración" y "frecuencia", y le asigna el nombre de "anacronía" temporal a toda alteración del orden (35).

Estos datos disminuyen el tiempo del relato y revelan que ella "era incapaz de matar a una mosca" porque tenía el aspecto de ser "simpática aunque un poco cortada, a lo mejor por ser tímida" (Grinstein: 111). En términos de Genette, es una "anacronía interna homodiegética", porque lo que se cuenta dentro del salto temporal está de modo directo relacionado con el relato base (51). Por un lado, es precisamente Blanca la que trata de ayudarla y la que la anima a hacer la denuncia en contra de Fernández, por los golpes y el maltrato que recibe. Por otro lado, la pormenorización de Odera y la impresión de la narradora de ser una persona inofensiva es otro elemento que está estrechamente vinculado al relato principal de la historia. A su vez, la retrospección que presenta Blanca es de carácter "completivo", porque rellena información importante para el lector, al esclarecer el vínculo de confidentes entre Blanca y Marta Odera (54).

A continuación de los recuerdos de Blanca, aparece un narrador extradiegético, es decir, uno que se encuentra por fuera del relato. Su comentario es una retrospección de carácter "iterativa", porque vuelve a contar cómo se conocen Odera y su amiga (Genette: 54). Después de que la misma Blanca dice "la conocí en un tren", un narrador omnisciente dice: "Blanca E. se hizo amiga de Marta Odera cuando la monja iba en tren" (Grinstein: 111). A pesar de que los dos narradores cuentan básicamente la misma cosa, el punto de vista es diferente. El poder omnímodo del narrador sobre el tiempo le permite una movilidad mayor, ya que puede contar cosas en las que no estuvo presente. En cambio, el narrador personaje refleja el pasado propio: "Me acuerdo que le pregunté [a Marta su] edad y me dijo que tenía treinta y siete", y se ciñe a lo que perciben sus sentidos: "Yo le daba como cincuenta." A diferencia del narrador omnisciente, la información que revela el narrador personaje es menos precisa. El narrador omnisciente afirma que el tren salió de la estación "con más de treinta minutos de retraso" (112) y que "la noche del lunes 23 de noviembre" ocurre el asesinato (118). A su vez, Blanca omite del todo las especificaciones temporales o duda de ellas. Por ejemplo, al hablar del tiempo que pasó Odera en el Amazonas, dice que "había estado siete años ahí, creo que me dijo siete" (112).

Así como Blanca proporciona información relacionada con Odera, la intromisión del narrador omnisciente presenta a otro narrador interdiegético, una vecina de Fernández llamada Silvia R. Ella comienza expresando su mala opinión sobre la víctima: "Era insoportable. Siempre pedía dinero prestado, o ropa, o llegaba a la hora de la comida para no tener que cocinar ella misma" (114). Luego, por medio de una analepsis temporal, transporta al lector a la época en que Fernández estaba casada con un hombre mayor, al que ella maltrataba y del que abusaba. Silvia dice que el matrimonio de ellos "era un infierno [...] y hasta me parece que un par de veces al viejo le pegó" (115). Este salto temporal tiene la función de reafirmar la personalidad violenta de Fernández. A su vez, en palabras de Genette, es de carácter "externo" porque se remonta a un momento anterior al del punto de partida del relato principal, el cual se centra en el vínculo entre la víctima y la asesina (49). Después de que los narradores-personajes terminan de presentar los datos relevantes pero anteriores al comienzo de la relación entre Odera y su amante, se produce otro salto temporal, en donde el narrador omnisciente se encarga de contar cómo y cuándo ocurrió el homicidio, ya que tiene el privilegio de saberlo todo y de remontarse con facilidad a cualquier suceso pasado sin ser parte de la historia.

Las notas periodísticas sobre el homicidio no presentan la sofisticación temporal del cronicuento. Si bien hay un vaivén entre sucesos presentes y pasados, éstos son muy breves y no aportan a la estética del relato. Por ejemplo, el cronista de *La Capital* emplea una sola oración para hablar de las sospechas que tienen los investigadores, y luego salta a la indiferencia de los vecinos frente a las continuas peleas, la cual es también descrita en una sola oración: "La discusión no llamó la atención de los vecinos, quizás habituados a las peleas, pese a que en esta oportunidad se escucharon peligros de auxilios, gritos desgarradores y el reclamo de la víctima para que llame a la policía" (46). El periodista ordena la información siguiendo la técnica de la pirámide invertida y no hilvana los hechos ni los saltos temporales en beneficio de un refinamiento literario. La nota es más bien de carácter informativo con un encabezado sensacionalista que destaca la profesión de Odera, el número de puñaladas que recibe la víctima y su relación amorosa con la religiosa.[118]

A diferencia de la nota periodística, Grinstein plasma en el cronicuento un mensaje de crítica social. En "Novela policial: ¿el género de nuestra época?", Armando C. Pérez señala:

> Un cuento con tema policial, si está bien escrito, resulta muy entretenido. Pero no puede hablarse de un inocente entretenimiento cuando el tema es en sí la representación tendenciosa del más sucio trasfondo social [...] Luego, el contenido degradante moralmente y reaccionario que tienen una gran parte de [estas] obras [...] puede producir a lo sumo una sensación de belleza decadente (314).

"Marta Odera, monja", no es ninguna excepción. Al igual que el cronicuento "Emilia Basil, cocinera", tiene el

---

[118] Es importante destacar que la primera nota periodística sobre el caso Odera menciona que la monja le dio 120 puñaladas a Fernández. La segunda crónica policial eleva el número de agresiones a 146 y el narrador del cronicuento señala que fueron 161 en total. Esta discrepancia podría hacerle dudar al ávido lector de crímenes basados en hechos reales sobre la veracidad de la información que lee tanto en los diarios como en el cronicuento.

propósito de reflejar las consecuencias negativas de la violencia doméstica, hasta el punto de llevar a una mujer a cometer un asesinato. Mientras que las notas periodísticas mencionan de manera superficial el abuso y el maltrato presentes en la relación lesbiana que tenían la víctima y la asesina, Grinstein no sólo profundiza este tema, sino que además presenta un caso de violencia ejercido por una mujer en la esfera privada de una relación heterosexual. Este elemento que se incorpora contribuye a romper el estereotipo que presenta siempre a la mujer como víctima de abuso doméstico, cuando, en realidad, el atormentado puede pertenecer a cualquiera de los dos géneros sexuales.

La mujer puede asumir distintos roles en casos de violencia doméstica. En *Female Crime, Criminals and Cellmates: an Exploration of Female Criminality and Delinquency* (1995), Barri Flowers explora el papel femenino en relación con la violencia doméstica existente en los Estados Unidos. Uno de ellos es el de instigadora de excesos y agravios dentro de su relación conyugal. La criminóloga señala que si bien el típico agresor suele ser el hombre y que alrededor de dos millones de mujeres son agredidas por sus esposos, "*as many women are battering their husbands as are being battered*" (93). En contraste, en "The Batttered Husband Syndrome", Suzanne Steinmentz afirma que un total de 280.000 hombres estadounidenses son víctimas de violencia doméstica, la cual es ejercida por sus esposas (501); y en *Wife Beating: the Silent Crisis*, Robert Langley y Richard Levy estiman que doce millones de hombres en los Estados Unidos son víctimas de abuso infligido por sus parejas de sexo femenino (145).[119] Estos

---

[119] Todos estos datos provienen de estudios realizados en la sociedad estadounidense. No he encontrado información estadística sobre la mujer como causante de violencia doméstica en América Latina. Los estudios más comunes en América Latina presentan a la mujer como víctima de violencia doméstica o como agresora de sus propios hijos.

datos demuestran que no es inusual que Marta Fernández abusara de su marido. Su vecina cuenta que "el matrimonio era un infierno, ella protestaba todo el día [...] y hasta me parece que un par de veces ella le pegó. Ella a él, quiero decir" (Grinstein: 115). Silvia agrega que el marido, cansado de los malos tratos, "se internó en un geriátrico él solito [...] él quiso haber ido ahí, debe haber sido para zafar de la mujer." Según las investigaciones de Barri Flowers, la mujer que ejercita violencia física o psicológica en contra de su pareja tiene problemas económicos o está desempleada y carece de educación (94). La vecina de Fernández comenta que esta última "siempre pedía dinero", que se casó con un hombre mayor para poder tener "casa y comida y la obra social", y que "siempre gastaba más de lo que podían gastar."

Poco tiempo después de que su esposo la abandonara, Fernández conoce a Odera, se convierte en su amiga, se va a vivir con la monja y comienza a abusar física y mentalmente de ella, como solía hacerlo con su ex marido. En "Violence Against Women: an Integrated, Ecological Framework", Lori Heise establece una clasificación ecológica, de varios niveles, para poner de manifiesto cómo la interacción de factores personales, situacionales y socioculturales pueden llevar a un individuo a maltratar física y psíquicamente a su pareja. Según Hese, el primer agente está compuesto por *"the personal history factors that each individual brings to his or her behavior and relationships"* (264). En el caso específico de Fernández, su vecina dice

---

Véase *La ruta crítica de las mujeres afectadas por la violencia intrafamiliar en América Latina: estudio de casos en diez países* de Monserrat Sagot. Por su parte, en *Libres de la violencia familiar*, Amparo Medina explora el abuso doméstico en los menores de edad, y en *The Woman in the Violence: Gender, Poverty, and Resistance in Peru*, Cristina Alcalde señala que, en la mayoría de los casos, la mujer peruana ejerce violencia en contra de su pareja para proteger a sus hijos.

que ella "era peleadora por naturaleza y solía terminar a los gritos [y] su carácter era despótico" (Grinstein: 114).

El segundo nivel es el "microsistema" y representa el contexto inmediato en el cual ocurre el abuso, con frecuencia en una relación familiar u otro vínculo íntimo (Hese: 264). El lazo entre Odera y Fernández parece diferir del de una simple amistad. En el monólogo de Blanca, ella comenta que la monja le "decía todo el tiempo que eran amigas, que no [se] imaginara cosas, pero ella fue muy clara y le dijo que no era normal que una amiga le pegara así a otra si no había algo más" (Grinstein: 117). Los tres narradores de la historia aseguran que Odera y Fernández vivían juntas, comentario que hace sospechar al lector de que ambas mantenían una relación amorosa, conformándose así el "microsistema" dentro del cual ocurre el abuso que señala Hese. El tercer factor es el "exosistema", y está conformado por las estructuras sociales e institucionales, ya sean de carácter formal o informal. Por ejemplo, el ambiente laboral, el barrio, las relaciones sociales, entre otros (Hese: 264). Fernández no quiere que Odera esté en contacto con la amiga que conoció en el tren. Blanca dice que "la otra mujer [refiriéndose a Fernández] no quería que Martita viniera a mi casa, ni que me llamara por teléfono ni nada. Es de no creer, mire" (Grinstein: 117). Odera la visitaba igual a Blanca, pero si Fernández se enteraba, terminaba gritándole y pegándole. Blanca se enteraba de esto porque "una tarde [fue] a ver[la] llorando. Tenía un ojo todo morado de un golpe. La otra le había pegado. Y [le] dijo que no había sido la primera vez [...] Cuando volvió [tenía] golpes, ya no en la cara sino en los brazos y la espalda."

Cabe destacar que las dinámicas de abuso doméstico en una relación homosexual pueden ser diferentes de las de un matrimonio heterosexual. En "Compounding the Triple Jeopardy: Battering in Lesbian of Color Relationships", Valli Kalei Kanuha estudia las desventajas que presentan las mujeres negras y lesbianas. Según la óptica de este crítico, la mujer en una relación lesbiana experimenta la violencia doméstica de manera diferente a las mujeres en relaciones heterosexuales, porque es muy común que la que es abusiva se valga de la homofobia que existe en el seno social para manipular y controlar a su pareja (71). La amiga de Odera se dirige al lector y dice: "Me olvidé de contarle otra cosa importante. Marta me dijo una vez que [Fernández] llamaba todo el tiempo a la congregación para decir que ellas eran novias, que a Marta le gustaban las mujeres" (Grinstein: 118). Blanca agrega que esto le molestaba a la monja y que no sabía por qué su amiga le quería hacer daño y la estaba difamando. Según cuenta Blanca, Fernández hacía llamadas al convento para decirles a los curas que Marta era lesbiana. Lo que es más, su amiga cree que este fue el motivo desencadenante del asesinato porque eso "la ponía furiosa" y pudo haberla llevado a clavarle 161 puñaladas durante la pelea final del 23 de noviembre de 1998.

"Marta Odera, monja": episodio televisivo y transnacionalización de *Mujeres asesinas*

Al igual que el episodio televisivo de "Emilia Basil, cocinera", "Marta Odera, monja" pertenece a la primera temporada del programa *Mujeres Asesinas*, que se emitió por el Canal 13 durante el 2005. Ambos, al estilo de la vertiente negra, presentan la problemática de la violencia doméstica en el seno de la sociedad actual y pertenecen al género de *crime films*, ya delineado por Thomas Leitch en *Crime Films* (2002). Según este crítico, esta clasificación incluye a todos aquellos que se enfocan en alguna de las tres partes del crimen –criminal, víctima, vengador– para representar una crítica del orden social o institucional por medio de una trama o estilo visual distintivo (17).[120] Tanto el cronicuento como su adaptación fílmica giran en torno al crimen que comete Odera, quien es víctima de una relación violenta, y a su vez, es la culpable del homicidio. Esta dualidad es característica de la vertiente negra, ya que intenta romper con el maniqueísmo del policial clásico.

En contraste con el cronicuento, en el episodio televisivo se evidencia una reestructuración de la narración con el propósito de incorporar el lenguaje visual que exige la adaptación cinematográfica. Para justificar esta aseveración, examino la función del diálogo y el espacio fílmico dentro del episodio en cuestión. En primer lugar, se elimina el narrador extradiegético del cronicuento y se incorpora la figura de un policía que interroga a los personajes principales de la historia. Es por medio de estos diálogos, inexistentes en el cronicuento, que se narran los hechos y se producen las distintas retrospecciones, según cuentan los allegados a la víctima y a la asesina. A pesar de la incorporación de un policía como protagonista del film, éste no realiza una exploración lógica de los hechos. Es el típico detective de la vertiente negra. El representante de la ley recoge la información de sus testigos y jamás logra resolver el caso, ya que nunca hubo pruebas contundentes en su contra y la sospechosa termina siendo declarada inimputable. De este modo, se refuerza la crítica social hacia la impotencia de la ley frente al crimen presente en el cronicuento.

---

[120] En *Shots in the Mirror: Crime Films and Society*, Nicole Rafter define a las películas de temática criminal como *"films that focus primarily on crime and its consequence. Crime films do not constitute a genre (a group of films with similar themes, settings and characters) as Westerns and war films do. Rather, they constitute a category that encompasses a number of genres –caper films, detective movies, gangster films, cop and prison movies, courtroom dramas"* (6).

En segundo lugar, además de la función narrativa, el diálogo contribuye a la caracterización de los personajes, quienes por medio de cierto volumen y tono de voz dan a entender su estado de ánimo o actitud (Sánchez Noriega: 123). El diálogo fílmico posee una gran expresividad debido a la reproducción sonora de las palabras. El tono de la voz de Odera es débil, lo cual refuerza la timidez y la tristeza de la monja. En cambio, Fernández siempre habla en un tono firme que con rapidez se convierte en violencia verbal. Asimismo, se emplea una combinación del diálogo con otros planos sonoros que aumentan el suspenso y la tensión narrativa. Mientras que en el texto literario el lector se entera de que Fernández llamaba al convento para difamarla a través del monólogo de Blanca, el episodio televisivo recrea esta situación como si estuviera ocurriendo en tiempo presente. Este incidente se amplía y el narrador cinematográfico lo presenta en forma de diálogo momentos antes del desenlace. La cámara muestra a Odera vestida de monja pidiéndole a Fernández que llame a los curas de la orden y se retracte de haber mentido, por haberles dicho que eran amantes. La futura víctima le responde: "Te volviste loca, ¿cómo mentirás?". Mientras ambas discuten, se incorpora otro plano sonoro, una música de fondo, que denota tragedia y logra aumentar el suspenso, uno de los elementos clave del género policial. En *Diccionario de términos literarios*, María Victoria Ayuso de Vicente explica que esta sensación se logra mediante "la transformación en elementos dramáticos de otros que no lo son; de este modo se suscita una fuerte tensión, una expectación angustiosa en el lector o espectador por el desarrollo de una acción o suceso" (365). Este inquietante interés comienza cuando el televidente ve a Odera ir rumbo a la casa de Fernández, vestida de monja. Como es la primera vez que se la ve con sus hábitos, se marca un cambio decisivo y le advierte a la audiencia que algo raro está sucediendo. Al entrar en el departamento de su amiga, las dos comienzan a discutir y una música extradiegética incrementa el dramatismo, avisándole al público que el homicidio está a punto de ocurrir. En *Introducción al análisis estructural de los relatos*, Roland Barthes, al estudiar la distorsión y la expansión del relato, señala:

> El "suspenso" evidentemente no es más que una forma privilegiada o, si se prefiere, exasperada de la distorsión: por una parte, al mantener una secuencia abierta (mediante procedimientos enfáticos de retardamiento y de reactivación), refuerza el contacto con el lector (el oyente) y asume una función manifiestamente fáctica (49).[121]

Para aumentar más el suspenso, se retarda la acción. Así, se produce un corte de la escena, en la cual discuten las dos mujeres, y el narrador fílmico presenta un primer plano del detective. El policía se adelanta a los hechos y le dice al cura que "esta mujer jura y perjura que nunca pensó hacerlo [...] hacer [...] lo que hizo. Se da cuenta. Si Marta se hubiera ido un instante antes jamás hubiera pasado lo que ocurrió". A continuación y por medio de una nueva escena, se retoma la discusión entre Odera y Fernández, y al mismo tiempo, la música de fondo se vuelve aun más intensa.

En tercer lugar, el diálogo presente en el film también va acompañado de manera simultánea con los gestos de los personajes y el narrador cinematográfico utiliza una escala de planos que crea una distancia suficiente para asignarle

---

[121] Barthes agrega que el suspenso "ofrece la amenaza de una secuencia incumplida, de un paradigma abierto (si, como nosotros creemos, toda secuencia tiene dos polos), es decir, de una confusión lógica, y es esta confusión la que se consume con angustia y placer (tanto más cuanto que al final siempre es reparada); el 'suspenso' es pues un juego con la estructura destinado, si se puede decir, a arriesgarla y a glorificarla: constituye un verdadero '*thrilling*' de lo inteligible: al representar el orden (y ya no la serie) en su fragilidad, realiza la idea misma de la lengua: lo que aparece como lo más patético es también lo más intelectual: el 'suspenso' atrapa por el 'ingenio' y no por la 'emoción'" (49).

valores distintos a la conversación (123). Por ejemplo, en la interrogación que le hace el policía a Blanca, la intención es saber si había algo más que amistad entre la víctima y la homicida. Mientras el detective formula la pregunta, su voz está fuera de campo, y de forma simultánea por medio de un primer plano, la cámara se mantiene fija en Blanca, quien gesticula y mueve la cabeza. Esta composición acentúa la duda, el poder expresivo del momento e invita al televidente a poner atención en la importante respuesta de la testigo. Además, la ubicación del personaje en un determinado espacio puede llegar a realzar el valor dramático de la conversación (123). Según el cronicuento, Odera y Fernández se conocen cuando ambas van al seguro social a hacer algunos trámites. En cambio, en el episodio televisivo ese primer encuentro tiene lugar en una capilla. Fernández está de rodillas y Odera se le acerca con un pañuelo para secarle las lágrimas y consolarla. Así, la cámara se aleja de los personajes. Acto seguido, se registra un plano general de la iglesia, y la audiencia, como si estuviera lejos de las protagonistas, oye con dificultad parte de la conversación que tienen las dos mujeres. Si bien el diálogo es mínimo, la composición espacial logra elevar la emotividad del momento.

Con respecto al espacio del relato, es decir, el lugar donde se sitúan los personajes y demás objetos, éste se aparta de la tendencia a la ambientación urbana que caracteriza al género policial de la vertiente negra. Tanto en el cronicuento como en la serie de televisión, toda la acción ocurre en lugares cerrados y no hay referencia específica a la ciudad en la que ocurren los hechos.[122] En "Tiempo y

---

[122] La mayoría de los escritores y críticos del género policial hacen referencia a la trascendencia de la ambientación urbana en la vertiente negra. En "Con Vázquez Montalbán sobre novela policíaca española", V. Claudín registra una entrevista que le hace a Vázquez Montalbán, en la cual éste dice que "la novela policíaca tiene que ser forzosamente urbana" (38).

espacio narrativos", Sánchez Noriega señala que el narrador fílmico compone el espacio con elementos físicos, como decorados y lugares, y por medio de otros recursos específicos de este medio como son el "encuadre" ("fragmento del espacio seleccionado por la cámara en cada toma"), el "fuera de campo" (aquel que "ha sido visualizado en un plano anterior o que existe imaginariamente en los márgenes del cuadro"), y "la profundidad de campo" ("mayor o menor distancia que mantienen entre sí y con el espectador...los objetos que aparecen dentro del cuadro") (114).

En cuanto al espacio físico, éste permite la caracterización externa de sus personajes y contribuye a fragmentos descriptivos visuales por medio de los movimientos de la cámara, como por ejemplo, el empleo del *travelling* y/o tomas "panorámicas" (Sánchez Noriega: 121). A diferencia del film, el narrador del cronicuento no se preocupa por particularizar el lugar o los elementos que lo componen, quizás porque al incorporar la técnica de la crónica informativa, se limita a reportar los hechos. Asimismo, el cuento requiere una economía de palabras y evita la adjetivación innecesaria, mientras que "Marta Odera, monja" ahonda más en la psicología del personaje que en la descripción física de lugares y objetos. A manera de ejemplo, cuando la vecina de Fernández va en busca del padre Rofner porque ella ya se imaginaba que algo raro había ocurrido, el narrador dice que "no vieron nada salvo unos cuantos ceniceros desbordantes de colillas tirados por el piso" (Grinstein: 119). En cambio, cuando el narrador cinematográfico presenta esos mismos hechos, la cámara por medio de un *travelling* destaca ropa interior en el respaldar de un sofá, lámparas

---

Asimismo, en *La novela criminal española*, Calatrava comenta que "en el relato negro [...] lo urbano constituye el decorado o el marco de la acción porque en la ciudad hay una cierta variedad de personajes, sitios y ambientes que retratar y se da además la mayor tasa de criminalidad, con delitos frecuentes y variados" (63).

en el piso, mesitas de luz dadas vuelta, entre otras cosas, que describen el hogar de la víctima, y a su vez, dan indicios más contundentes sobre la pelea y el posterior homicidio.

El narrador fílmico también realiza una descripción física del lugar por medio de una toma panorámica del edificio en el cual se efectúan todas las entrevistas de los allegados a la víctima y a la asesina. El lugar es inmenso, con pisos de mármol, ventanas enormes pero sin ningún decorado, más que un escritorio y dos sillas. Esta composición minimalista evita que la audiencia se distraiga y dirige la mirada a las expresiones y comentarios de los distintos testigos.

Además de las descripciones de objetos y lugares que podrían ser incorporados en un texto literario, el narrador cinematográfico matiza el espacio con el uso de la "profundidad de campo", que no tiene un correspondiente estricto en la literatura (Sánchez Noriega: 115). Por ejemplo, cuando Marta y Fernández están junto al altar de la iglesia, el lugar donde se conocen, el padre Rofner las observa desde lejos. Esta profundidad de campo permite que se vea un plano medio del sacerdote, siendo testigo ocular de ese momento. A su vez, de manera simultánea, se aprecia la conversación íntima entre las dos mujeres, quienes son enfocadas al fondo de la imagen. Este juego con el espacio acentúa el realismo, al ubicar situaciones que ocurren en un primer y en un segundo plano en una misma toma.

Los ajustes espaciales de la cámara, la simultaneidad de las acciones, el suspenso, el manejo de los diálogos y la música extradiegética, entre otros elementos, contribuyen a incrementar el interés del público televidente. En *Novela policial y medios masivos* (1989), Leonardo Acosta enumera ciertos factores que favorecen el gusto masivo de la temática criminal como producción cultural. El crítico afirma que el homicidio en sí es uno de los sucesos dramáticos por excelencia, "quizás el hecho dramático supremo" (54).

Los cronicuentos analizados y los episodios televisivos de este capítulo giran en torno a dos asesinatos espeluznantes: el descuartizamiento y la cocción de las partes del cuerpo del amante de Emilia Basil, y en el caso Odera, el incesante apuñalamiento perpetrado por la religiosa en contra de su amiga. Por un lado, son crímenes horrendos que realmente pueden ser constatados a través de los periódicos de la época. Por otro lado, el crimen que comete Odera no es tan lejano a la recreación literaria o fílmica, sólo siete años de diferencia, lo cual puede ser recordado por el televidente y hacer que se interese por ver la dramatización de los hechos. También, la temática policial en la literatura, la televisión o en el cine es vista como una válvula de escape y un pasatiempo. Acosta afirma que estas obras y films "están llenos de 'sorpresas' y que la misma acción inclina a la pasividad del lector. De este modo, el receptor acude a [ellos] como un medio de entretenimiento que lo lleva al olvido momentáneo de la realidad, a la evasión" (55). Por ejemplo, en el caso Basil, el receptor, sea la audiencia televisiva o el lector, se queda desconcertado; es más, no termina de asombrase, al enterarse de que no sólo Emilia asesina a Petriella, sino que además luego lo descuartiza, después lo cocina y finalmente se lo da de comer a los clientes de su restaurante.

El género policial no es sólo un divertimiento, también lleva implícito una función social. En *Shots in the Mirror: Crime Films and Reception* (2000), Nicole Hahn Rafter estudia la interrelación entre las películas de temática criminal y el aparato social. Según la óptica de Rafter, "*crimes films reflect our ideas about fundamental social, economic and political issues while, at the same time, they shape the ways we think about this issue [...] attempts to make sense of a world in which the street scripts the screen and the screen scripts the street*" (4). Para Rafter, la atracción por este tipo de film radica en la familiarización, o lo que es más, la identificación del receptor con el problema que se presenta. Es decir, que la literatura policial y las producciones fílmicas de temática criminal tienen implícita una crítica social. Tanto los cronicuentos de Grinstein como las recreaciones cinematográficas presentan situaciones de violencia doméstica y exhiben las graves consecuencias que en momentos límite pueden acarrear, llevando a sus víctimas a cometer un homicidio y convertirlas en victimarias. Estas historias, al ser inspiradas en hechos reales, provienen de la "calle" e influyen en la elaboración del guión cinematográfico (o del cronicuento). A su vez, son capaces de motivar la reflexión del receptor para que reconozca o tome iniciativa, en busca de medidas preventivas y de protección para las víctimas de violencia doméstica.[123]

El gusto masivo por *Mujeres asesinas* no sólo ocurre en la Argentina.[124] La serie de televisión también se ha convertido en un éxito a nivel internacional. En "Las identidades como espectáculo multimedia", Néstor García Canclini señala que a principios del siglo XX, la literatura, la radio y el cine eran medios que contribuían a la construcción de una cultura e identidad nacional. Según García Canclini, a partir de 1980, "la apertura de la economía de los países a los mercados globales [...] fue reduciendo el papel de las culturas nacionales" (107). El crítico agrega que el proceso de globalización, es decir, la transnacionalización de las tecnologías y la distribución de los bienes culturales pasaron a determinar el funcionamiento del mercado cultural

---

[123] Otra manera de interpretar la masiva aceptación de estas cintas es la expuesta por Thomas Leitch en *Crime Films*. El crítico puntualiza que el gusto por este tipo de cintas radica en que la función central del "*crime film*" es permitirle a la audiencia que experimente un estremecimiento indirecto de la conducta criminal y, al mismo tiempo, éste se encuentre libre de condenar esta conducta, sin importarle quién la practique (16).

[124] La primera temporada de *Mujeres asesinas* en la Argentina obtuvo un *rating* del 24.3. Esto significa que el 24,3% de la audiencia posible vio el 100% de la serie (www.mujeresasesinas.eltrecetv.com.ar).

(108). En *Mundialización y cultura* (2004), Renato Ortiz propone hablar de una "cultura internacional popular", y explica que los medios de comunicación se valen de "signos y referencias culturales reconocidos mundialmente" (118). Tal es el caso del crimen, que es un problema existente a nivel internacional.

Como ya se ha indicado en la introducción, en la Argentina se registra un aumento del crimen del 150,6% en la década de 1990, los robos de propiedad privada aumentan un 241% y los homicidios por cada 100.000 habitantes crecen un 23% (Smulovitz: 127). De la misma forma, en *Citizen Security and Reform of the Criminal Justice in Latin America* (2003), Mauricio Duce y Rogelio Pérez Perdomo estudian el aumento de la criminalidad en América Latina y explican que *"crime is not limited to Latin America. Many, if not all, societies have or have had such a problem"* (81). De forma paralela, como la serie de televisión se centra en crímenes cometidos por mujeres, suele captar aun más el interés de la gente por ser inusuales. En "Female Crime in Comparison to Male Crime", Barri Flowers indica que la mayoría de los crímenes son cometidos por hombres, el 81%, según su estudio estadístico de 1992 realizado en los Estados Unidos; mientras que sólo el 19% de los casos involucra al sexo femenino (44).

La novedad de la mujer como asesina y el crimen como común denominador en la sociedad contemporánea, en palabras de Renato Ortiz, facilitan la "desterritorialización" de la serie argentina y su "localización" en otros países: México, Colombia, Estados Unidos e Italia.[125] Pero para que

---

[125] En *Mundialización y cultura*, Ortiz afirma que "el movimiento de mundialización recorre dos caminos. El primero es el de la desterritorialización, que constituye un tipo espacio abstracto, racional, deslocalizado. Sin embargo, en cuanto pura abstracción, el espacio, categoría social por excelencia, no puede existir. Para eso se debe 'localizar', rellenando el vacío de su existencia con la presencia de objetos mundializados" (116).

la serie se emplace en un nuevo territorio, también tiene que satisfacer ciertos aspectos regionales y/o nacionales. Según García Canclini, al mismo tiempo que los canales de venta estructurados de modo transnacional (redes de video, televisión aérea, etc.) "fomentan que los mensajes que circulan por ellos se 'desfolcloricen' [...], las culturas regionales persisten" (109). Para realzar las idiosincrasias de cada país, las distintas versiones de *Mujeres asesinas* que se producen en el exterior evidencian cambios.[126] Por ejemplo, en la versión argentina del episodio de "Emilia Basil, cocinera", su marido toca y canta música del Norte argentino, y la fiesta que tiene él con sus amigos es en sí la recreación de una "peña", típica de la Provincia de Salta.[127] En cambio, en la versión mexicana, el marido de Emilia toca música oriunda de México. Asimismo, en la serie argentina, la asesina hace empanadas con la carne de su amante pero en la adaptación mexicana, la homicida cocina tacos.

Conclusión

Tanto las notas policiales sobre el crimen que comete Odera como el asesinato que perpetra Basil, tienden a reafirmar los roles estereotípicos de la mujer que instituye la sociedad patriarcal y condenan toda desviación a la

---

[126] En "Los artífices mundiales de cultura", Ortiz da un ejemplo de cómo la Coca-Cola es un producto transnacional que para ser "localizado" en España se tuvieron que tener en cuenta ciertas particularidades del lugar. El crítico explica que "Coca-Cola sólo sacó provecho del mercado español cuando redujo el tamaño de sus botellas, ajustándolas a las heladeras existentes en el país" (173).

[127] Según el Diccionario de la Real Academia Española, una "peña" consiste en un "grupo de personas que participan conjuntamente en fiestas populares o en actividades diversas, como apostar, jugar a la lotería, cultivar una afición, fomentar la admiración a un personaje o equipo deportivo, etc." (www.rae.es).

"norma" establecida. El diario *La Capital* pone acento en el horrible asesinato y trata el tema como un caso policial más, sin examinar el abuso del que eran víctimas Emilia y Marta. Mientras que el periodismo sensacionalista silencia la violencia doméstica, los cronicuentos reconstruyen la esfera privada de Basil y Odera con el propósito de indagar sobre esa violencia, ya sea de carácter físico y/o psicológico, cometida no sólo por un hombre, sino también por una mujer. El abuso que reciben se complica por la intersección de clase social, orientación sexual y otros sistemas de poder. En el caso de Odera, al tener una relación lesbiana, su pareja utiliza la homofobia como arma de abuso psicológico. A su vez, Emilia se encuentra atrapada en un laberinto cultural y otros mecanismos de opresión como la desigualdad de género. Las circunstancias en que comete el crimen Odera aseguran la diseminación periodística de los hechos por incorporar el tema del sexo y la posición social de la homicida. El valor de la noticia es mayor si la preferencia sexual de la mujer se desvía de la cultura heteronormativa, y al mismo tiempo, trata de asignarle un comportamiento activo y pasivo a cada una de las mujeres dentro de su relación lesbiana.

La escritora y periodista Marisa Grinstein reescribe los hechos en torno a crímenes en cronicuentos, es decir, combinando las particularidades de la crónica de investigación y del cuento literario. Así se evidencia el uso de párrafos breves y una construcción simple para evitar el aburrimiento del lector. Además, utiliza frases persuasivas al comienzo de cada párrafo que invitan a la lectura. Los cronicuentos siguen el formato cronológico de la crónica informativa, y a su vez, incorporan elementos del periodismo interpretativo en tanto que emiten juicios sobre los acontecimientos.

Los rasgos de la crónica se fusionan con las reglas implícitas del cuento policial. Los textos de Grinstein siguen la corriente de la psicología criminal, resaltando las motivaciones interiores de las asesinas por medio de narradores omniscientes, que no forman parte de la historia, o a través de narradores-personajes. Los cronicuentos remiten al género policial de la vertiente negra, en los cuales la víctima es a su vez la victimaria, no se realiza una investigación racional sobre el caso y carecen de la figura de un detective profesional o *amateur*. El desenlace también tiene un cierto pesimismo, al estilo del policial negro. En el caso de Basil, sus palabras al salir de la cárcel reflejan el desquicio y la incertidumbre en cuanto a su futuro. En "Marta Odera, monja", la justicia no tiene pruebas para inculparla y termina siendo no condenada por el crimen de su amiga. El texto literario de Grinstein presenta un sofisticado manejo del tiempo, un elemento saliente del género policial, incorporando tres narradores que subvierten el orden temporal de la narración a través de puntos de vistas diferentes. Esto permite que el lector se forme de una opinión más compleja sobre las razones del crimen, y a su vez, la información que provee cada narrador le concede la posibilidad de convertirse en detective para sacar sus propias conclusiones.

Mientras las adaptaciones televisivas de ambas historias también se interesan por explorar el abuso doméstico que padecen las dos asesinas, presentan cambios de forma y fondo y utilizan un lenguaje fílmico. El texto cinematográfico sitúa los hechos en un tiempo presente y emplea un narrador oculto, lo que permite que la audiencia se sienta como testigo del abuso y de los crímenes que perpetran sus víctimas. Asimismo, realiza una reestructuración de la narración: se incorporan diálogos que resaltan la expresividad de los personajes, se agregan otros planos sonoros que acentúan el suspenso y se retarda la acción a través de cambios de escena que también incrementan la intriga. Los episodios utilizan una escala de planos que le asignan valores distintos a la conversación y realzan el valor dramático de la misma. El espacio físico también es establecido por técnicas cinematográficas concretas como el *travelling*, toma panorámica, composiciones minimalistas, profundidad de campo, entre otras, las cuales son empleadas por el narrador fílmico para describir el entorno en el cual ocurren los hechos, resaltar las interrogaciones del detective y presentar situaciones de manera simultánea, acentuando el efecto de verosimilitud.

Los episodios de televisión difunden la temática del abuso doméstico, expandiendo elementos latentes en el texto literario como la violación por consentimiento, en el caso Basil. El interés por la temática criminal, la singularidad de que el homicidio es perpetrado por mujeres y los medios empleados por las asesinas, contribuyen a la transnacionalización de estas historias y producciones televisivas pero incorporan elementos regionales de cada país que las reproduce, los cuales aseguran el ya establecido gusto popular del género detectivesco. A su vez, reafirman la relevancia social de sus recreaciones traduciendo los códigos a su cultura.

Capítulo IV
El policial palimpséstico autobiográfico

Autobiografical memory refers to memory for some aspect of or event in one's personal history [...] Does the memory have to be accurate or veridical, or can it be a confabulation, so long as the individual believes that it happened?

"Autobiographical Memory", Stanley Woll

En la primera página de "El acercamiento a Almotásim" de Jorge Luis Borges, el narrador señala que "la *editio princeps* del *Acercamiento a Almotásim* apareció en Bombay a fines de 1932. El papel era casi de diario; la cubierta anunciaba al comprador que se trataba de la primera novela policial escrita por un nativo de Bombay City" (69). En "Nueva contribución al estudio de las fuentes de Borges", Enrique Anderson Imbert asocia este comentario con *El enigma de la calle Arcos* de Sauli Lostal (15), que se publicó en forma de folletín en 1932 y como libro en 1933. Según este crítico, Borges, en su cuento, se está refiriendo de manera explícita a este texto policial, que muchos como Sylvia Saítta y Enrique Anderson Imbert consideraron como la primera novela argentina.[128] Esta idea cambia con la

---
[128] En *Latin American Mystery Writers*, Darrell Lockhart señala que escritores como Anderson Imbert y críticos como Sylvia Saítta han propagado la idea de que *El enigma de la calle Arcos* de Lostal sea considerada la primera novela policial argentina. Lockhart agrega que "*over the years, this has attained mythic proportions in Argentine literary criticism, beginning with the article by Anderson Imbert, which points to the novel's intertextuality with Borgesian literature. The issue has been more fully*

publicación de "Los orígenes de la narrativa argentina: la obra de Luis V. Varela" (1988) por el investigador literario Pedro Luis Barcia.

Barcia sostiene que Varela escribió, antes que Lostal, una "tríada de novelas policiales: *La huella del crimen* (1877), *Clemencia* (1877) y *Herencia fatal* (1879). Sólo alcanzó a publicar las dos primeras, convirtiéndose así en el autor de las primeras novelas policiales argentinas" (13). Además, agrega que las tres tienen un mismo detective, los personajes se repiten y que el "aporte de Varela no fue un ocasional soplido del asno en la flauta, sino que respondía a un modelo [...] a un proyecto narrativo de intenciones bien definidas" (12). Sin duda alguna, las obras de Varela, a fines del siglo XIX, y la novela de Lostal, a principios del siglo XX, son el comienzo de una ávida producción de novelas policiales argentinas.[129]

A partir de 1994, el género policial vuelve a tomar ímpetu. Ese mismo año, aparecen por lo menos diez novelas publicadas por la editorial Planeta (entre ellas, *El sátiro de la carcajada*, *El petiso orejudo* y *El hombre que murió dos veces*).[130] Son todas recreaciones inspiradas en crímenes que realmente ocurrieron en la sociedad argentina. Estos textos surgen durante el gobierno corrupto de Carlos Saúl

---

addressed by Sylvia Saítta, and specialists of the genre concur that the novel [...] should be considered as one of the founding texts of Argentine detective fiction" (122).

[129] El desarrollo del género desde sus comienzos hasta finales del siglo XX se explica con detalle en la introducción general. En *Asesinos de papel*, Lafforgue hace un resumen de las novelas policiales más importantes de la Argentina. A manera de ejemplo, algunas de las novelas que menciona este crítico son: *El cadáver imposible* de José Pablo Feinmann, *Los sentidos del agua* de Juan Sasturain, *Es peligroso escribir de noche* de Sergio Sinay, *Función Privada* de Jorge Manzur y *El fantasma imperfecto* de Juan Martini (154-65).

[130] En la introducción general se dan los títulos de las novelas palimpsésticas que aparecen en 1994, junto con los nombres de sus autores.

Menem y frente al fracaso de las medidas de ajuste estructural que se efectúan para encaminar al país dentro de una economía global. Como ya se ha mencionado antes, la miseria, el desempleo, la exclusión social y la inestabilidad económica son factores que afectan a la población y conllevan un aumento de la criminalidad. El miedo y la inseguridad son sentimientos compartidos por la población en general, la cual se vuelca a la lectura policial, ya que le permite evaluar el peligro que la rodea. Por un lado, el lector se reconoce a sí mismo en estos personajes porque estos síntomas desesperantes los ve o los vive a diario. Los textos se vuelven populares por este motivo de identificación con los problemas que experimenta la población. Por otro lado, el escritor se vuelca en la escritura para criticar la corrupción, la injusticia, la estigmatización, la codicia y la violencia en general.

En este capítulo arguyo que las notas periodísticas diseminan, por medio de un modelo sensacionalista, una imagen del criminal que contribuye a la marginalización del homicida y de sus familiares. En cambio, el policial palimpséstico autobiográfico encierra una crítica a la estigmatización del individuo, al caos social provocado por las medidas socioeconómicas de la dictadura militar. A su vez, el proceso de escritura le permite al autobiógrafo la purgación de las emociones acumuladas. Finalmente, la versión televisiva, por medio de un lenguaje diferente, enfatiza el tema del asesinato en serie para criticar la fantasía cultural de la sociedad de consumo e intenta darle voz a la asesina, ya que los periódicos, la serie de televisión y la autobiografía presentan una versión de los hechos que discrepa de su punto de vista. Con este fin, he escogido *Mi madre, Yiya Murano*, escrita por el hijo de la asesina, Martín Murano, por la particularidad de ser una novela negra autobiográfica, subgénero del policial, el cual no ha sido explorado por la crítica literaria en la Argentina. Parto de las notas policiales que reportan los homicidios por primera vez y analizo tanto la recreación autobiográfica como el episodio "Yiya Murano, envenenadora", perteneciente al segundo ciclo de *Mujeres asesinas*. Murano es una de las criminales más famosas de la Argentina.[131] Debido al apodo que le puso la prensa y a la constante cobertura de sus homicidios en serie, es parte de la memoria colectiva de la población. También es conocida como "la envenenadora de Monserrat". En *Envenenadoras: la crónica negra de los 40 casos más célebres cometidos por mujeres en España* (2002), Marisol Donis menciona a Murano al final del apartado sobre la intoxicación por medio de cianuro, como si ella fuera la asesina más célebre de los crímenes cometidos con este tipo de toxina.[132]

Yiya Murano: la múltiple envenenadora de Monserrat[133]

Antes de ser públicamente destacada como homicida, Yiya era una de las mujeres más sobresalientes de la alta

---

[131] Junto a la leyenda del Pibe Cabeza, pistolero y delincuente finalmente detenido en 1932, y el primer criminal en serie, el Petiso orejudo, la envenenadora de Monserrat es, sin duda alguna, una de las asesinas más famosas en la historia policial argentina.

[132] Donis señala que "cianuro fue el veneno empleado por la famosa envenenadora argentina Yiya Murano, condenada a cadena perpetua por el envenenamiento de tres amigas a las que invitó a té con masas, siendo éstas el vehículo letal. El móvil, no tener que devolver el dinero que le habían prestado. Las dosis de cianuro encontradas en las vísceras de las víctimas hubieran podido matar a treinta personas. A pesar de la condena a perpetua, quedó en libertad pocos años después" (66). Yiya también es mencionada en *Sabores que matan: sabores y bebidas en el género negro criminal*. La autora, Raquel Rosemberg, hace una investigación a fondo de las envenenadoras más famosas e incluye a Murano.

[133] A continuación doy un resumen del caso Murano basado en el texto de Marisa Grinstein. Al leer distintas versiones de una misma historia se

sociedad porteña. Si bien estaba casada con un abogado, el ingreso familiar no era abundante, pero ella tenía una facilidad para aparentar ser una mujer rica y culta. Era conocida como una persona arrogante y solía decir que "más que por el perfume me conocen por el tintinear de mis joyas" (Grinstein: 96). Como sus gastos eran tan excesivos, logra convencer a sus amigas de que ella es una experta en inversiones financieras (96). Tres de ellas –su prima Carmen Zulema del Giorgio de Venturini, su cuñada Nilda Gamba y Leila Formisano de Ayala– le entregan sus ahorros para que los invierta, ya que ella garantiza intereses muchos más altos que los que sus amigas estaban acumulando. A cambio, Yiya les firma un pagaré, que establecía el día en el que les reintegraría todo el dinero (97).

Estas mujeres nunca llegan a cobrar nada. Yiya las va eliminando, una por una. Se reúne con ellas a la hora del té y les pone cianuro a las masas. La primera en morir es su prima, quien se desmaya y se cae de las escaleras. Por pura casualidad, Murano aparece en el inmueble y ve que el portero está socorriendo a su amiga. Con el pretexto de avisarle a la familia, logra entrar en el departamento y confisca el pagaré que le había firmado. Carmen muere y el certificado de defunción indica que la muerte es debida a un paro cardíaco. Días más tarde, la hija de la occisa se da cuenta de que el documento había desaparecido y hace una denuncia en la comisaría. Se exhuma el cadáver y se comprueba la presencia de cianuro, suficiente para liquidar a treinta personas (98).

Lo mismo ocurre con su cuñada. El portero del edificio nota que la rutina de la propietaria no es la usual. Llama a

---

evidencian discrepancias. Por ejemplo, en el resumen incluyo que el veneno estaba escondido en las masas de té, siguiendo el comentario de las notas policiales y las investigaciones de Marisa Grinstein, Marisol Donis y Raquel Rosemberg. Pero en la autobiografía de Martín Murano, el hijo de la asesina dice que estaba en el té y no en la comida.

un vecino cerrajero para que abra la puerta y al mirar por la cerradura se dan cuenta de que las llaves están dentro. Llaman a la policía, que encuentra a Nilda muerta. Los médicos forenses concluyen que sufrió un ataque al corazón pero la policía sospecha de Murano. Se desentierra el cuerpo y se confirma la existencia de veneno en sus órganos. La tercera víctima es su amiga Leila. Como ocurre con Nilda y Carmen, los porteros la encuentran fallecida en su departamento y se establece que sus vísceras contienen cianuro (101). Yiya es arrestada el 27 de abril de 1979, pero jamás admite haber cometido esos asesinatos. La fiscalía pide prisión perpetua. Obtiene su libertad el 15 de junio de 1982. En 1985, se reabre el caso y se la vuelve a condenar con cadena perpetua por los tres homicidios y estafa. Finalmente, sale en 1995 y permanece bajo libertad condicional hasta el 2003 (106). Su fama continúa. En 1999, Yiya es columnista del show de televisión *La hoguera*, en el que presenta y aconseja al televidente sobre la moda actual. Mientras, los medios de comunicación relatan una y otra vez los motivos del crimen y la manera en que la envenenadora se deshace de sus acreedores, porque como lo comenta la crónica policial del diario *Clarín* del 24 de mayo de 1979, es "un caso único en la Argentina [...] un caso sin precedentes en los anales de la criminología argentina" (13). Por consiguiente, existen numerosas notas periodísticas. A continuación, incluyo y examino algunas de las más completas:

Clarín, 24 de mayo de 1979

Clarín, 15 de junio de 1979

Clarín, 16 de junio de 1979

Clarín, 13 de junio de 1979

Clarín: 23 de mayo de 1980

En *Amarillas y rojas: estéticas de la prensa sensacionalista* (2005), la periodista Olga del Pilar López Betancur presenta un molde para clasificar y describir las características más salientes de la estética de la crónica roja. Según López Betancur, al igual que las producciones artísticas, la crónica roja se sustenta en ciertas "matrices de sensibilidad: familiar, política, religiosa, militar, escolar, turística, etc." (80), a las cuales denomina *prosaicas*.[134] A su vez, esta última

---

[134] López Betancur toma el término *prosaica* de Katya Mandoki, investigadora sobre la estética, la cultura y la semiótica del diseño. En *Prosaica: introducción a la estética de lo cotidiano*, la autora sostiene que los individuos se relacionan entre sí y con otros objetos en un nivel sensible. A esta interacción, esta investigadora la denomina *prosaica* y señala que "por prosaico no entendemos lo banal, lo vulgar, lo grotesco [...] Lo prosaico es un campo de investigación que no lleva ninguna carga axiológica; no es un adjetivo ni un valor. La prosaica es la matriz de sensibilidad de todas las manifestaciones poéticas, su condición de posibilidad" (85).

está formada por *las retó*ricas, las cuales indagan sobre "'el cómo se dice', las características formales de los discursos" y las *dramáticas*, que tienen la función de averiguar "'la actitud con respecto a lo que se dice', el sentido que porta cada intención retórica, cada uno de sus esfuerzos estéticos" (81). En la crónica roja, la *retórica* puede ser *léxica*, según las palabras que utiliza el cronista para presentar a la víctima (82).[135]

Las notas periodísticas sobre el caso Murano presentan a las víctimas de Yiya como modelos del bien y a la homicida como el símbolo del mal. La crónica del diario *Clarín*, del 24 de mayo de 1979 emplea esta retórica léxica para describir a Yiya como a una "asesina capaz de meditar fríamente la muerte de sus víctimas y envenenarlas en serie, sin sufrir aparentemente ningún remordimiento ni temor" (13).[136] Lo que es más, el comentario de un historiador incluido en la misma nota policial hace referencia al parecido entre la asesina y Lucrecia Borgia, ya que ambas se destacan por poseer "inconsciencia moral". En *Lucrezia Borgia* (2004), Sarah Bradford señala que el nombre de la hija ilegítima del Papa Alejandro VI ha sido un sinónimo de maldad por

---

[135] Como se verá más adelante, las retóricas también se manifiestan en forma icónica y quinésica.

[136] Lo mismo ocurre con las notas policiales originales que dieron lugar a otras novelas palimpsésticas que surgieron durante 1994. Tómese el caso del Petiso orejudo, que inspira a María Moreno a escribir *El petiso orejudo*, una novela sobre este homicida menor de edad. La crónica de *La Prensa* del miércoles 4 de diciembre de 1912 lo cataloga como un asesino con "costumbres degeneradas" (2). Al día siguiente, el mismo periódico dice que el asesino fue arrestado y que "su conducta fue incorregible y en distintas oportunidades demostró la anormalidad de sus instintos" y sus padres "empezaron a sufrir las consecuencias de la degeneración nata de su hijo, para quien no había consejos, ni promesas, ni buenos tratos, ni medios posibles para conseguir que se dedicase al trabajo" (3). En cambio, la nota de *La Prensa* del 6 de diciembre de 1912, hace hincapié en la ingenuidad de la víctima y es descrita como una menor de 5 años "que jugaba inocentemente sobre un montón de arena" (1).

más de quinientos años. Su vida ha sido distorsionada y exagerada por las crónicas de la época. Como arquetipo de villana, ha sido representada en obras de Victor Hugo y Alejandro Dumas, en una ópera de Donizetti y en un film de Abel Gance (11).

Al igual que Lucrecia, el nombre de la envenenadora de Monserrat se asocia con crueldad y asesinatos. La vida de Yiya se ha recreado en numerosas crónicas, además del cuento, la novela y la serie de televisión mencionados. Mientras que el veneno favorito de Lucrecia Borgia es el arsénico, el de Yiya es el cianuro, pero como comenta el cronista de la nota policial, ambas poseen la "capacidad de cautivar fácilmente a sus interlocutores y sepultar todo remordimiento" (13).[137] La nota policial de *Clarín* del 16 de junio también presenta a Yiya como arquetipo del mal. En esta ocasión, el portero del edificio de una de las víctimas es quien corrobora la falta de sensibilidad por parte de

---

[137] Véase, *Lucrecia Borgia: la hija de la perversión* de Fred Bérence. Este historiador señala que "el famoso polvo blanco, la *cantarella*, que los hombres de ciencia de nuestros días suponen que fue el arsénico", era el usado por Lucrecia para deshacerse de sus enemigos (157). También, el historiador que se menciona en la nota periodística de *Clarín* señala que Lucrecia "fue una mujer indiferente al mal; en su carácter todo es fugaz, borroso, tanto en lo moral como en lo físico" (13). Lo mismo puede decirse de Yiya. Nunca se supo cómo consiguió el veneno, si tuvo cómplices o no. Lo que es más, ante la insistencia en su inocencia, surgen dudas de su culpabilidad. En las novelas palimpsésticas de mediados de 1990, el delincuente y sus crímenes son nebulosos e imprecisos. Por ejemplo, en *El hombre que murió dos veces* de Enrique Sdrech, el narrador cuenta la historia de Daniel Julio Scandinaro, un ex policía que pudo haber fraguado su propia muerte para cobrar varios seguros de vida en 1988. Los investigadores de las compañías de seguro dan con su paradero pero éste es asesinado y jamás pueden encontrar a los asesinos, ni saber si Scandinaro estaba implicado en la estafa. El detective especula sobre la idea de que el robo de 30 millones de la sucursal del Banco de Santa Fe de Rosario, en 1992, fue perpetrado por una banda de ladrones relacionada con la muerte de Scandinaro, a los cuales nunca se los pudo apresar por ninguno de los dos crímenes.

Yiya, comentando que la asesina "llegó intempestivamente y al enterarse de la triste noticia, no se acongojó ni mostró huellas de pesar" (15). En cambio, sobre la amiga y víctima de la asesina, el empleado del edificio dice que ésta era una "excelente y bondadosa persona". Por consiguiente, estos dos comentarios del portero demuestran que los signos léxicos se emplean para contrastar los valores morales y contraponerlos al suceso criminal (López Betancur: 82).

El segundo componente de la retórica es el signo *icónico*. Está compuesto por la representación de objetos, vestuario, el decorado del lugar del crimen, el cadáver ensangrentado, las posiciones del cuerpo; los cuales cumplen la función de recargar el sentido en la crónica roja y dar un efecto dramático (88). En *Ante el dolor de los demás* (2004), Susan Sontag indaga como las pinturas de Goya y las imágenes de la Guerra Civil española pueden llegar a generar indocilidad, indiferencia o agresividad. Según Sontag, "la apetencia por las imágenes que muestran cuerpos dolientes es casi tan viva como el deseo por las que muestran cuerpos desnudos. Durante muchos siglos, en el arte cristiano, las descripciones del infierno colmaron estas dos satisfacciones elementales" (52). En la nota policial del 24 de mayo, se menciona varias veces como signo icónico al objeto utilizado por Yiya para llevar a cabo sus tres homicidios. El cronista explica que la asesina "suministró dosis letales de cianuro a su prima" y que era "cianuro granulado" (13). Además, el periodista plantea la pregunta de "¿cómo obtenía el veneno?". Esta substancia, es en sí inusual. Por lo general, los objetos más comunes son revólveres y cuchillos, por consiguiente, un triple asesinato por envenenamiento puede cautivar el interés del lector con más facilidad.

El vestuario es, obviamente, un elemento icónico de relevancia en el caso Murano. Para López Betancur, éste es descrito para lograr un efecto de credibilidad, para identificar cadáveres y/o tipificar grupos sociales (103). Si bien los atuendos más característicos son "los del campesino, de la prostituta [y] de la sirvienta", la homicida en cuestión pertenece a una clase social alta (104). El cronista aprovecha esta situación y recoge testimonios de vecinos y amigos que dicen que Yiya es "'elegante, algo estrafalaria para vestirse, siempre llevaba cadenas tintineantes, dijes, pulseras, era una verdadera Miss Simpatía'" (13). Una vecina comenta que "con esos vestidos ampulosos y esos aires de marquesa, se convertía en el centro de cualquier reunión" (13).

Además del vestuario, los rostros que aparecen en las crónicas policiales son considerados signos icónicos (López Betancur: 89). Según Sontang, desde que aparecieron las primeras cámaras de fotografía alrededor de 1939, "la fotografía ha acompañado a la muerte" (53). Es relevante que todas las notas policiales del caso Murano se acompañan de una imagen que retrata a la envenenadora. Esas imágenes son empleadas para señalar, registrar al criminal e ilustrar la separación entre aquellos que viven dentro o fuera de la ley.[138] Para López Betancur, las fotos también sirven para acentuar los estereotipos de que la víctima pertenece a un grupo socioeconómico superior al del criminal: "La víctima blanca, de pelo corto, de traje y corbata; el victimario de tez oscura, de pelo descuidado, sin camisa o con todos los signos de su condición rural" (100). El caso Murano rompe con esta suposición o tendencia a retratar las diferencias antes mencionadas. Las imágenes de la envenenadora de Monserrat muestran a una asesina bien vestida, lleva

---

[138] En *Teoría del arte*, José Jiménez señala que "la fotografía suponía, además el surgimiento de nuevos espacios de la representación, la pornografía, la captación morbosa del dolor, el crimen, y la muerte, o el control policial de la identidad (pasaportes, fichas, etc.). Rasgos, todos ellos, que se irán progresivamente acentuando hasta hoy mismo, extendiendo un halo narcisista en la cultura contemporánea" (186).

puesto un par de aros y un peinado moderno para la época. Quizás éste sea un factor que diferencia a este caso de otros crímenes y que explique que haya llegado a ser conocido dentro y fuera de la Argentina.

En *Amarillas y rojas, la estética de la prensa sensacionalista*, López Betancur incluye los signos *quinésicos* como un elemento de la retórica de la crónica policial. Éstos recogen el significado expresivo de los gestos y movimientos del cuerpo: "Formas de caminar, moverse, ademanes corporales, etc., que apoyan o contradicen los discursos orales" (87). En cuanto a los crímenes que comete Murano, la quinésica empleada es discreta, meditada e imperceptible. Es totalmente diferente a la de un ladrón de bancos que puede llegar a mostrarse violento, nervioso y con prisa. Ella calcula el momento adecuado para suministrar el veneno, lo esconde en las masas, convida con naturalidad a sus víctimas y, si bien ella sabe que está envenenando a sus amigas, actúa con total espontaneidad. También el movimiento del cuerpo y los gestos de la asesina en su vida diaria son recogidos por el periodista, quien los incorpora para mostrar la sofisticación y la peculiaridad de la asesina. El subtítulo de la nota policial de *Clarín* del 24 de mayo comienza diciendo que "su personalidad desconcierta. Era jovial y muy comunicativa" (130). Luego, en la introducción de la nota, el periodista agrega que "sus actos no coinciden con la imagen de una mujer [...] extremadamente jovial, extrovertida y comunicativa." Incluso los vecinos comentan sobre la expresividad y los movimientos característicos de la homicida. Una mujer que vive en el mismo edificio dice que Yiya es "una persona tan espléndida y alegre. Y tan bromista. Yo escuchaba su voz cantarina todas las mañanas [...] Es de físico enorme y una verdadera monada."

Hasta ahora se han analizado los signos quinésicos, léxicos e icónicos de la nota policial. Veamos a continuación los elementos dramáticos –*proxémicas léxicas* y *cinéticas léxicas*– delineados por López Betancur en su modelo analítico de la crónica roja, y a su vez, detectables en los reportes del diario *Clarín* sobre el caso Murano. La proxémica se refiere a la cercanía dramática que constituyen los apodos, refranes y el trato formal o informal con el que se allega a los involucrados en el crimen (López Betancur: 86). Las notas periodísticas de Clarín utilizan el nombre de "múltiple envenenadora" o "triple envenenadora" para los títulos, y así provocar un mayor impacto en el lector.[139] La mayoría de las introducciones al cuerpo de la nota transcriben el nombre completo de la homicida: "María de las Mercedes Bernardina Bolla de Murano", individualizando a la asesina. En los párrafos subsiguientes, los periodistas la llaman simplemente "la Murano" o "Yiya", utilizando el apodo con el que la llaman sus amigos, y en cierta forma, le permite al lector familiarizarse con el criminal y acercarse a la intimidad de la asesina.

Las noticias periodísticas sobre los asesinatos cometidos por Murano igualmente evidencian una cantidad de descripciones, amplificaciones y adjetivaciones, giros lingüísticos, coloquialismos, refranes y chistes que conforman así una *cinética léxica* (119). La exageración más notable pertenece a la crónica del 24 de mayo; su título indica que los envenenamientos perpetrados por Yiya "ascienden a siete", cuando en realidad, las víctimas fueron sólo tres. La nota policial del 16 de junio emplea expresiones coloquiales

---

[139] De modo paralelo, el apodo es común en las notas periodísticas que inspiraron a otros escritores para reescribir novelas palimpsésticas sobre esas historias. Por ejemplo, en *El sátiro de la carcajada* de Dalmiro Sáenz, el narrador dice que Héctor Mondragón Rivero, un ladrón y violador de mujeres "ocho años después los diarios lo llamarían el Sátiro de la Carcajada" ya que se divierte con sus víctimas por medio de diversas humillaciones y excentricidades (9). Lo mismo ocurre en *El petiso orejudo*, quien al tener orejas enormes, el narrador cuenta que "se llama Cayetano Santos Godino pero tiene un alias con variaciones: El Oreja o El Petiso orejudo" (Moreno: 77).

como "no mostró dolor", y para expresar que hay situaciones que requieren de una investigación más profunda, el periodista tan sólo dice que "hay zonas oscuras." También, el periodista utiliza un cierto sarcasmo cuando explica que una de las mujeres envenenadas "vendió su automóvil particular para participar de las 'brillantes inversiones de Yiya'" (16). La crónica del 13 de junio utiliza adjetivaciones que incrementan el dramatismo de los hechos. Una descripción al pie de la foto de la asesina aclara que "'Yiya' [es] una tenebrosa envenenadora [...] fue probada una sangre fría y una falta de escrúpulos total para cometer los envenenamientos de tres amigas íntimas." (14).

El policial autobiográfico: *Mi madre, Yiya Murano*

En 1994, la editorial Planeta publica una autobiografía, del hijo de la homicida, Martín Murano, que aclara los asesinatos perpetrados por Yiya Murano, distanciándolos de la manipulación periodística. Por autobiografía me refiero a "una narración construida sobre la modalidad temporal de la retrospección y en la que la función narradora recae sobre el propio protagonista: la persona que escribe habla de su propia vida y se mete en escena como personaje principal" (Kohan: 17).[140] En *Mi madre, Yiya Murano*, el

---

[140] Esta definición proviene de *De la autobiografía a la ficción: entre la escritura autobiográfica y la novela*, de Silvia Kohan. Asimismo, en *El pacto autobiográfico y otros estudios*, Philippe Lejeune la define como un "relato retrospectivo en prosa que una persona real hace de su propia existencia, poniendo énfasis en su vida individual y, en particular, en la historia de su personalidad" (50). Una tercera definición es la que aporta Juan Manuel Chabolla Romero en *Vehículos de la lengua*, en el cual señala que "en sentido estricto [la autobiografía] es la biografía que hace el autor de su propia vida; por lo tanto, debe ser escrita en primera persona. En ocasiones, una obra puede tener valor autobiográfico, aunque el autor no revele que los datos ofrecidos son tomados de la propia

autor narra los momentos vividos con su madre, desde su nacimiento hasta 1986, año en el que la prensa comienza a perder interés en el caso. Con esta obra, logra obtener éxitos laborales y superar la inferioridad que siempre sintió, por ser conocido como el hijo de una de las asesinas más conocidas del país.

Murano escribe su historia en primera persona. Para Lejeune, la primera persona se define a nivel "referencial" y del "enunciado." Según el primer plano, el pronombre personal "yo" tiene correspondencia "real" dentro del discurso, "en el acto mismo de la enunciación"; en un segundo plano, el pronombre personal en primera persona indica la individualización del sujeto enunciado. Esta dualidad permite identificar a "la persona que habla con la que nació" (57). El hijo de Yiya es el autor del texto y su identidad coincide con la del narrador y la del personaje.[141] De acuerdo con la clasificación de Lejeune, la identidad de nombre entre autor, narrador y personaje es de "manera patente" cuando "el narrador-personaje en la narración coincide con el del autor en la portada" (65). El nombre de Martín Murano figura en la tapa principal del libro y de inmediato remite al lector a una realidad extratextual, a una persona real responsable de la enunciación. En la contratapa también se certifica que "el único hijo de Yiya, Martín Murano, narra con excepcional valentía los hechos que lo tuvieron como testigo privilegiado y como protagonista."

---

vida, como en la novela *El último puritano* de Jorge Santayana. También puede considerarse autobiográfica una narración si el autor lo admite abiertamente, aunque sea una obra de ficción. Ese es el caso de casi toda la obra del escritor estadounidense Henry Miller, pero en especial su trilogía: *Trópico de Cáncer, Trópico de Capricornio* y *Primavera Negra*" (29).

[141] Lo que para Gerard Genette, al analizar *En busca del tiempo perdido* de Proust en *Figuras III*, sería un "relato autodiegético, en que el protagonista-narrador no cede, por así decir, nunca a nadie, [...] el privilegio de la función narrativa" (301).

En el prólogo, el autor declara que el propósito de su obra es "hacer pública la verdad [...] es tiempo de que todo el mundo sepa cuál fue la verdad y cuál la mentira, porque la prensa incluía a diario nuevas pistas y pruebas falsas o incompletas" (Murano: 14). De forma paralela, una nota del autor atesta que "los hechos y los diálogos se reproducen con la más fiel exactitud que su memoria permite" (11). En "El pacto autobiográfico", Philippe Lejeune sostiene que al igual que el discurso histórico, la autobiografía es un texto referencial, ya que su intención es proporcionar información sobre una "realidad" que va más allá del texto y puede ser sometida a una prueba de verificación.

   Ante este tipo de textos, el lector tiende a convertirse en un detective, es decir, a buscar las instancias en las que se respeta o no el contrato. En términos generales, su versión verifica muchos de los datos suministrados por los medios de comunicación. Si se deja de lado el sensacionalismo que caracteriza a la prensa, como por ejemplo la afirmación de que Yiya envenena a siete personas cuando en realidad son sólo tres, la mayor parte de la información es similar, si bien existen otros informes falsos que diseminan los periódicos. Por ejemplo, la crónica del 13 de junio de 1979, publicada por *Clarín*, confirma el suministro de explicaciones incorrectas y escandalosas. El periodista incluye una sección bajo el título de "Médicos cómplices" para afirmar de manera errónea que un representante de la funeraria Taglieto, un doctor que extendió el certificado de defunción de una de las víctimas y otro médico "a quien le bastó la contemplación del cadáver de Nilda Gamba para asegurar que el deceso tenía por causa 'un infarto de miocardio no traumático'" estaban implicados en los asesinatos cometidos por Yiya (14). Pero en realidad, Murano aduce que nunca se comprueba que la asesina urdió el plan con la ayuda de otros para eliminar a sus víctimas.

Sin duda alguna, lo que aporta el texto de Murano y la autobiografía en general es que el autor-narrador-personaje "nos cuenta precisamente [...] lo que sólo él puede decir" (Lejeune: 77). Según el hijo de Yiya, él convive con su madre y conoce información privada que otros ignoran. Tal es el caso de los amantes de Yiya, ya que ella lo llevaba consigo en sus citas amorosas (Murano: 24). En la nota policial de *Clarín* del 16 de junio, el periodista se pregunta quién le suministraba el cianuro a la homicida para contestarse a sí mismo y decir que le llama la atención que la justicia no haya contemplado la "estrecha" relación que tenía la acusada con dos médicos, ya que a uno de ellos, al "doctor Héctor", "se lo liga sentimentalmente a la señora" (16). En este caso, el mismo cronista está tratando de atar cabos y actúa como si fuera un detective que piensa en voz alta, pero, a su vez, fomenta ideas erróneas y acentúa el carácter sensacionalista de la historia. En cambio, el autobiógrafo dedica un capítulo entero, titulado "Sus principales amantes", para contar con lujo de detalles la relación que su madre tenía con Julio Ricardi y Enrique Juares. El periodista se debe estar refiriendo a uno de estos dos allegados de Yiya, pero mientras el cronista, por razones de privacidad, menciona el nombre y no el apellido del hombre en cuestión, el autobiógrafo opta por darles nombres ficticios. Murano le advierte al lector de estos cambios en una "nota del autor", diciendo que "algunos nombres de personas implicadas en la historia han sido cambiados" (11).[142]

---

[142] Es muy difícil y peligroso confiar en lo que lee el lector. Por ejemplo, en *El sátiro de la carcajada*, Dalmiro Sáenz no se ocupa de leer los diarios de 1969 que relatan los hechos. No sabe lo que ocurre con el criminal después de su detención. La repercusión de sus fechorías en la sociedad y el temor de las mujeres de encontrarse cara a cara con el violador sólo ocupan cinco líneas. La única referencia confiable son los nombres y domicilios de las víctimas.

Así como el periodista se comporta como un detective, el lector que decide indagar sobre la veracidad de los hechos que cuenta el autobiógrafo también puede convertirse en investigador. Si se compara la descripción del "doctor Héctor" que da el periodista –"hombre maduro, delgado, de gafas, paso acelerado y desconfianza actual ante cualquiera que se le acerque" (16)– con la que presenta Murano para describir a Julio Ricardi, se constata que son muy similares. El narrador Murano dice que éste era "un tipo alto, flaco, pelado, y de muy mal carácter" (25). Ambos retratos coinciden en que no pesaba demasiado y que no tenía un buen temperamento. Es posible que Julio sea en realidad Héctor. El lector informado puede hacer esta asociación y descartar la posibilidad de que sea el otro amigo de la asesina, ya que las descripciones que da el narrador sobre Juares no coinciden en absoluto con las del cronista. Según Murano, éste es bajito, morocho, energético, hablaba muy rápido y tenía un trato petulante con la gente que los atendía" cuando iban a tomar algo en la confitería de costumbre (27).

En el texto autobiográfico en primera persona, el autor se hace responsable de lo que le comunica a su lector y pretende avalarlo con el recurso de que su nombre coincide con el del narrador-personaje. Sin embargo, por más que el escritor afirme decir la "verdad", la autobiografía no proporciona una verdad completa. En "El pacto autobiográfico (Bis)", una continuación del ensayo inicial de Lejeune, el crítico al final reconoce que ha abordado la responsabilidad de decir la "verdad", el uso de los nombres propios y el uso del "yo", desde una óptica lingüística (140). Lejeune enfatiza en que es una "ilusión la de creer que podemos decir la verdad, y la de creer que tenemos una existencia individual autónoma [...] ¡Cómo podemos pensar que en la autobiografía es lo vivido lo que produce el texto, cuando es el texto el que produce la vida!" (141).

Por más que Murano asevere que tiene "la intención de hacer pública la verdad", hay que tener en cuenta que en la literatura es una ilusión la copia de la realidad (13).[143]

Asimismo, la memoria es selectiva. No es posible recordar todo con exactitud y hay ciertos acontecimientos que, por alguna razón en particular, sobresalen más que otros que tienden a quedar en el olvido. En *La cura de la memoria* (2005), Thomas Crook indaga sobre qué es la memoria y busca las causas por las cuales ciertos recuerdos desaparecen y otros nunca son retenidos. Según la óptica de este investigador, existen "recuerdos y olvidos adaptativos" que se asemejan a la selectividad, pero que son inconscientes: "Nos olvidamos de aquellas cosas que nos harían daño en caso de recordarlas, y recordamos aquellas otras cuyo olvido nos perjudicaría [y] el recuerdo de sucesos que provocaron un trauma emocional suele estar distorsionado, por más que perdure toda la vida"

---

[143] En *Paul de Man*, Martin McQuillan recopila las ideas más salientes de Paul de Man, entre ellas, la imposibilidad del lenguaje de reflejar la verdad o captar la realidad. McQuillan señala que "*we would not recognize a table as a table unless we were already familiar with the concept of a table (what it is used for, how it is made, how it relates to other pieces of furniture and so on). We call a table a table because we understand and presuppose 'tableness' as a concept. However, as you will recall, the idea of a table is not necessarily natural to the thing it describes, rather it is a trope which metaphorically describes the thing we call a table. If language is figurative all the way down, no word is linked absolutely to the thing it describes. Rather, our understanding of what is real is actually the use of a complex system of tropes, which have meaning by reference to one another not the things they describe. In this way there remains an unbridgeable gap between our cognition of a table and the thing itself. The whole point of logocentrism, or the error of literalism, is to disguise or efface this gap. Thus what we take to be an experience of the material world (this is a table) is in fact an experience of the materiality of the word, or signifier, 'table' which gives the object meaning and makes it knowable*" (85). Asimismo, en *Literary Theory: an Introduction*, Terry Eagleton comenta que "*all language, as de Man rightly perceives, is ineradicably metaphorical, working by tropes and figures; it is a mistake to believe that any language is literally literal*" (126).

(43). Lo que es más, Crook explica que también existen "recuerdos falsos", es decir, que "los recuerdos no son registros exactos de las experiencias [...] utilizamos nuestro conocimiento del mundo y otras experiencias semejantes para 'completar' la información incompleta o faltante en nuestros recuerdos" (45).[144] También hay que tener en cuenta lo que señala J. A. Hudson en *Memories are Made of This: General Event Knowledge and the Development of Autobiographical Memory* (1986). Para este psicólogo, los cambios en la organización de la memoria autobiográfica son un resultado natural producido por el incremento de experiencias provenientes del mundo real que contribuyen a enriquecer y proporcionar una representación más elaborada de hechos personales e históricos (118).[145]

Así, en la "nota del autor" que escribe Murano antes de comenzar a narrar los hechos, dice que los "hechos y diálogos se reproducen con la más fiel exactitud que [su] memoria le permite" (11). En este caso, de manera implícita, el autor reconoce que sus recuerdos pueden ser "falsos" o "adaptativos" y admite la posibilidad del error. Para escribir sobre los principales amantes de su madre, Murano

---

[144] Thomas Crook agrega que esta forma de "llenar las lagunas puede ser válida, pero también puede conducir a errores mnémicos y, si se nos llama la atención sobre ellos, podrán parecer el efecto de una pérdida de la memoria [...] es muy probable que si se sufre un trauma, con sensaciones y emociones muy intensas, el recuerdo efectivo de la experiencia resulte fragmentado. Ciertos fragmentos del suceso traumático pueden ser totalmente exactos al volver a recordarlos, pero otros, quizás deriven de diferentes experiencias, dado que el sistema nervioso, activado por el trauma, busca en torno y procura comprender la emoción reactivada" (46).

[145] Ver también "Theoretical Perspectives on Autobiographical Memory", donde M. A. Conway señala que *"it is assumed that the self is the main source of themes and that as the self changes over time, themes are discarded and replaced by other themes. In this way, a theme which was previously used to structure knowledge [can be] subsequently discarded [...] and no explicit representation remains"* (175).

se remonta a su infancia. Él cuenta que Yiya le decía que estos hombres eran buenos amigos y que salían casi todos los días con ellos, pero también agrega que "no [tiene] muy presente la forma en que se lo decía", confirmando de nuevo la fragilidad de la memoria (25).

La complicación de la memoria también mantiene relación con la problemática del relato autobiográfico de la niñez que presenta Lejeune. En "El relato irónico de infancia: Vallès", Philippe Lejeune cuestiona la voz del narrador en tres obras de Jules Vallès sobre su infancia, concentrándose principalmente en *L'enfant*.[146] Según Lejeune, en la autobiografía clásica, "la voz del narrador adulto domina y organiza el texto: si pone en escena la perspectiva del niño, en absoluto le da la palabra. Esto es natural: la infancia sólo aparece a través de la memoria del adulto. Se habla de ella, eventualmente se le da la palabra, pero no habla directamente" (250). Esto es de modo exacto lo que hace Murano. No crea una voz infantil que se mezcla con la voz adulta del narrador, lo cual le permite al lector identificar, sin confusión, quién es el que está hablando (254).

El narrador-personaje adulto controla la narración. Por ejemplo, el autor se remonta a su adolescencia, al día de su graduación del secundario, cuando Yiya se aparece con su amante y lo presenta como a su tío. Murano dice: "Yo era un pibe de 18 años, sostenido sobre dos muletas, que miraba fijamente a su madre y al amante de su madre [...] ella sabía que yo sabía. 'Mi tío no era otro que Enrique Juares, uno de los amantes de Yiya que yo conocía" (15). Luego, esta retrospección es interrumpida por el personaje del joven Murano, quien en forma de diálogo dice: "Ése no es mi tío, es el que coge con ella —grité con voz tan clara como pude—. Y vos te vas a la puta madre que te parió" (15). Esta irrupción, que es más

---

[146] Las obras de Vallès que estudia Lejeune son: "Lettre de Junius", "Le testament d'un blagueur" y *L'enfant*.

bien un recuerdo, no crea una voz infantil, lo cual le permite al lector considerar el texto como autobiográfico y verosímil, "evitando entrar en el espacio de la ficción" (Lejeune: 250). A su vez, hace que un lector menos ingenuo se pregunte cómo puede recordar el narrador las palabras exactas que dijo en un tiempo lejano, aunque éste afirme, al comienzo del texto, que "algunos de los nombres de personas implicadas en la historia han sido cambiados, no así los hechos y diálogos que se reproducen" (Murano: 11).

Mi madre, Yiya Murano no es un texto testimonial propiamente dicho, porque la experiencia de Murano hijo no es parte de una memoria colectiva y carece de una dimensión política de denuncia y opresión que identifique al grupo social en su conjunto. De todos modos, se podrían aclarar los cuestionamientos de la exactitud y autenticidad de lo que cuenta el autor utilizando las argumentaciones de Nora Strejilevich sobre la veracidad del testimonio.[147] En *El arte de no olvidar*, ella señala que existe una discrepancia entre la forma en que los textos testimoniales dicen su verdad y las expectativas de los lectores en cuanto a "qué es la

---

[147] En *The Real Thing: Testimonial Discourse in Latin America*, George Gugelberger incluye la definición de testimonio de George Yúdice. Este crítico lo define como "*an authentic narrative, told by a witness who is moved to narrate by urgency of a situation (e.g. war, oppression, revolution, etc.). Emphasizing popular oral discourse, the witness portrays his or hers own experience as a representative of a collective memory and identity. Truth is summoned in the cause of denouncing a present situation of exploitation and oppression or exorcising and setting aright official history*" (86). En "Anatomía del testimonio", John Beverly define el testimonio como "una narración –usualmente pero no obligatoriamente del tamaño de una novela o novela corta– contada en primera persona gramatical por un narrador que es a la vez el protagonista (o el testigo) de su propio relato. Su unidad narrativa suele ser una 'vida' o una experiencia significativa (situación laboral, militancia política, encarcelamiento, etc.). La situación del narrador en el testimonio siempre involucra cierta urgencia o necesidad de comunicación que surge de una experiencia vivencial de represión, pobreza, explotación, marginalización, crimen, lucha" (9).

verdad y cómo debe transmitirse" (13). Para esta crítica, el testimonio no está destinado a dar información basada en los hechos ocurridos, sino que tiene la función de "documentar ciertos aspectos de la mente humana" que ocurren cuando los individuos son excluidos de la sociedad (15).

Murano experimenta un sentimiento de marginalización, ya que es de manera constante señalado como el hijo de una de las asesinas más famosas de la Argentina. El autobiógrafo cuenta que mientras muchos estaban involucrados con su madre, ya sea por su personalidad magnética, amistad o intereses económicos, "todos ellos buscaron quedar en el anonimato a partir de 1979, cuando la 'envenenadora' fue detenida y sus crímenes se convirtieron en el plato fuerte de la opinión pública", pero que él no tuvo ese privilegio (13). Lo que es más, Murano agrega que su texto está poblado de situaciones que revelan de modo rotundo cómo todo el grupo familiar y sus allegados fueron perturbados hasta el límite de "recibir amenazas de 'grupos especiales', ser marginados de la sociedad y blanco de todo tipo de habladurías" (14).

Estos textos deben, en efecto, transmitir la intimidad, la subjetividad de la crueldad que experimenta el testigo (Strejilevich: 16). Entonces, no se debería ver la autobiografía de Murano como algo objetivo y exacto, sino más bien como una interpretación subjetiva. En las últimas páginas del texto, el escritor consigna que "lo importante es el valor de mi testimonio y no mi capacidad para escribir [...] Sólo espero haber podido trasmitir con mis palabras la manera en que pienso y siento" (Murano: 168). El autor comparte sus memorias ante la necesidad de supervivencia. Así, confronta sus horrorosas experiencias para darle sentido al presente y no al pasado, para denunciar la exclusión y estigmatización que sufrió durante su vida.[148]

---

[148] En *Guía de conceptos sobre migraciones, racismo e interculturalidad*, Graciela Malgesini rastrea el origen de la palabra "estigma" desde su

En *Estigma: la identidad deteriorada* (1970), Erving Goffman estudia cómo la sociedad establece los medios para categorizar a las personas y cómo ciertas particularidades del individuo pueden llevar a la estigmatización social. Este sociólogo canadiense señala que es en el espacio social donde se establecen las categorías a las que pertenecen los miembros de una sociedad, y que ante una persona desconocida, la mera apariencia "permite prever en qué categoría se halla y cuáles son sus atributos" (25). Asimismo, en *El estigma y la discriminación: ciudadanos estigmatizados, sociedades lujuriosas* (2005), Fernado Stern explica que el estigma es un rasgo que hace que una persona sea diferente a las demás, que la transforma en alguien 'menos apetecible', inferior en relación con la imagen de un individuo 'total y corriente'" (176). Por consiguiente, "valiéndonos de este supuesto, practicamos diversos tipos de discriminación, mediante lo cual reducimos a la práctica, aunque a menudo sin pensarlo, sus posibilidades de vida" (Goffman: 36).[149] Murano cuenta que además de

---

significado proveniente del latín (*stigma*) para referirse a una picadura hasta adquirir la connotación de "desdoro, afrenta, mala fama y mancha" (155).

[149] El tema de la estigmatización social es evidente en *El petiso orejudo*. En esta novela, el narrador cuenta que los doctores "describen sus manos como las de un mono. Metiéndole los dedos en la boca y pasándole un centímetro por el cráneo empiezan a esbozar la hipótesis de que se trata de un degenerado" (Moreno: 139). En los documentos legales originales de este caso, que se encuentran en el Archivo General de los Tribunales, se pueden ver los siguientes informes médicos. El informe de Negri-Lucero (31 de enero de 1913) dice que "el procesado Godino es un alienado mental o insano o demente, en las acepciones legales [...] Es un degenerado hereditario, imbécil que sufre la locura moral, por definición, muy peligrosa [...] Es irresponsable" (213). El informe de Víctor Mercante (24 de febrero de 1913) señala que "Cayetano Santos Godino no sabe leer, escribe tan sólo su firma y conoce los números hasta 100. Posee una suma de conocimientos generales muy alta, obtenidos por educación refleja [...] Es un tipo absolutamente inadaptable a la escuela común; sólo la educación individual hubiera podido alcanzar algún

querer contar la verdad, es tiempo de que se sepa "cómo fue superar [...] la vergüenza pública por sus actos [...] y cómo se puede salir adelante" (14). El hijo de Yiya es otra víctima más de su madre, de la prensa sensacionalista y de la sociedad que lo estigmatiza como el hijo de la envenenadora de Monserrat o como el hijo de la asesina que, como dice el diario *Clarín*, dio lugar a "un caso sin precedentes en los anales de la criminología argentina" (13).

Al igual que el testimonio, la autobiografía de Murano es un "retrato que cobra vida, [que] tiene que recuperar la fuerza de la experiencia, no del dato objetivo. Lo verdadero

---

éxito [...] Se ha desenvuelto en un medio desfavorable a la formación de una conducta correcta. Priman en él los instintos primarios de la vida animal con una actividad poco común, mientras que los sociales están poco menos que atrofiados. Es un tipo agresivo, sin sentimientos e inhibición, lo que explica su inadaptabilidad a la disciplina didáctica [...] Ofrece del punto de vista físico, numerosos estigmas degenerativos, los más característicos del tipo criminal [...] Sus sentidos y la capacidad para conocer no ofrecen anomalías, se presentan normales; asimismo normales sus capacidades psíquicas, si bien inestable la atención por falta de dirección afectiva [...] En cambio, ofrece como estigma fundamental de su vida moral, la idiotez afectiva; los sentimientos sociales, directrices de la acción, son poco menos que nulos [...] De suerte que sus estados de conciencia contienen normalmente todos los elementos menos uno, fundamental que la desequilibra, el afectivo, que es algo así como el timón de la conducta" (224).

El informe de Ernesto Nelson (1 de abril de 1913) afirma que Godino "es un caso de degeneración agravada por el abandono social de que él ha sido víctima, y que por lo tanto no puede hacérsele responsable de sus crímenes, aun cuando su libertad sería peligrosa" (245). Finalmente, el informe de Esteves-Cabred (29 de mayo de 1913) especifica que "Cayetano Santos Godino se halla atacado de alienación mental [...] su alienación mental reviste la forma de imbecilidad [...] esta imbecilidad es incurable [...] Godino es totalmente irresponsable de sus actos [...] presenta numerosas anomalías físicas y psíquicas [...] carece de condiciones para el trabajo disciplinado [...] tiene noción de la responsabilidad de sus actos, lo cual se observa en muchos alienados [...] es un impulsivo consciente y extremadamente peligroso para los que lo rodean. Debe permanecer, indefinidamente, aislado en el manicomio en que se encuentra" (257).

es [...] el sufrimiento" (Strejilevich: 19). Por ejemplo, el día de su graduación del secundario, el narrador cuenta que le "pesaba que todos los presentes comentaran la presencia de [su] madre, quien ya había sido acusada de asesinato y había estado en la cárcel" (Murano: 17). A medida que Murano cuenta la historia de los crímenes cometidos por Yiya, incorporando datos inéditos sobre el caso, fusiona su desconsuelo ante la marginalización que padece por parte de ciertos grupos sociales. Así, el autobiógrafo cuenta que "no es fácil la vida cuando [...] uno es objeto del repudio ajeno, repudio masivo, completo" (101). Además, éste agrega que se pasaba todo el tiempo evitando el asedio de la prensa pero que igual se publicaron en los diarios fotos suyas que los periodistas le habían sacado sin haberse dado cuenta. No sólo condena la indiscreción de la prensa, sino también la de la Iglesia. La familia Murano pertenecía a la iglesia de Monserrat, pero después del arresto de Yiya, el sacerdote les "envió un emisario [...] un joven militante de Acción Católica quien en nombre del cura [les] pidió que [dejaran] de ir a la parroquia" (102).

El estigma "es ante todo un atributo social o un signo, a veces físico y otras veces social [...] su existencia produce dos efectos clave relacionados entre sí: devalúa la identidad del actor social que posee dicho estigma [...] y los descalifica para la completa aceptación social" (Malgesini: 157). Murano es rechazado por diferentes miembros de la sociedad con los que interactúa, y a su vez, se siente desvalorizado como individuo. El narrador cuenta que "teníamos que soportar miradas suspicaces cada vez que nos veíamos obligados a decir nuestro apellido [...] Los preguntones quedaban callados cuando yo respondía: 'Sí, soy el hijo'" (Murano: 102). Asimismo, la relación de Murano con las chicas de su edad fue dificultosa; ellas "huían de [su apellido] porque el de la 'envenenadora de

Monserrat' ya no era el caso de Yiya, sino el de la familia Murano" (103).

Este constante devenir entre el rechazo y la falta de autoestima, lleva a Murano a experimentar un sentimiento de melancolía. En "Duelo y melancolía", Sigmund Freud establece las diferencias entre ambos conceptos, señalando que mientras el primero no es patológico, el segundo sí lo es, y conlleva la pérdida de la autoestima. Para Freud, la melancolía "se caracteriza psíquicamente por un estado de ánimo profundamente doloroso, una cesación de interés por el mundo exterior, la pérdida de la capacidad de amar, la inhibición de todas las funciones y la disminución de amor propio [...] o sea un considerable empobrecimiento de su yo [...] se humilla ante todos los demás" (321).

Esta anomalía que padece Murano se pone de manifiesto en su autobiografía. Cuando su madre es arrestada y encarcelada, el narrador no siente nada por ella y se asombra diciendo que "curiosamente no tenía la sensación de que faltaba alguien en la casa" (Murano: 87) y que cuando sus abuelas fallecieron, ellas no significaban nada para él (71). El autor confiesa que se sentía desconectado de todos y que, desde los trece años, creció de manera solitaria (103). También, casi al final de la novela, le revela al lector que, por mucho tiempo, se había sentido "disminuido o en inferioridad de condiciones por tener el apellido de su madre" (159). Todos estos ejemplos confirman la melancolía del autobiógrafo debido a la estigmatización que recibe por parte de la sociedad.

En cambio, en el momento en que escribe sus recuerdos, dieciséis años después del descubrimiento de los asesinatos, Murano parece haber superado la estigmatización que lo atormentaba. A medida que el escritor va transformando sus pensamientos en palabras y éstas se van acumulando en una serie de capítulos, se evidencia un proceso catártico en el autor-narrador-personaje y en el lector también. En tres pasajes de la obra aristotélica, en el libro VIII de la *Política* y en los capítulos VI y XVII de la *Poética*, el filósofo estudia este efecto que tiene la tragedia en el público.[150] El término *catarsis* parece ser proveniente del campo de la medicina, que era practicada por Hipócrates en la Antigua Grecia y consistía en un tratamiento curativo de ciertas enfermedades. En el plano religioso, se refería a la expiación de culpa para lograr un estado de purificación, a través de ciertos ritos (Viñas Piquer: 63). En *Figuras V* (2005), Gerard Genette toma el concepto aristotélico para analizar el efecto de risa en el lector. El crítico dice que si bien usar el efecto catártico en ese caso supone una deformación de la definición de Aristóteles, ya que el filósofo "en ninguna parte atribuye a las representaciones narrativas la virtud catártica que señala en la forma dramática. Pero la experiencia de la lectura [...] autoriza o más bien impone a mis ojos esta extensión" (167). Esta reflexión de Genette es también válida para la autobiografía por ser narrativa, pero aun así, es del mismo texto de donde emanan los recursos de la piedad y el terror para lograr la expurgación de las pasiones del escritor-narrador-personaje.

En el caso específico de Murano, el autobiógrafo relata su horrorosa historia, y a su vez, plasma su pánico por verse involucrado en un caso criminal de tal magnitud. El narrador dice que Yiya los "hacía sufrir" y que vivía mortificado (Murano: 58). También, el día en que la policía aparece por primera vez para arrestarla, el hijo dice que "permanecía atónito, sentado en un sillón. Observaba las secuencias como si se tratase de un acontecimiento externo y ajeno"

---

[150] Aristóteles define a la tragedia como "la representación mimética de una acción de carácter elevado y completa, de una cierta extensión, en hermoso lenguaje con un tratamiento estilístico especial en cada una de las diferentes partes, representación que es llevada a cabo por personajes que actúan y no a través de un relato y que, suscitando piedad y temor, operan la purgación propia de tales emociones" (1449).

(74). Murano agrega que "necesitaba aire, despejar [su] mente, evitar que siguieran fluyendo en [su] cabeza y en sucesión ininterrumpida todo tipo de imágenes. Obedeci[ó] a la fuerza del instinto y busc[ó] refugio" (76). Lo que es más, el hijo de la envenenadora siente pánico al ir descubriendo poco a poco –hasta llegar a la certeza– que su madre es en realidad una asesina. Se horroriza al darse cuenta de que todas las víctimas, "Nilda, Mema, Chicha [...] Las tres amigas de [su] madre. Las tres habían aumentado la frecuencia de sus visitas a casa. Las tres compartían el interés por los mismos temas: dólares, tasas de interés. Las tres muertas. Las tres..." (77). A Murano, "lo que en realidad [le] asustaba era el resto, lo que todavía no alcanzaba a descifrar [...] ¿Habría sido capaz?" (83). Finalmente, cuando Yiya le confiesa ser la autora de los crímenes, su hijo dice que "la verdad es que su confesión me asustó [...] escuchárselo decir no dejó de impresionarme" (141).

No sólo el autor expresa su sensación de horror, sino que además experimenta un sentimiento de piedad por sí mismo, las víctimas, su papá, su propia madre y los amantes de ella. Al morir su padre, Murano dice que había fallecido el hombre más bueno y noble que él había conocido. Agrega que hasta el último momento vivió convencido de la inocencia de su esposa y lo consumió una desdicha que siempre consideró indescifrable (154). Siente compasión por su padre, pero también por la asesina. Cuando va a visitar a Yiya a la cárcel, al salir, su cara estaba "apesadumbrada. Una lágrima bajaba por [su] mejilla, [su] primera lágrima por Yiya Murano". Con respecto al amante de apellido Juares, el narrador menciona que en un encuentro con él, le dio "unas palmadas en el hombro y [se] dirigió hacia la puerta. Por un instante [se] dio vuelta y pud[o] verlo [...] llorando. Sin duda, él también era una víctima" (157).

La escritura conduce al hijo de Yiya a un punto máximo de tensión acumulada para lograr, en los últimos capítulos, un relajamiento absoluto. Murano se purga de sus pasiones negativas, se libera de su sufrimiento por medio de la escritura. Al plasmar su historia, el escritor contempla su sufrimiento y se solidariza consigo mismo, con sus desgracias y desventuras. A diferencia de las notas periodísticas de *Clarín*, que contribuyen a la estigmatización y a la melancolía de Murano, la reescritura sobre los envenenamientos perpetrados por su madre tienen un propósito social: condenar la estigmatización que sufre el hijo de Yiya por parte de la sociedad. A su vez, por medio de esa misma escritura, el escritor se distancia de su trauma y vigoriza su ánimo. Así, cuenta: "Mientras escribo este capítulo [...] no puedo evitar comparar al Martín de hoy con el de estas páginas. ¡Cuán grato hubiese sido saber [...] que lograría con el tiempo formar una familia y realizar este trabajo! Me hubiera servido para evitar tantas horas de angustia y, por qué no reconocerlo, de desesperación" (130).

Hasta este punto, se han indagado en primer lugar las características de las notas policiales que aparecen en los diarios para reportar los crímenes ejecutados por Yiya. Como una constante más que comparten todos los casos analizados en los tres capítulos, las crónicas se construyen con elementos que resaltan la recarga sensacionalista de los hechos utilizando recursos dramáticos y ampliaciones. Se contraponen los valores morales de las víctimas, se enfatiza el objeto utilizado por el criminal, en este caso el veneno. También, se incorpora material fotográfico para registrar a la asesina, y así diseminar su imagen para que el lector asocie el rostro con los datos que se publican sobre la envenenadora. La inclusión de los testimonios de espectadores y vecinos reafirma las sospechas e incita al lector a formar parte de un mismo discurso dentro de su habitual círculo social. En segundo lugar, se ha examinado la recreación de los hechos por parte del hijo de Yiya en *Mi madre, Yiya Murano*, una autobiografía que relata la vida del autor para contar su historia y denunciar la estigmatización a la que es expuesto y sometido.[151]

Pero el texto de Murano no es sólo una autobiografía. Si se deja de lado el nombre del autor en la tapa, el comentario editorial de la contratapa (que reconoce que Murano es autor-personaje y narrador), y finalmente la nota previa del autor, nos convenceremos de que el texto en sí es una novela policial. El autor confiesa que antes de comenzar a escribir su historia "[se dedicó] a la lectura de muchísimos autores. Así [leyó] numerosos libros de Agatha Christie, Robin Cook, Irving Wallace, Ira Levin y otros" (167).[152] Se trata de una novela policial ya que tiene como eje central la vida de la asesina, y en especial, los posibles motivos y las descripciones de los homicidios. Toda la acción gira en torno a los asesinatos que comete Yiya Murano. La narración es retrospectiva, elemento típico del género policial, con una regresión desde el nacimiento del personaje principal, deteniéndose en su relación con la asesina, los envenenamientos, su marginalización y la superación de sus dificultades. A su vez, la definición de novela de Baquero Goyanes rescata el proceso catártico de la escritura ya mencionado:

> Un conjunto de notas emocionales que podríamos comparar con la sinfónica musical, cuyo sentido completo no percibimos hasta una vez oído el último compás, leído el último capítulo. El tono de éste podrá ser distinto de los anteriores,

---

[151] Quizás, el título que le da Martín Murano a su autobiografía es un tanto equívoco, ya que el objeto de esta biografía es él mismo y no su madre.

[152] Murano lee a novelistas famosos. Robin Cook es un médico escritor de novelas de misterio, en las cuales mezcla sus conocimientos científicos para crear sus *thrillers*. Sus obras más conocidas son *Toxin* (1998), *Harmful Intent* (1990), y *Cure* (2010). Irving Wallace, novelista estadounidense conocido por *The Chapman Report* (1960), *The Fan Club* (1964), y *The Prize* (1962). Asimismo, Ira Levin ha escrito novelas famosas como *A Kiss Before Dying* (1953), *Rosemary's Baby* (1967), y *Son of Rosemary* (1997), que han sido llevadas al cine.

a diferencia de lo que ocurre en el cuento, animado por un mismo tono emocional, único, sin interferencias, llámense estas acciones secundarias, paisaje o diálogo accesorio (60).[153]

El narrador experimenta una purgación de emociones que le permite liberarse de su estigmatización y de los sentimientos dolorosos y horrendos que narra en todos los capítulos, excepto en el último, donde cambia el tono emocional y confiesa que su cambio de actitud coincide con el momento de la escritura.[154]

Las acciones de personajes secundarios y los diálogos, que Baquero Goyanes destaca como accesorios propios del género novelesco, están también presentes en *Mi madre, Yiya Murano*. A continuación, indago las características de la asesina en el policial de Murano con el objeto de precisar el comportamiento patológico de la estafadora / envenenadora, y revelar que la homicida es un síntoma más del caos reinante en el seno social. Paso seguido, examino la denuncia de la desaparición de la concepción moral de justicia por parte del detective.

A diferencia de las asesinas del capítulo anterior, que si bien son victimarias, a su vez, son víctimas de violencia doméstica, el caso Murano presenta una homicida particular. En primer lugar, el arma asesina es cianuro, depositado de manera desapercibida en las masas del té de sus víctimas. En *El homicidio en el derecho penal* (1970), Giovani Battista Impallomeni señala:

> El veneno se oculta fácilmente, tiene escaso volumen, se adquiere de un modo anónimo y con poco esfuerzo, no

---

[153] En *Teoría de la novela*, Manuel García Viñó incluye la definición que da Narciso Campillo en *Retórica y poética o literatura perceptiva*, para el cual es "una narración ordenada y completa de sucesos ficticios, pero verosímiles, dirigida a deleitar por medio de la belleza" (29).
[154] Quizás este efecto catártico se debe al tono confesional de toda la autobiografía.

implica un desembolso económico importante, mata de pronto, ahorra el derramamiento de sangre. Dar muerte sin que sufra la víctima con el único propósito de que no haga sufrir al homicida no es la consecuencia de la piedad, ni de la compasión, sino del egocentrismo (345).

Según el hijo de la asesina, Yiya es una persona egoísta y astuta. Es ostentosa, le gustaba despilfarrar el dinero pero sus "juguetes y [...] ropas siempre fueron elegidos entre los más baratos" (Murano: 49). El narrador cuenta que su madre le aconsejaba que fuera "vivo" como ella, lo cual para él significaba "mentir a todos una posición económica que no tenía" y "tener siempre cosas que ocultar" (52). Además, reconoce su capacidad de seducir y manipular a su antojo (60). Todos estos detalles que sólo conoce el autor, son transmitidos al lector por medio de su autobiografía. A su vez, le permiten dilucidar el porqué de la elección del cianuro como objeto causante de los asesinatos, en oposición a otro tipo de arma.[155] La asesina, de manera muy astuta, con mucha "viveza", usando sus palabras, contamina con cianuro las masas del té. Ni siquiera se enfrenta con sus víctimas. Bajo la apariencia de amistad y la idea de que Yiya las estaba ayudando a multiplicar sus fortunas, las víctimas son engañadas, manipuladas y exterminadas.

---

[155] En "La mujer y el veneno", Marisol Donis indaga en las razones por las cuales la mujer prefiere el veneno como arma letal. Según este crítico, "no hay un solo delito que sea el privilegio de uno de los sexos, aunque atribuyen al veneno unas ventajas que se asocian con determinados rasgos psicológicos de la mujer. La mujer prepara el delito más cuidadosamente que los hombres, es más cautelosa y muchos de sus crímenes no llegan a ser descubiertos, y menos aun probados. Los crímenes femeninos son más insidiosos, más refinados; de ahí su predilección por el veneno [El veneno] es un arma cobarde pues la autora piensa que va a salir bien librada, que su delito pasará inadvertido" (108). Donis agrega que es la confianza que tiene la mujer de no ser descubierta lo que hace que se convierta en asesina en serie y que la debilidad física de la mujer se vale de astucia y disimulo para perpetrar sus crímenes (110).

En la conversación que tiene la asesina con su hijo, le confiesa ser la autora de los crímenes, y le dice: "La única persona con cerebro era yo. Las viejas [víctimas] en lo único que pensaban era en los intereses" (141). Inmediatamente después de la confesión, el narrador reflexiona señalando que el plan de administrarles cianuro "era perversamente perfecto, era la forma de matar a distancia y pasado un tiempo. También era la forma de hacerlo sin dejar huellas. Y el hecho de que sus víctimas vivieran solas y fueran de edad avanzada impediría despertar sospechas" (142).

En *Sabores que matan: sabores y bebidas en el género negro criminal* (2007), Raquel Rosemberg hace una síntesis de mujeres que utilizan el veneno como arma letal para deshacerse de sus enemigos. La escritora comienza con la historia de Medea, quien, según la mitología griega, asesinó a la nueva esposa de su amante Jason, regalándole un vestido envenenado.[156] Luego comenta los asesinatos realizados por Catalina de Médicis y su nieta María. Se cuenta que Catalina, por medio de sus artes culinarias y ciertas toxinas, logró destruir a un ejército de hugonotes.[157] A su vez, se dice que María logró a base de licores envenenados el ascenso del cardenal Richelieu (40). Las protagonistas literarias tampoco faltan. Tómese el caso de la madrastra de Blancanieves. También las envenenadoras son parte de la literatura detectivesca clásica. En una de sus aventuras, Miss Marple, el detective creado por Agatha Christie, tiene que descubrir la misteriosa muerte por envenenamiento de una mujer, quien fallece inmediatamente después de comer un plato de langosta con su marido y su asistente

---

[156] Rosemberg incluye en su capítulo "Mujeres en acción" la historia de Yiya Murano. La escritora dice que Buenos Aires tuvo su maestra del arte del veneno e incluso presenta una cita de la asesina donde ella niega haber cometido crimen alguno (44).
[157] Hugonotes es el nombre otorgado a los protestantes franceses que seguían la doctrina calvinista durante las guerras de religión.

(43). Algunas de estas historias pueden resonar en el lector y motivar la lectura del texto de Murano. Recuérdese que hasta los periódicos comparaban a Yiya con Lucrecia Borgia. Asimismo, el empleo de veneno no suele dejar rastros, lo que hace muy dificultoso comprobar la muerte por esta causa. A diferencia de los asesinatos del capítulo dos, donde no cabe duda de que las acusadas son en realidad las culpables, el caso Murano se destaca por la incesante problemática de comprobar la existencia de cianuro en las tres víctimas que presentan las notas policiales de los diarios.[158] Este ir y venir de conclusiones produce un interés aun mayor en el lector y lo hace partícipe, buscando pistas y razones para decidir su propio punto de vista.

Con respecto a la asesina, cabe agregar que, además de ser una envenenadora, es una estafadora.[159] En *Female*

---

[158] La nota policial del 13 de junio de 1979 alude a la dificultosa tarea de comprobar la presencia de cianuro: "Los peritos bioquímicos indicaron que en algunos casos el sulfocianuro que se detecta puede provenir de otras causales" y "los expertos dieron cuentan de la enorme dificultad que conlleva determinar la existencia de ácido cianhídrico en vísceras putrefactas, como consecuencia del alto grado de volatilización del aludido compuesto" (14). En *Medicina legal y toxicología*, Calabuig Gisbert señala que la anatomía patológica de muerte por cianuro es "inespecífica, aunque en ocasiones, por el conjunto del cuadro cadavérico, puede ser significativa" (732). Gisbert menciona que, por lo general, se evidencia la presencia de cianuro a través del color rojo claro de la piel, un fuerte olor a almendras y, si la intoxicación es por medio de sales, se encuentran lesiones cáusticas en el esófago (732). Hay que enfatizar que dos de los tres cadáveres del caso Murano fueron exhumados y analizados cuando los cuerpos presentaban un alto grado de descomposición.

[159] El tema de la estafa es común en las novelas palimpsésticas. En *El hombre que murió dos veces*, la trama gira en torno a un ex policía, quien fragua su muerte para cobrar seguros de vida con firmas argentinas e internacionales. El narrador dice que el detective Santillán se enteró de que entre los meses de mayo y junio de 1987, Daniel Julio Scandinaro, un ex oficial de la Policía Federal, "se había asegurado la vida con cuatro compañías distintas. Una de las pólizas la había contratado en la compañía Sud América de la Argentina por una suma de 100.000 dólares. Otra póliza había sido convenida por la *Jackson Life Insurance*

Crime, Criminals and Cellmates, Barri Flowers explica que, en el caso de Estados Unidos, el número de mujeres arrestadas por ser "timadoras" ha aumentado de modo considerable desde los años 1960 hasta la década de 1990, registrando un incremento del 550%, dato que tiene relevancia para el caso argentino (134). William Forsch estudia las causas por las que ciertas mujeres presentan el comportamiento patológico de embaucar y engañar habitualmente a otros. En "Con Women of the World", este psicólogo sostiene que *"women playing con games may be a conscious occupational choice that represents some abusive relationship within the family [...] It takes bravura. In a twisted way, she resembles the skier or the mountain climber. One imagines her asking, "Will I make it again this time? She is a risk taker*" (289). El narrador hace un recorrido breve sobre la infancia de Yiya y comenta que "hay una constante en las historias de la familia de mi madre y que abundan las situaciones violentas y misteriosas" (Murano: 20). Así, éste cuenta que su bisabuelo castigaba a sus hijas, las ataba en una silla y las encerraba en el sótano. Además, el padre de la asesina, Camilo Bolla Aponte, se había "propasado con sus hijas" antes de abandonar a la familia. Murano señala que el nombre de su abuelo no se mencionaba en la casa y que Yiya no poseía ni siquiera una foto de él (21).

La nota periodística de *Clarín* del 23 de mayo de 1980 explica de forma superficial el motivo de los homicidios, ya que sólo dice que se debieron a "estafas en forma reiterada y

---

Company de los Estados Unidos por 200.000 dólares. Una tercera por 150.000 dólares con la *Eagle Star* de Inglaterra, y una cuarta póliza de 200.000 dólares con la *National Western Life Insurance Company* de los Estados Unidos" (Sdrech: 17). En una conversación entre el detective y los investigadores de las firmas de seguros, uno de éstos le dice a Santillán que "hasta ahora nunca nadie que se hubiera asegurado la vida, muere, lo creman, comienzan los pagos a los beneficiarios y a los pocos meses el 'muerto' aparece haciendo ostentación de dinero, autos y amistades en medio de un bucólico paisaje" (20).

agravadas por el uso del veneno" (17). En cambio, la novela policial de Murano remonta al lector a un tiempo lejano, presentando más detalles sobre la vida de la asesina, que posiblemente le permitan comprender, de manera más profunda, los motivos que llevaron a Yiya a la artimaña y a cometer estos asesinatos en serie. Los detalles que presenta el narrador coinciden con las deducciones de William Frosch sobre la bravura que caracteriza a las estafadoras, así como en la elección consciente de engañar a los demás. Según el narrador-protagonista, su madre es una persona valiente y decisiva. Al contar sobre la vida de la asesina en la cárcel, dice que las otras prisioneras la respetaban sobremanera, "quien se había convertido en una especie de líder" de las otras presas. Para ejemplificar el mérito que esto significa, dice que hay que tener en cuenta que ella estaba encarcelada con una asesina temible, "Emilia Basil; aquella que descuartizó a un hombre y puso a hervir los trozos", por lo cual no le "pareció poco mérito imponer respeto en [el presidio de] Ezeiza" (105). Asimismo, nótese la intertextualidad entre el texto de Murano, las notas periodísticas del caso Basil y el cronicuento de Grinstein sobre los mismos hechos, analizado en el capítulo anterior.

En cuanto a los motivos ulteriores de la envenenadora para perpetrar sus crímenes, las notas periodísticas simplifican los motivos, al punto de decir que fue por avaricia pura. En contraste, en *Mi madre, Yiya Murano* el narrador cuenta que "más que el dinero, le interesaba meterse en la cabeza de los demás, lograr hacerse imprescindible cuando se toman las decisiones más íntimas. El dinero era uno de sus principales recursos, no un fin en sí mismo" (Murano: 60). En otro momento, Murano deja entrever la emoción de la asesina frente al crimen. Su hijo recuerda que en una cierta época de su vida estaba de moda la lectura de Agatha Christie. Cuando él le decía a Yiya que Hécules Poirot podía resolver cualquier caso, que a él no se le escapaba ningún asesino, su madre le respondía que ese tipo de lectura era una "estupidez para los chicos porque el crimen perfecto era posible, y eran mucho mejores las novelas donde se narraba cómo alguien había logrado escapar de la Justicia" (64).

Para ilustrar este ensimismamiento de la asesina por los crímenes y, en especial, los perfectos, Murano dialoga con otros textos, creando un interesante caso de hipertextualidad que arrima a *Mi madre, Yiya Murano* al género policial. Por ejemplo, menciona que la película preferida de su madre era *El socio del silencio,* con Elliot Gould y Christopher Plummer, una película estadounidense de 1978 dirigida por Daryl Duke (64). El narrador cuenta que el film es sobre un crimen perfecto. Plummer, Harry Reikle en el film, es un ladrón de bancos que decide asaltar uno en el que trabaja Miles Cullen, protagonizado por Gould. Este último le entrega parte del dinero y se queda con el resto. Cuando Plummer se entera, por los diarios, de que la cantidad robada es mayor de lo que él tiene, va en busca de Gould, pero éste le tiende una trampa y se queda con todos los fondos usurpados. Es decir, que la película predilecta es sobre un crimen en el que la astucia del individuo común logra superar al criminal y engañar a la Justicia. Pareciera que Yiya quiere salir impune de sus crímenes, al igual que el personaje de la película.

A su vez, la asesina puede definirse como el arquetípico criminal de la novela negra. En el policial clásico, el homicida es "un delincuente circunstancial, cuya identidad se desconoce casi siempre" (Calatrava: 72).[160] En cambio,

---

[160] Las novelas palimpsésticas que aparecen junto a *Mi madre, Yiya Murano*, son eclécticas en cuanto a la vertiente literaria del policial que presentan. Por ejemplo, *El petiso orejudo* es una narración típica de la novela negra. Desde el comienzo se conoce la identidad del asesino. Lo mismo ocurre con *El sátiro de la carcajada*, ya que desde la primera línea se revela el nombre del violador. En cambio, en *El hombre que murió dos veces*, Sdrech utiliza el estilo del policial clásico y del policial negro. En

en el relato negro en general y en *Mi madre, Yiya Murano* en particular, el lector sabe desde el comienzo quién es el criminal. Además, la asesina, en lugar de ser la causante de "la situación perturbada, irracional y aberrante" (Narcejac: 88) es "un síntoma más del des-orden que ya reina previamente en el mundo" (Calatrava: 73). Estos comentarios permiten un acercamiento al contexto caótico y de desorden en el que vive la asesina, debido al golpe de Estado de 1976 y a las medidas económicas tomadas por el gobierno militar. A su vez, como ser verá más adelante, el texto de Murano relaciona el crimen materno con el desorden político-militar del momento.

Por un lado, en *Breve historia de la Argentina*, José Luis Romero señala que el 24 de marzo de 1976 asume el mando del país la Junta Militar integrada por tres comandantes, quienes designan presidente al general Jorge Rafael Videla. La dictadura tenía el propósito de restablecer el "orden", desarmar a los grupos clandestinos que ejecutaban acciones terroristas y, en especial, vencer en términos militares a los dos grandes grupos de guerrilleros: el ERP y Montoneros (187).[161] Por otro lado, en la página *web* del Ministerio de

---

cuanto al estafador de seguros, se conoce su identidad inmediatamente pero la banda de ladrones que roba la sucursal bancaria, nunca puede llegar a identificarse.

[161] Para contextualizar el porqué del golpe militar de 1976, en "Pérdida y recuperación de la República (1973-1996)", José Luis Romero afirma que a la muerte del presidente Juan Domingo Perón, en 1974, su viuda María Estela asume la presidencia, aunque no tenía la capacidad ni la autoridad para gobernar. A su vez, José López Rega, quien había sido secretario de Perón, era considerado como "el poder oculto del gobierno y organizó grupos clandestinos dedicados a asesinar dirigentes opositores, muchos de los cuales eran activistas sindicales e intelectuales disidentes, no enrolados en las organizaciones guerrilleras" (186). Los Montoneros responden de la misma forma, haciendo que crezca la violencia. Asimismo, se ejecutan nuevas medidas de ajuste económico para frenar la inflación. El ministro de Economía, Celestino Rodrigo, pone en marcha un plan denominado "el rodrigazo", el cual produce

Educación de la República Argentina se enumeran muchas de las violaciones constitucionales del gobierno de facto. Por ejemplo, los militares prohíben la actividad política, privan a los trabajadores de sus derechos, interfieren con los sindicatos, vedan las huelgas, se deshacen del Congreso y los partidos políticos, remueven a la Corte Suprema de Justicia e intervienen en la Confederación General del Trabajo (CGT) y la Confederación General Económica (CGE). Suspenden también la vigencia del Estatuto del Docente, cierran locales nocturnos, destruyen miles de libros a los que catalogan de "peligrosos", censuran los medios de comunicación y secuestran a estudiantes, intelectuales, sindicalistas y toda clase de ciudadanos, llegando al asesinato y la tortura (1).

De forma aislada, y como un comentario secundario, al margen de la narración principal, Murano critica a la dictadura de 1976 y a los miembros de su familia que habían sido militares en algún momento. Así, el narrador dice que su abuelo, el teniente coronel Camilo Bolla Aponte, "reprimía con entusiasmo a opositores o presuntos opositores al golpe de Uriburu" (20).[162] Luego, Murano retrocede

---

una gran devaluación y un alevoso aumento de las tarifas públicas. Así, "los sindicalistas respondieron enfrentando con energía al gobierno" (Romero: 186). A su vez, el Ejército Revolucionario del Pueblo, un grupo armado no peronista establece una "zona liberada" en la Provincia de Tucumán. Las Fuerzas Armadas realizan una operación para revertir la situación. El gobierno civil es incapaz de poner orden y al sumársele el problema de la crisis económica y política, se crean las condiciones necesarias para que las Fuerzas Armadas destituyan a la presidente y se hagan cargo del país (187).

[162] En *Ideas, política, economía y sociedad en la Argentina (1889-1955)*, Mariano Baorretaveña señala que "el 6 de septiembre de 1930 se produjo el primero de los seis golpes de Estado que sufriría el país durante el siglo XX" (58). Los militares sostenían que la "democracia, en manos de 'ineptos políticos civiles', había conducido a la nación a un estado de peligrosa anarquía y a la disolución de sus valores" (59). Los militares toman la Casa de Gobierno casi sin resistencia y al presidente Hipólito

aun más en el tiempo para criticar a otros familiares que fueron parte de las Fuerzas Armadas. Así, comenta que su madre es descendiente directa de Donato Álvarez, quien se había enriquecido generosamente gracias al puesto de gobernador militar de Asunción, cargo que ocupó tras la "Guerra de la Triple Alianza" (20).[163] De manera sarcástica, el narrador dice que en su árbol genealógico hay, por lo menos, un militar por cada generación. Para Yiya, esto era "un signo de abolengo", pero para el hijo de la asesina es algo vergonzoso y critica el hecho de que Álvarez hubiera recibido 2.500 hectáreas fértiles, en la Provincia de Corrientes, y se hubiese "apropiado de un mobiliario de un lujo absoluto" (20).

Además de criticar el linaje militar de su propia familia, el narrador alude al desorden económico, producto de las medidas tomadas por el gobierno de facto.[164] Entre 1976 y

---

Yrigoyen lo envían a la isla Martín García (59). Según este historiador, la crisis económica mundial, en particular por la caída de la Bolsa de Nueva York en octubre de 1929, desencadenan un derrumbe del sistema financiero y comercial en el resto del mundo, exceptuando a la Unión Soviética (57). Así, el 8 de septiembre de 1930 el general José Félix Uriburu asume el mando (60).

[163] Se denomina Guerra de la Triple Alianza (1864-1870) a la coalición formada por la Argentina, el Brasil y el Uruguay en contra del Paraguay. Véase *Historia de América Latina* de Leslie Bethell (135-157).

[164] No sólo la novela de Murano deja entrever el malestar económico y la situación caótica, ya que los crímenes que se tratan son una manifestación del desorden en el que se vive. A manera de ejemplo, en *El hombre que murió dos veces* el narrador incluye datos históricos que realmente estaban aconteciendo en la Argentina. Comenta que su investigación puede ser obstaculizada porque "el paro decretado por la CGT. fue total. Era el décimo tercer paro general que la central de trabajadores decretaba durante el gobierno del doctor Raúl Alfonsín. El ministro de Trabajo, Ideler Tonelli, había anunciado que el paro no sería declarado ilegal. El en ese momento candidato a la presidencia de la Nación, Carlos Saúl Menem, y el doctor Antonio Cafiero, como líder de la conducción nacional del justicialismo, venían proclamando su incondicional adhesión a ese paro que, como queda dicho, tuvo un total acatamiento" (Sdrech: 97).

1981, y bajo el mando de general Jorge Rafael Videla, José Alfredo Martínez de Hoz se desempeña como ministro de Economía. Apoyado por organismos internacionales y bancos extranjeros, implementa un plan basado en el liberalismo económico. Este funcionario pone fin al subsidio de empresas y a la protección del mercado interno. Lo que es más, en diciembre de 1978, inaugura un plan económico denominado "la tablita". En *Dictatorship, Democracy, and Globalization: Argentina and the Cost of Paralysis, 1973-2001*, Klaus Friedrich Veigel señala que el propósito de este modelo económico era eliminar la inflación sin la gravedad de una recesión. Para obtener estos resultados, se tenían que hacer múltiples y pequeñas devaluaciones del peso argentino y reducir las tarifas de las importaciones (64). De forma paralela, en *Authoritarianism and the Crisis of the Argentine Political Economy* (1989), William Smith explica que a este período se lo conoce como el de la "plata dulce". Los capitales empiezan a introducirse en dólares. Muchos compraban pesos y los ponían en tasas de interés mayores a la inflación y superiores que la devaluación, por lo que podían comprar al poco tiempo muchos más dólares. A este tipo de inversión se la llamaba la "bicicleta financiera", lo que creó la sensación de la "plata dulce" (260).

Mientras las crónicas periodísticas de *Clarín* no mencionan las medidas económicas de la dictadura militar, Murano hace referencia a esta situación. Denuncia que a fines de 1978 y comienzos de 1979, el país transitaba por una de las más alocadas situaciones económicas de las que se tenga conocimiento", y que "hombres poderosos, miembros de la clase media y trabajadores arriesgaban su dinero para lograr enormes beneficios" (89). Esta situación produjo toda clase de estafas. El hijo de la asesina cuenta que había algunos que desaparecían con dinero ajeno, lo cual permite ver el crimen de su madre como un síntoma más del desorden reinante. Por consiguiente, sería un tipo de asesino característico del policial negro que pone de manifiesto el malestar social que se vivía en esa época.

Este contexto motiva a Yiya a convencer a sus amigas de que ella puede conseguirles, a través de mejores inversiones, mayores réditos. Bajo este pretexto, consigue sacarles el dinero, y supuestamente, para no tener que devolvérselo, las envenena. Hasta el día de hoy, Yiya niega haberlas matado con cianuro. La nota periodística de *Clarín* del 13 de junio de 1979, al igual que varias otras, pone énfasis en "la sagacidad y empeño puestos de manifiesto por el personal policial de la División de Homicidios", pero no destaca la labor de un detective principal a cargo del caso, quien por medio de pistas logre llegar al fondo de la cuestión (14). Es también muy difícil encontrar pruebas fehacientes que, sin dejar lugar a duda, inculpen a Murano. En "Mujeres en acción" (2007), Raquel Rosemberg presenta una serie de envenenadoras. Sólo se limita a contar los casos. La escritora incluye la historia de Yiya Murano y una cita textual de la presunta asesina, defendiéndose de las acusaciones y diciendo que ella no puso ningún tipo de veneno en la comida que les ofrecía a sus amigas. Se justifica afirmando que "jamás hice tortas caseras. Nunca supe cocinar, ni siquiera una masita y mucho menos una torta. Cuando iba de visita [...], nunca iba con las manos vacías, pero las tortas, las empanadas o las masas las compraba en una confitería" (44). A su vez, en la nota periodística de *Clarín*, del 13 de junio de 1979, el juez Pérez reconoce que "en estos casos [de cianuro alcalino], los expertos dieron cuenta de la enorme dificultad que conlleva determinar la existencia de ácido cianhídrico en vísceras putrefactas, como consecuencia del alto grado de volatización del aludido compuesto" (14).

Si las noticias de los diarios mencionan la dificultad de obtener pruebas contundentes, en *Mi madre, Yiya Murano*, el narrador aduce razones similares por las cuales su madre sale en libertad: "Primero, que Yiya no había confesado;

segundo, que si bien todas las pruebas apuntaban en su contra, no hubo testigos de los crímenes; y, por último, que la querella se basaba en que otra persona no podría haber sido, pero demostraba incapacidad en probar la autoría de la imputada" (Murano: 111). El narrador hace un resumen de la "sentencia absolutoria" para probar cómo su madre estaba al punto de cometer el crimen perfecto, al igual que el personaje de la película favorita de Yiya (111). El 15 de julio de 1982 se declara a Mercedes Bernardina Bolla Aponte de Murano inocente de todo cargo, debido a que la cantidad de cianuro encontrada en las vísceras de Mema del Giorgio Venturini no era suficiente para determinar que ésa había sido la causa de muerte. El juez Ángel Mercado determina que los testigos que declararon en contra de Yiya conocían las circunstancias por rumores o conjeturas (Murano: 111).

Ante tantas dudas, el narrador mismo se convierte en un detective, un investigador que se amolda a las características de la novela negra. En "Novela policiaca", Andrés Amorós estudia las características del género negro e indica que el detective de este tipo de policial es "un hombre oscuro, grisáceo [...] humanizado por sus pequeñas manías" (127). Éste deja de ser un individuo brillante, dotado de un poder de razonamiento fuera de lo común. Como dice Jerry Palmer en *Thrillers* (1979), "es un 'outsider', un individuo distinto al resto en su comportamiento y sentimientos, que no se identifica con las pautas sociales ordinarias de comportamiento, un marginado en cierta manera" (25). Como ya se ha mencionado, al escribir el texto el autor se libera de la estigmatización que sufre por parte de ciertos sectores de la sociedad. También, Murano, al solaparse con el narrador, cuenta la marginalización del personaje, el cual no es otro que Murano. Por ende, Murano es el detective extraoficial de la novela y comparte las características del autor-narrador. Por su carácter transitivo, el detective en *Mi madre, Yiya Murano* es un ser lánguido, melancólico y rechazado. Por tanto, la obra es, a la vez, novela policial y autobiografía. Las dos se nutren de la retrospección, elemento necesario para ambas, y comparten una compleja relación entre el narrador-protagonista-detective de la literatura policial y el autor-narrador- protagonista del género autobiográfico.

Además de estas consideraciones, hay que agregar que el detective de la vertiente negra no es típicamente un representante oficial de la justicia. No es un policía, un juez, un abogado o un médico forense. Según dice Salvador Vázquez de Parga en *Los mitos de la novela criminal* (1986), en el género negro existe la necesidad de que se elimine el investigador público y se lo reemplace por uno extraoficial (239). Asimismo, en *La novela criminal española* (1991), Calatrava señala que en la novela negra, "al no existir misterio lógico puesto que no constituye una expresión del racionalismo, el proceso que lleva al detective hasta el investigador es un proceso de búsqueda dinámica, de actuación en su itinerario por el universo novelesco" (75).[165] Es el hijo de la asesina el que inquiere, el que se topa con situaciones que lo llevan a querer saber lo que en realidad pasó. Antes de que Yiya cometiera esos ase-

---

[165] El valioso texto teórico de Calatrava sobre el policial no contempla la hibridez genérica del policial contemporáneo. Si bien su distinción en cuanto al detective en el policial clásico y al de la vertiente negra es correcta, los detectives pueden ser híbridos y presentar características de ambas ramas. Por ejemplo, en *El petiso orejudo*, el detective es un representante de la ley pero, como el narrador revela la identidad del asesino desde el comienzo y cuenta con lujo de detalles los crímenes del homicida, no hay una búsqueda racional de pistas. Todo es revelado de antemano por el narrador. El representante de la justicia es más bien un accesorio de la narración y no se amolda al detective clásico. En cambio, en *El niño de barro* (2007), de Jorge Algora, una película que recrea la historia del "petiso orejudo", la narración se estructura a la manera de la vertiente clásica. El detective es el que busca al asesino y trata de encontrar similitudes entre los distintos crímenes. Finalmente, por medio de un razonamiento lógico llega a arrestar al muchacho.

sinatos, Murano explica que, al principio, no le resultaba extraño que su madre se encerrara en su habitación para tener conversaciones sobre asuntos de dinero porque los secretos eran una constante en la vida de su madre. Pero con el correr de tiempo, el narrador dice: "Empecé a notar que esta vez la situación la estaba empezando a perturbar" (Murano: 69). Como la veía tan preocupada, "poco a poco empe[zó] a sospechar que algo anormal sucedía o estaría a punto de suceder" (69). Luego, le llamó la atención que ella, siendo siempre tan independiente, le había pedido la ayuda de su padre. Murano cuenta: "Esta vez, por motivos desconocidos para mí, los secretos de Yiya se estaban volviendo peligrosos" (71) y "hacer conjeturas sin ninguna información segura no me serviría de nada" (77).

De esta manera, la obra entera es un viaje al pasado, en busca de indicios que lleven al protagonista a confirmar sus sospechas. Si bien Yiya sale de la cárcel en 1982, por no haber pruebas, es condenada de nuevo, en 1985, a prisión perpetua por el fallo de la Sala Tercera de la Cámara Nacional de Apelaciones en lo Criminal y Correccional de la Capital Federal. Se la culpa de homicidio calificado en tres oportunidades y se la condena por el delito de estafa. Al enterarse del veredicto contempla la posibilidad de fuga (125). Nadie le dice dónde estaba su madre, "ya que si no la fuga no tendría éxito" (130). Murano va a visitar a un amigo de la familia, del cual no quiere revelar su nombre, para preguntarle en qué lugar se había escondido su madre. Al encontrarla, el narrador cuenta que ella por fin le confiesa su delito. De inmediato, Murano dice que un misterio policial que se había mantenido por seis años y que ninguno de los investigadores del caso había podido desentrañar resultaba tan simple como eso: el veneno estaba en los saquitos de té (142).

Si bien Murano no es un representante oficial de la Ley, alerta a la policía y obliga a Yiya a entregarse a la justicia.

Para Calatrava, "la justicia es el oponente del crimen y constituye casi siempre el destinatario o fin de la acción novelesca [...] la novela criminal tiende inconscientemente a revelar las concepciones sociales sobre tal fenómeno, a legitimar la ideología jurídica en cualquiera de sus posibilidades" (77). A diferencia de la novela detectivesca clásica, la cual tiende a defender la ley y exaltar el orden, la novela negra plasma una representación crítica del mundo y denuncia la desaparición de la concepción moral de justicia. En "Dashiel Hammett y la fundación de la novela negra", Leopoldo Azancot sostiene que "la novela negra enarbola la bandera del viejo individualismo sin límites, haciendo suya la nostalgia de un mundo sin ley en el que la justicia no era asunto de las instituciones [...] y denunciando la sustitución de los valores morales por los legales" (51). El narrador declara las razones por las cuales revela el paradero de la asesina y aclara: "No entregarla hubiera significado una complicidad, o por lo menos una cierta condescendencia con Yiya y, por ende, con sus actos [...] aunque hubiera sido la mejor madre de todo el mundo, de igual modo condenaría su crimen" (Murano: 137). Para Murano es una cuestión de principios. Es una forma de contribuir a la rehabilitación parcial de la sociedad degenerada en la que se mueve.

De la novela policial autobiográfica a la serie de televisión: *Mujeres asesinas: Yiya Murano*

Como ya se ha mencionado, los asesinatos que comete Yiya Murano se hacen públicos en 1979. Luego, en 1994, su hijo Martín Murano escribe su autobiografía para dar información que nunca se había publicado sobre la envenenadora, y para denunciar la estigmatización de la que él sólo fue víctima por el hecho de ser el hijo de la envenenadora. En 2005, Marisa Grinstein escribe un cronicuento sobre el caso Murano. A su vez, éste es adaptado por la productora argentina Pol-ka, para la serie de televisión *Mujeres asesinas*.[166] El episodio se titula "Yiya Murano, envenenadora", y sale al aire el martes 11 de abril de 2006. Los periódicos argentinos, al igual que los noticieros, promovieron este episodio desde su filmación en diciembre de 2005, anunciando que la historia de Murano se utilizaría para inaugurar la segunda temporada de la exitosa serie de televisión. La nota periodística de *La Nación*, del 11 de diciembre de 2005, titulada "Mujeres asesinas: dulce veneno", comenta que "de todas las 'Mujeres asesinas', Yiya Murano parece la más lamentablemente célebre. Imposible de olvidar las crónicas policiales de 1979, que terminaron por transformar[la] en la 'envenenadora de Monserrat'" (1). Después de 36 años de haberse cometidos esos asesinatos, los medios masivos de comunicación siguen recreando su historia. A continuación, analizo la producción fílmica en la pantalla chica, haciendo hincapié en el propósito de crítica social implícito en la recreación de los hechos.

Mientras que en la autobiografía, el autor, por medio del pacto autobiográfico, se convierte en narrador-autor y remite a una persona específica, en la serie de televisión las imágenes narran la historia. En *La retórica de la ficción*, Wayne Booth ahonda sobre las diferencias que existen entre el narrador y el autor, y acuña el término de "autor implícito". Para él, el autor real "no crea simplemente un 'hombre en general', sino una versión implícita de 'sí mismo' [...] La imagen que el lector recibe de su presencia es uno de los efectos más importantes del autor. Por muy

---

[166] Véase la definición de cronicuento del capítulo II bajo el apartado "Emilia Basil, cocinera": cronicuento policial y violencia doméstica". No me detengo a analizar el cronicuento sobre el caso Murano, ya que presenta las mismas características que tienen los textos incluidos en el capítulo anterior.

impersonal que intente ser, su lector va a construir inevitablemente una imagen del escriba oficial" (70). Seymour Chatman retoma el término de "autor implícito" de Booth. En *Historia y discurso: la estructura narrativa en la novela y en el cine* (1990), señala que en el cine el narrador en sí no cuenta nada. No tiene voz. Es a través de un conjunto de mecanismos (imágenes y palabras), que se ordena el discurso. Asimismo, en *Film Language* (1974), Christian Metz agrega que la narración puede haber sido compuesta por un grupo de personas como en el caso de las películas de Hollywood, lo cual descarta la posibilidad de referirse a un narrador único, individualizado (20).

Más aun, en *Lógica del cine, creación y espectáculo*, Albert Laffay expone que el espectador percibe imágenes que ya han sido previamente seleccionadas y manipuladas. Podrían haber sido otras imágenes unidas de manera diferente. La audiencia se está desplazando por un álbum de fotos y el que da vuelta a las páginas es el *"grand imagier"*. Este maestro de ceremonias, más que el autor de la cinta, es el film en sí mismo como objeto lingüístico, es el *"foyer linguistic virtuel"* (21). Es decir que, a diferencia de la autobiografía, donde existe un narrador-autor explícito, en la serie de televisión hay un narrador implícito conformado por un conjunto de imágenes y diálogos preestablecidos que reemplazan la voz típica del narrador. Esto es lo que ocurre en "Yiya Murano, envenenadora". No hay un narrador específico que cuenta la historia; una sucesión de imágenes y conversaciones le proveen al espectador la sensación de que "alguien" le está relatando las particularidades de los homicidios que perpetra la asesina.

El narrador implícito narra desde un determinado punto de vista. Chatman hace una clasificación del lugar físico o la ideología desde la cual se presentan los sucesos narrativos: "Literal, figurativo o transferido", los cuales se explican y ejemplifican a continuación (163). En el caso concreto de "Yiya

Murano, envenenadora", la visión de la cámara es en tercera persona pero expresada por un narrador no representado, es decir, sin voz propia. A su vez, utiliza un punto de vista literal, "a través de los ojos (percepción) de alguien" (163). Por ejemplo, al comienzo del episodio, la cámara comienza con una toma panorámica del exterior del edificio en el que vive la asesina. Con lentitud se va acercando a ella, hasta detenerse en un plano medio, es decir, mostrando hasta la cintura de la protagonista. Es la visión de la cámara misma la que nos va acercando de manera paulatina al lugar donde se va a desarrollar la acción. Así, se muestra el exterior de un departamento elegante, de clase alta que va en tono con la vestimenta que luce Yiya, mirando pensativa desde el balcón. En la nota periodística de *Clarín* del 24 de mayo de 1979, el cronista incorpora una foto de la vivienda de una de las víctimas, pero el efecto no es el mismo de una cámara en movimiento que le da vida a un entorno físico, resaltando su lujo y fusionando la ostentación del personaje con su manera de desenvolverse en ese determinado espacio (13).

En el caso de la autobiografía de Murano, el narrador tiene voz propia, y a través de la palabra escrita, da una descripción detallada de la casa de la asesina, su punto de vista. Para él, el departamento de sus padres tiene "tres ambientes amplios, un living en forma de L con un gran ventanal sobre la avenida, cocina comedor, sala de estar y dependencias con entrada de servicio" (44). Como lo expresa Pere Gimferrer en *Cine y literatura* (1985), al cuestionarse si se puede hablar de adaptación o si en realidad la versión fílmica no sería una nueva creación, si bien ambos medios utilizan recursos homólogos, el material del que se valen es diferente (50).[167]

---

[167] Para Gimferrer, la "sustancia de una novela [...] es su carácter de organización verbal de la realidad en secuencias narrativas. Exactamente del mismo modo que la novela organiza la realidad verbal, el cine organiza

Para lograr una narración cinematográfica, además de un punto de vista literal, se incorpora un nivel figurativo, "a través de la visión del mundo de alguien" (Chatman: 163). Tómese la escena en que la asesina recibe la llamada telefónica de su amiga Nilda, quien ya le había pedido que le devolviera el dinero que había invertido esa misma tarde. Yiya ya le había puesto cianuro al té y Nilda la llama para que vaya a su casa porque estaba descompuesta. En esta escena, al irse el médico con la idea de que la enferma tan sólo tiene una intoxicación proveniente del pescado que había comido, Yiya le sigue dando té con veneno. Pareciera que su amiga finalmente se da cuenta de que ella la ha envenenado, larga unos gemidos y extiende el brazo para tocarla. La cámara toma un primer plano de la cara de la homicida. Sus gestos de malicia, su cara burlona, llena de satisfacción, presentan la visión de Yiya, su propio punto de vista. Lo que es más, antes de llamar a la ambulancia, se sienta en una mecedora, enciende un cigarrillo. La escena concluye con un encuadre que abarca, lejos de la cámara, a Nilda inconsciente o ya fallecida, y junto a la cámara, a Yiya meciéndose de alegría y dejando salir, de manera sensual, pequeñas dosis de humo y mirando de vez en cuando a la indefensa víctima.

En la serie de televisión, este asesinato, al igual que los otros dos, se muestra desde la perspectiva de la asesina. En cambio, en *Mi madre, Yiya Murano* se recrean por medio de la visión del hijo de la envenenadora, que proviene de información recogida, no de haber presenciado los hechos como ocurre con la protagonista en el episodio de *Mujeres asesinas*. El narrador cuenta que Nilda había llamado a

---

la realidad visual. Lo cual no significa que una novela sea sólo palabras [...] ni tampoco que una simple sucesión de imágenes constituya una narración cinematográfica. Con sólo imágenes se hace una película pero no un relato fílmico; con sólo palabras se escribe un texto pero no una novela" (51).

Yiya, menciona la visita del doctor y la atención que le da su madre a la víctima. Además, cuenta que la homicida, al verla empeorar, llama a la ambulancia, que al llegar no puede mantenerla con vida (Murano: 94). El narrador no es testigo de los sucesos y hace sus acusaciones, utilizando la información de los peritos y sacando sus propias conclusiones. Este punto de vista es de carácter "transferido", se realiza "desde la posición de interés de alguien" (Chatman: 163). En la autobiografía, el narrador tiene afán de demostrar que la madre es culpable, y en especial, de justificar sus propias acciones: el hacho de haberle revelado a la policía el paradero de Yiya cuando ella se había fugado.

En el texto de Martín Murano, los homicidios se describen uno a continuación de otro desde la perspectiva del narrador, que como no tiene el privilegio de ser testigo de los hechos, no los recrea con detalle. De forma muy similar a las crónicas periodísticas de *Clarín*, tan sólo cuenta lo que dicen los vecinos, los médicos y los informes policiales. De vez en cuando les da voz a través del diálogo. En cambio, en "Yiya Murano, envenenadora", al recrearse paso a paso cada crimen desde la óptica de la asesina, su imagen se acentúa. Se realza el tema de homicidio en serie y éste se convierte en una atracción para el espectador, y como veremos, en una crítica a la sociedad de consumo.

En "Monsters Inc.: Serial Killers and Consumer Culture" (2007), Brian Jarvis establece relaciones que vinculan la cultura contemporánea del consumidor y la violencia que define al asesinato en serie en la industria cinematográfica. Para este crítico, ambas se disfrazan con cierta apariencia de normalidad. Hay una convergencia entre la "ultra-violencia y el consumo compulsivo" (352). Asimismo, en *The Consumer Society: Myths and Structures* (1998), Jean Baudrillard estudia las características de la sociedad de consumo y señala que "*the private individual who no longer respects that kind of moral law internal to the object which its use-value is taken to be the object's time-span (the individual who throws his goods away or changes them to comply with the whims of prestige or fashion, etc.)"* (43). Según su óptica, el despilfarro es pura demencia disfuncional y lleva al individuo a prácticas irracionales (43).

Yiya Murano es el epítome de esta unión. Ella quiere vivir bien, su hijo lo cuenta en la autobiografía: "Mi madre hacía ostentación de solidez económica... se basaba por lo general en la manera en que gastaba el dinero. Yiya estaba acostumbrada a manejarse con una buena cantidad de efectivo en la cartera, montos que utilizaba despreocupadamente para comprar cualquier cosa de manera inesperada" (49). Si bien el narrador pone énfasis en el consumo impulsivo de la envenenadora, la superposición de los asesinatos con el lujo es mucho más obvia en la serie de televisión. En "Lenguaje literario y lenguaje cinematográfico", Pere Gimferrer puntualiza la existencia de secuencias pensadas como metáforas visuales (15). El episodio sobre el caso Murano hace hincapié en el lujo y en los múltiples envenenamientos. Yiya los lleva a cabo vestida con trajes suntuosos, llena de joyas, escondiendo el veneno en juegos de té de porcelana y dándoles a sus víctimas masas vistosísimas que contienen veneno y provienen de las confiterías más exclusivas de Buenos Aires. El deseo impetuoso de poseer más y la necesidad compulsiva de asesinar a Nilda, se acentúan cuando ésta le va a pedir el dinero que le debe. Yiya le dice: "Está bien, te lo voy a devolver, ahora, cuando te veas con todos esos billetes en la mano, ahí te quiero ver la carita [...] ¿qué te pasa que hoy no hablás más que de dinero? [...] te voy a preparar un tecito a ver si se te pasa." Murano no había premeditado el homicidio, pero ante la insistencia de su amiga por recuperar su plata, parece no quedarle otra alternativa que ir a la cocina en busca del cianuro.

El perverso carisma de los asesinos en serie es similar a las motivaciones y los deseos del consumidor por los objetos materiales. Mientras que aquellos que derrochan el dinero tratan los bienes que adquieren con gracia y elegancia, de manera homóloga los homicidas tratan a sus víctimas. El crítico añade que *"the tendency, central to consumerism, [is to] treat people as objects and objects as people"* (Jarvis: 353). La protagonista de la serie de televisión es ambas cosas, asesina y consumidora impulsiva. Trata a las personas como objetos y a las cosas materiales "como si fueran personas." En la conversación que tiene Yiya con su marido se refleja esta concomitancia entre el consumo compulsivo y el asesinato, la personalidad carismática y el deseo por lo material. Después de recibir la visita de la policía por ser la principal sospechosa, la homicida le dice a su marido que ella les había devuelto el dinero a sus amigas. Él expresa sus dudas, ella le contesta de forma inocente y con un tono de dulzura en su voz: "Antonio, ¿vos me conocés bien a mí? Sabés que tengo defectos, que me gusta vivir muy bien, me gustan las cosas caras, pero también sabés que sería incapaz de hacerlo a costa del dinero de otro." Aquí ella admite su fascinación con lo material y se vale de su carisma para convencer no sólo a su marido, sino también a sus otras víctimas, una y otra vez.

En la versión televisiva del caso Murano, la crítica social implícita al consumo excesivo y la codicia, a través de la exaltada correlación con el asesino en serie, también puede verse desde la admiración del cadáver como fetiche. En "Discover a New You: Killers, Consumers and the Dream of 'Becoming'", Brian Jarvis señala que un rasgo psicológico saliente en el asesino en serie es el fetichismo que proviene de la necesidad de obtener objetos personales de sus víctimas, y así continuar la dominación del cuerpo muerto (355). Cuando Yiya va al funeral de su primera víctima, se dirige a la habitación de Carmen en busca de los pagarés que le había firmado. Después de encontrarlos, se sienta en su cama y pone el portarretrato de su víctima en la cartera.

En *The Arcades Project* (1999), Walter Benjamin estudia la función del maniquí en las galerías parisinas. Según él, *"the fashion mannequin is a token from the realm of the dead [...] the model for imitation. Just as the much-admired mannequin has detachable parts, so fashion encourages the fetishist fragmentation of the living body"* (780). Lo que es más, en *Serial Killers: Death and Life in America's Wounded Culture* (1998), Mark Seltzer puntualiza que *"the question of serial killing cannot be separated from the general forms of seriality, collection and counting conspicuous in consumer society [...] and the forms of fetishism –the collecting of things and representations, persons and person-things like bodies– that traverse it"* (64). Esta correlación entre el maniquí, el cuerpo muerto y el desmembramiento del organismo se presenta en dos niveles en el caso de Yiya Murano. Por un lado, es señal de la fantasía cultural del consumidor, en este caso femenino, por obtener piernas dotadas de hermosura, cabellos perfectos, dientes admirables, etc. (Jarvis: 357) y se aplica a la propia Yiya. Por otro lado, se refiere al cuerpo de la víctima.

En la autobiografía, Martín Murano apunta que su madre tenía una admiración especial, y a su vez, un cierto recelo hacia las *vedettes* famosas, e iba constantemente al teatro de revista porque le fascinaban. El narrador cuenta que "los sábados por la noche [sus] padres salían juntos [...] al teatro de revistas con la misma regularidad con la cual asistirían a misa en la mañana siguiente. Se veía que sentía envidia por las *vedettes*, a las que siempre encontraba defectos e imperfecciones" (Murano: 37). En la serie de televisión, esta obsesión está implícita durante todo el episodio. Yiya hace resaltar la perfección de cada parte de su cuerpo. Viste trajes de diseñadores, luce zapatos despampanantes. Pareciera que cada vez que ella aparece frente al espectador hubiera regresado de la peluquería, se hubiera hecho una manicura, haciendo resaltar cada parte de su cuerpo.

A su vez, en "Yiya Murano, envenenadora", la cámara se detiene en los cuerpos de las víctimas. Después de entrar en el departamento de Checha para comprobar que el veneno que le había suministrado había logrado su propósito, la cámara se detiene en el cuerpo muerto. El cadáver es un maniquí. La occisa tiene los brazos y las piernas desalineadas, endebles y duros rasgos en la cara como si fuera una muñeca. Asimismo, luce un collar de perlas, un vestido de alta costura y un cabello recogido e impecable, proponiéndole al espectador la negación de la carne y la exaltación de la moda. Como dice Karl Marx en *El Capital*, la circulación del dinero es una constante y monótona repetición del mismo proceso (210). La serie de televisión vuelve a representar los mismos valores con cada una de las víctimas, acentuando la relación entre consumo y asesinato en serie por medio de imágenes metafóricas que de manera constante denotan esta dualidad presente en "Yiya Murano, envenenadora."

Al final de la representación del último asesinato, se produce un "fundido encadenado", por medio del cual, la última imagen del plano se va disolviendo mientras se sobreimprime con lentitud la primera imagen del plano siguiente. Este efecto revela la presencia de Yiya Murano. Este recurso cinematográfico pareciera suavizar la línea divisoria entre realidad y ficción. La evaporación de la Yiya interpretada por la actriz Nacha Guevara se desvanece para dar lugar a la genuina homicida. Es ahora ella la que toma la palabra para contar su historia. Los periódicos anuncian la presencia real de la envenenadora en el episodio, meses antes de que se exhibiera por televisión. Así lo explica la nota periodística de *La Nación* del 11 de diciembre de 2005, bajo el título de "Mujeres asesinas: dulce veneno", donde se explica la razón por la cual la producción de la serie se demoró en ponerla al aire. Resulta que los productores se contactaron con Yiya para que al final del capítulo ella tuviera la oportunidad de dar su versión y "tener la última palabra en este horrible asunto" (1). El jueves 13 de abril de 2006, dos días después de haberse emitido el capítulo, la *Nación* publica "Yiya Murano por partida doble". El periodista resalta la presencia de la envenenadora y comenta que la serie "contó en el cierre con la especial aparición de la auténtica Yiya Murano, que leyó en primer plano ante una cámara fija que se mantuvo inmóvil ante ella todo el tiempo un texto en el que se distancia de las acusaciones en su contra, provocadas –según dijo valiéndose de una interpretación histórica– por el hecho de que en la Argentina la ley y la justicia todavía transitan por caminos separados" (2).

Si se tienen en cuenta las observaciones que hace Gayatri Chakravorty Spivak en "Can the Subaltern Speak?", pareciera que la asesina no tiene la posibilidad de emitir sus pensamientos, de expresar su voz y de ser escuchada correctamente.[168] Spivak sostiene que "*the subaltern cannot speak*" significa que "*even when the subaltern makes an effort to the death to speak, she is not able to be heard, and speaking and hearing complete the speech act*" (2206). Para este crítico, la comunicación es una transacción entre el emisor y el receptor, pero con las técnicas de representaciones hegemónicas esa posibilidad queda descartada. Más allá de tener que amoldarse al tiempo que le asigna

---

[168] El término "*subaltern*" fue acuñado por el marxista italiano Antonio Gramsci. En *The Question of Representation of the Subaltern*, Constanze Lemmerich señala que para Gramsci, "*the Marx's category of the proletariat was not sufficient enough to describe the circumstances of the rural masses, he deduced the word subaltern from military speech-meaning in this context 'of inferior rank' to describe the rural peasantry in Southern Italy*" (13).

la producción, con un monólogo de cinco minutos, Yiya es finalmente capaz de dar su propio testimonio de los hechos. Después de haber visto su historia mutar desde el sensacionalismo del periodismo, de haber leído la novela que escribe su hijo, acusándola de los asesinatos, logra hacer un trato con Pol-Ka para reafirmar, una vez más, su inocencia.

La producción se basa en la investigación periodística de Marisa Grinstein para recrear el caso Murano y en la versión del libreto que autoriza la policía. En una entrevista que le hace el diario *Perfil* a la envenenadora, bajo el título "El regreso de la envenenadora: Yiya Murano estuvo 7 meses internada, volvió a caminar y planea una película", el periodista le pregunta cómo tomó ella la representación de su caso en el programa *Mujeres asesinas*.[169] Le contesta que habló con Nacha Guevara, la actriz que interpretaría su papel y le dijo que "la tenía que perdonar pero ella tenía que decir el libreto que la Policía autorizó" (Sánchez: 2). Yiya agrega que cuando lo vio le causó mucha risa por la cantidad de mentiras que incluía. Pero la asesina contrata a un abogado para que negocie con la producción del ciclo. Las negociaciones estuvieron estancadas durante mucho tiempo y los diarios comentan que ella no recibió dinero alguno por aparecer en el programa (2).

El cierre del episodio demuestra que Yiya no tiene fe en la Justicia. Dice que las leyes cambian todo el tiempo y que en su caso hubo errores garrafales. Explica la diferencia que ella ve entre ley y justicia. Para Yiya Murano, "la ley sufre modificaciones para acercarse a la justicia [...] la ley cambia, la justicia es permanente. Agrega que fue condenada por

---

[169] El título de la entrevista hace alusión a la oferta que le hace una productora peruana para hacer una versión cinematográfica de la historia. Yiya comenta que seguro que va a aceptar y que este film sería "todo como yo lo quiero. Me gustaría hablar al final y decir algunas palabras" (Sánchez: 2).

tres envenenamientos, pero en las pruebas científicas, en dos de los cuerpos no existían pruebas contundentes de muerte por cianuro. Claro que esto no lo mencionan las notas policiales, ni su hijo en la autobiografía, ni la serie de televisión. Tampoco se incluye lo que Yiya dice sobre el tercer caso de envenenamiento. En cuanto a la muerte de su prima, los peritos encontraron una cantidad elevada de cianuro en las vísceras de la víctima. Ella cuenta que el médico le dio respiración boca a boca cuando estaba a punto de morirse en la puerta de su casa. Si hubiera ingerido cianuro, el doctor también hubiera tenido síntomas de envenenamiento. Lo que es más, se pregunta cómo pasó el veneno por su cuerpo cuando su cuerpo no presentaba ulceraciones, llagas u otro tipo de lesiones que son comunes en cuerpos que consumen este tipo de toxina.

Conclusión

Una vez más, las notas periodísticas reportan los crímenes cometidos por Yiya de una manera sensacionalista. Se utilizan recursos dramáticos, suposiciones, exageraciones y ampliaciones, y se contraponen los valores morales de las víctimas y de la asesina. Se hace hincapié en el veneno como objeto exótico, sin derramamiento de sangre y casi invisible. Los diarios incorporan fotografías de la envenenadora, lo cual disemina su imagen y contribuye a la formación de una memoria colectiva.[170] Los cronistas se

---

[170] En "Yiya Murano por partida doble", una nota sobre el episodio televisivo de *La Nación* del 13 de abril de 2006, el cronista reconoce que el caso es parte de la memoria colectiva de la sociedad argentina: "Aunque la particular instalación de la historia de Yiya Murano en nuestra memoria colectiva pueda justificar en los términos estratégicos manejados por Canal 13 tanta dilación para ponerlo en el aire y presentar con él este segundo año" (2).

valen de técnicas precisas para captar el interés del lector. Se utiliza una matriz que relaciona en un nivel sensible a los lectores con los protagonistas, objetos y sucesos dentro del ámbito social. Se asocia a la asesina con Lucrecia Borgia, expandiéndose así el imaginario y la intriga de la astuta asesina. Se recarga el sentido por medio de la representación del vestuario, ya que la homicida rompe con el estereotipo de que todo asesino es de tez oscura o proveniente de una baja clase socioeconómica. Además, el cronista incorpora elementos expresivos del criminal: su forma de caminar y sus ademanes corporales, elevando el efecto dramático. A través de apodos, expresiones coloquiales y un trato informal con los involucrados en el caso, el periodista logra ubicar al lector en la intimidad de Yiya y se sumerge en la historia como si fuera un integrante más de la misma.

Mientras que la prensa disemina la historia, el hijo de Murano es estigmatizado como el hijo de la asesina. En 1994, publica su autobiografía, que tiene el propósito de criticar a la sociedad por haberlo marginado. Asimismo, revela información sobre el crimen que no se conocía antes. Esta amplificación palimpséstica enriquece la historia y la curiosidad de los lectores que han seguido el caso a través de los años. El escritor asevera decir la verdad y pretende corregir los errores de las crónicas. Desde el punto de vista literario, sin embargo, el lenguaje es incapaz de ser un reflejo de la realidad. A su vez, la memoria es selectiva, almacena recuerdos falsos o adaptativos como mecanismo de defensa ante un posible trauma. Pero el propósito de la autobiografía y del testimonio va más allá de la verdad: busca transmitir la intimidad y la subjetividad del testigo, de permitirle a la víctima un desahogo por medio de la palabra escrita para contar su horror y sufrimiento. A medida que avanza el texto se levanta el estigma y la melancolía del narrador. Logra recuperar su autoestima y el proceso de la escritura termina en una experiencia catártica, que le permite purgarse de las emociones acumuladas y solidarizarse consigo mismo y con otros personajes. Lo que es más, no sólo critica a aquellos que lo estigmatizaron, sino que además muestra un desprecio por la represión del gobierno militar en el cual creció.

Formalmente, el texto de Murano es una novela policial que gira en torno al crimen, y en la cual el autobiógrafo se erige en detective y en el administrador de la justicia entregando a su propia madre. Se complementa con la autobiografía en tanto que ambas son narraciones retrospectivas que siempre se remontan al pasado. Las características del crimen, de la asesina y del detective son particulares del género negro. En el relato autobiográfico de Murano, el arma es propia de una homicida astuta y codiciosa que, según los expertos de la psicología criminal, es una embaucadora que disfruta engañando a la gente. Varios estudios señalan que este tipo de personas puede haber sufrido abusos familiares. Una vez más, la violencia en el hogar juega un papel predominante en la formación de criminales, ya que se revela que Yiya fue abusada por su padre y por su abuelo. Quizás, y si es realmente culpable, estas secuelas expliquen el porqué de sus actos. El narrador presenta estos datos inéditos que son ignorados por la prensa y por la televisión. Como dice Martín Murano, más que avaricia, el dinero es un medio para manipular a la gente. Además, Yiya se fascina con historias de crímenes perfectos, el engaño hacia otros individuos y hacia las fuerzas de la ley. Como toda novela negra, no esconde la identidad de la asesina, pero como obra palimpséstica, ella es un síntoma más del caos social. Yiya vive en una época en la cual muchos fueron estafados. Los planes económicos de la dictadura militar propiciaban un ambiente para el engaño y la especulación.

A su vez, el detective se adapta de modo considerable al policial negro. Murano es oscuro, humanizado, un ser marginal y no es parte de las instituciones legales. El hijo de la asesina revela públicamente la confesión de Yiya, se erige en una figura justiciera en contra de su propia madre, y sus principios morales terminan siendo dudosos mediante esta especie de venganza. Se topa con pistas y no utiliza un método científico para dilucidar los crímenes. El tema de la fuga se trata de una manera casual y no hay pistas a seguir para dar con el paradero de la asesina. El detective sólo le pregunta a un conocido para descubrir dónde se esconde su madre. Ni se exalta ni se defiende la ley, y se arguye que son sus principios morales los que lo llevan a entregarla a las autoridades.

Esta historia tan popular se sigue recreando y se sobreponen los textos, datos, personajes, situaciones. Lleva al lector o a la audiencia a componer una nueva historia palimpséstica de los hechos en sus mentes. La serie de televisión tiene un narrador implícito que cambia el punto de vista y es un contraste con la primera persona de la autobiografía. La historia se cuenta desde la tercera persona, desde la óptica de la cámara misma o, a veces, desde la mirada de la asesina, lo cual rompe con la monotonía de un relato autobiográfico. En contraste, Martín Murano no es testigo de los envenenamientos y no puede proveer esa información, y al igual que los diarios, se basa en el chisme, en suposiciones y en documentos legales. El narrador implícito del film recrea los crímenes y se centra en el asesinato en serie. Las imágenes resaltan la repetición del consumo impulsivo, la exaltación de la moda y el fetiche por lo material. A su vez, se complementa con la obsesión de la asesina por los objetos de las víctimas, el asesinato impetuoso y el perverso carisma hacia sus víctimas. Además de ser una crítica de la fantasía cultural del consumidor, esta recreación le permite a la verdadera Yiya Murano dar a conocer datos que no habían sido puntualizados para justificar su inocencia. Si bien su monólogo se tuvo que amoldar a las constricciones de tiempo, la cámara, al mantenerse inmóvil, se mantuvo neutral, dándole la oportunidad de contar su propia historia.

En las recreaciones literarias y fílmicas, la asesina es presentada como un malestar más perteneciente a una sociedad caótica. Por un lado, la autobiografía de Murano denuncia la represión de la dictadura militar, el desorden económico, la marginalización social y la violencia doméstica. Por otro lado, la serie de televisión hace hincapié en la avaricia de Yiya y sus amigas, que intentan sacar provecho en un ambiente económico incierto y en el consumo desmedido. Ambas recreaciones critican el consumismo –Martín Murano condena el despilfarro de su madre y el episodio televisivo se centra en el consumo a través de las imágenes de lujo y las conversaciones especulativas de la envenenadora con sus víctimas– pero paradójicamente, el programa de televisión y la novela policial son, a su vez, géneros de consumo. Pareciera que la sociedad contemporánea, por más que quiera rechazar y escapar a los efectos nocivos del consumo, no logra conseguirlo, ya que éste se halla incrustado en su seno, y al mismo tiempo, se convierte en la manera más rápida y eficaz de diseminar cualquier tipo de mensaje.

Conclusiones finales

La modalidad literaria del policial palimpséstico aflora a partir de 1994, en especial cuando la editorial Planeta, durante ese año, publica una decena de novelas inspiradas en crímenes reales. Son obras que parten de las noticias policiales de la época en la cual ocurren los asesinatos. Los hechos se reconstruyen para ser plasmados en forma de cuento, cronicuento, autobiografía y serie de televisión. Las transformaciones surgen en graves momentos de crisis. A mediados de la década de 1990, la corrupción del gobierno menemista y el fracaso de las medidas de ajuste estructural que se ponen en práctica para encauzar al país dentro de una economía global producen un incremento de inseguridad laboral y de la deuda externa. La riqueza se concentra en un sector cada vez más reducido de la población. Los índices de la criminalidad aumentan debido a la miseria, al desempleo y a la exclusión social. De modo significativo, en 2001, surge la primera antología de cuentos policiales inspirados en hechos reales. Una vez más, ante la devaluación de la moneda argentina y el congelamiento de las cuentas bancarias del devastador "corralito", el policial palimpséstico emerge a modo de crítica social. Los escritores del género reescriben crímenes auténticos para transformarlos en ficción, la cual se impone como "verdadera" dentro de la estructura lógica del texto, pero al mismo tiempo, se refiere de manera inmediata al hombre, a la sociedad argentina y a la cultura de su tiempo.

El policial inspirado en hechos reales se caracteriza por reestructurar la historia de los sucesos e incorporar alteraciones para ser insertadas dentro de los parámetros del policial clásico y/o de la novela negra. Esto permite un replanteamiento del género policial argentino y de la crisis social que gira alrededor del crimen como eje social. El trabajo de investigación precedente explora la manera en que se producen esos cambios. Se parte del reporte que hacen los periódicos sobre un crimen real para indagar la transformación que ocurre al crearse un nuevo texto, que si bien mantiene una relación con la versión anterior, debe seguir un estilo y una reestructuración específica. No sólo debe amoldarse a las pautas del policial, sino también a los parámetros que requieren el periodismo, el cuento, la novela, la autobiografía y la cinematografía, integrando distintas formas de hibridez genérica.

Las notas periodísticas sobre los crímenes siguen las pautas de la crónica sensacionalista. El periodista busca cautivar la atención del lector y suscitarle un cierto interés por la noticia. Utiliza palabras que describen emociones y recalcan el horror de los sucesos. Se emplean vocablos como "horrible", "terrible", "tragedia" y "drama" para estremecer al receptor. La sección de policiales de los diarios tiende a remplazar el temor por la estética del horror para recalcar lo impresionante de la historia. Le da preponderancia al hecho sangriento en los títulos principales y lo refuerza en la secuencia de apertura. La crónica roja se construye por medio de expresiones imprecisas como "parece", "puede ser" y "se dice", las cuales obstaculizan la investigación y proveen al lector de datos que no son completamente certeros. Todas las noticias sobre estos asesinatos se estructuran por medio del chisme y de la indiscreción de allegados, vecinos o testigos ocasionales. En el caso específico de las enigmáticas muertes de las dos primas encontradas en la bañera, por ejemplo, el relato de los hechos se teje por medio de hipótesis que tratan de desentrañar el misterio. A veces, el mismo reportero actúa como si fuera un detective, reconstruyendo el homicidio por medio de suposiciones y de conclusiones hipotéticas. El cronista se vale del detalle de las escenas atroces y de descripciones repugnantes para fomentar el espectáculo del crimen. En todos los casos estudiados, las notas mencionan los organismos legales y resaltan la cantidad de trabajadores que posee este sistema, conformando la "gran industria del crimen" dentro de una sociedad capitalista pero también destacan la ineficacia de la justicia y de las fuerzas del orden.

Por lo general, el periodista presenta una visión conmensurativa de la víctima y al victimario lo exterioriza como un símbolo del mal. La representación de objetos, vestuario, el decorado del lugar del crimen, las posiciones de los cuerpos y la descripción de las armas letales realzan el efecto dramático de la crónica roja. Las imágenes de los inculpados se incorporan junto al texto para registrar al criminal e ilustran la separación entre aquellos que se encuentran dentro o fuera de la ley. Además de estos signos icónicos, se emplean códigos quinésicos que describen la manera de caminar, los ademanes corporales y los movimientos del asesino en relación directa con el crimen. Las cinéticas léxicas –es decir, los apodos, los refranes y las formas inconsecuentes de tratar al homicida– son empleadas por los cronistas para familiarizar al lector con el criminal, acercarlo a su intimidad y así enfatizar aun más la cercanía dramática de los hechos.

El relato del cronista perpetúa, a su vez, los estereotipos. Por ejemplo, una nota sobre el homicidio de Livingston presenta a un "turco" como inmigrante maleante y sospechoso. A su vez, otra reporta que los posibles asesinos son inmigrantes italianos involucrados en asuntos de la mafia. Igualmente, se estigmatiza al joven criminal. En especial, se margina al de clase baja, al que actúa en colaboración con una banda, la cual es presentada como un foco infeccioso de delincuencia juvenil. Lo que es más, la prensa revela los nombres de los criminales menores de edad sin respetar la privacidad del menor que requiere la ley. En el caso particular de la mujer, ésta es subrepresentada en las notas periodísticas y las palabras del cronista reafirman que una "dama" debe ser afectiva, frágil, dulce, monógama y sumisa, entre otros calificativos específicos promovidos y delineados por una sociedad patriarcal. La asesina es indeseable y se la ridiculiza si quebranta estas expectativas, tal como lo ejemplifica el caso de Emilia Basil. La prensa publica una imagen de la descuartizadora que resalta sus rasgos masculinos y condena la idea de que tuviera dos amantes. Asimismo, el hecho de haberse revelado ante los abusos de su amante va en contra del punto de vista que tiene la sociedad, ya que ésta espera la docilidad y la pasividad del género femenino.

La mujer es noticia cuando se convierte en víctima u homicida debido a casos de violencia doméstica pero el cronista no reporta el asesinato con seriedad, fragmenta la información, incorpora datos imprecisos, no le da voz al criminal, diluye la gravedad del abuso y se centra en los sucesos sangrientos de la historia. Los periódicos también perpetúan la idea de que la mujer debe ser heterosexual. El lesbianismo es visto como una anormalidad. Los medios de comunicación bajo análisis recalcan la agresividad de las mujeres lesbianas. Lo que es más, los periódicos tratan de asignarles roles sexuales a las parejas del mismo sexo, ya que "enturbian" las ideas de género que predominan en el seno social. Así, se evidencia una doble marginalidad del individuo por ser mujer homosexual o bisexual, como en el caso de la pareja de Marta Odera.

La prioridad de la noticia y su alcance de publicación depende de la fama o posición social del asesino. Casos como el de la monja que apuñala a su amante o del asesinato del contador del Banco Central se incluyen con más facilidad en las páginas de los diarios, ya que despiertan la curiosidad y el morbo de la población. Los temas que combinan el sexo y el crimen son más apetecibles por los mismos cronistas y sus ávidos lectores. Por ejemplo, temas como el de Yiya Murano con sus supuestos cómplices y amantes son apetecibles para la prensa. También lo es el caso del señor Livingston con sus múltiples concubinas y prostitutas, que llevan a su esposa a confabular su venganza de muerte. Asimismo, si la transgresión se relaciona con un tema de actualidad, esto eleva el valor de la noticia. Tómese el tema de la homosexualidad durante la publicación de asesinato de Odera. La popularidad del homicidio coincide con los debates para legalizar el matrimonio gay en la Argentina.

Los escritores de literatura policial y los directores de televisión recrean las historias de los periódicos y la transforman en ficción. Estas variaciones genéricas presentan diversas características de hibridez genérica. Tal es el caso de Marisa Grinstein y sus cronicuentos. La autora se vale de los recursos de la crónica y el cuento para narrar los crímenes. La escritura presenta la claridad y simplicidad típica de la crónica periodística informativa, en la cual el periodista incorpora datos sin dar una opinión explícita y después de haber realizado una investigación previa y rigurosa. No exhibe adornos ficcionales, sino que incorpora una economía descriptiva. Al igual que la crónica, emplea párrafos breves y siempre los comienza con una frase persuasiva. Asimismo, se aparta de la estructura de la pirámide invertida y, a veces, como en el caso de "Emilia Basil, cocinera", presenta la historia de una manera progresiva, lo cual rompe con la tendencia a la retrospección en la narración policial. También, los cronicuentos de Grinstein incorporan las particularidades del cuento. Se evidencia una búsqueda por la unidad de impresión y cada palabra contribuye al efecto final propuesto desde el comienzo del texto. A su vez, presenta las características del cuento policial. La narración gira alrededor de una asesina y el delito que comente, presentando a un delincuente ocasional y acentuando la psicología criminal del mismo.

Los recursos literarios que emplea Grinstein son variados, lo cual resalta la originalidad de la autora y su capacidad literaria. En la reescritura del caso Basil, se incorpora un narrador extradiegético y omnisciente. En cambio, "Marta Odera, monja" presenta tres narradores diferentes que subvierten el orden temporal. Uno de ellos es extradiegético y omnímodo, ya que puede proveer datos que los narradores intradiegéticos no pueden aportar. Los otros dos narran los hechos en los que estuvieron presentes y dan su impresión sobre la víctima y la asesina. Esto le da al lector la posibilidad de contrastar las dos versiones y sacar sus propias conclusiones como si fuera un detective.

Los narradores de los cronicuentos muestran interés por desentrañar la conciencia del delincuente y revelar lo que sucede en su profunda intimidad. Se detienen en el estado de ánimo, los pensamientos, los sentimientos, los hábitos y la manera de interactuar de la asesina en su ambiente privado. Grinstein se inspira en la vertiente del policial negro, pero no existe un investigador como protagonista, no hay una persecución del criminal; el cuerpo de la víctima se descubre por casualidad y no se desarrolla una búsqueda racional para desenmascarar a la homicida porque ésta se presenta desde el comienzo del texto. El desplazamiento de estos elementos a la sicología del delincuente sugiere que existen razones contundentes por las cuales una persona se convierte en asesino. Los escritores del policial palimpséstico tienen como propósito sacar a luz esos motivos, relegando la intervención de la ley y la manera en que un crimen es cometido.

Las variaciones genéricas y la hibridez también son particulares en los cuentos policiales que devienen de sucesos criminales que cuentan los periódicos. "Caminaré en tu sangre" tiene una estructura híbrida uniforme, ya que combina, de manera homogénea, las características del policial clásico y de la vertiente negra a lo largo de toda la narración. Del primero toma la reconstrucción de los hechos por medio de testigos, la búsqueda y hallazgo de pistas contundentes, el papel protagónico de un detective que se vale de procedimientos lógicos para solucionar el caso y el compañero del investigador que ayuda, en un menor grado, a dilucidar el misterio. Además, utiliza una técnica suspensiva para intensificar el misterio y la intriga, la intertextualidad con los folletines del siglo XIX, el maniqueísmo que divide a los personajes entre honestos y villanos, así como la idea burguesa de mantener el orden social y castigar a aquellos que lo alteran. Del segundo, adquiere la crítica social frente a la discriminación del inmigrante italiano a comienzos del siglo XX y la asociación con la nueva ola inmigratoria de los siglos XX y XXI en la Argentina. Asimismo, revela la identidad de los criminales al lector pero, al mismo tiempo, intercala la investigación racional.

"Dos primas" presenta una hibridez dispar, se nutre de las dos ramas del policial pero sin fusionarse. La primera parte sigue las características del policial tradicional, mientras que la segunda se vuelca completamente al policial negro. El cuento incorpora la presencia de un detective sagaz, quien a través de un juego de inteligencia presenta distintas alternativas y sospechas para descartarlas por medio de un proceso deductivo y mediante un lenguaje científico. Lo que es más, se mencionan a grandes escritores del policial clásico –Edgard Allan Poe, Charles Dickens, Wilkie Collins, Arthur Conan Doyle y John Dickson Carr– y se asocian las particularidades de los asesinatos con las obras más famosas de estos consagrados escritores. La segunda parte presenta un cambio drástico para incorporar las características más salientes de la vertiente negra. El perspicaz detective es incapaz de resolver el caso. Se hace hincapié en la corrupción, la falta de eficiencia de la ley, la impunidad del crimen y la violencia, reflejando la decadencia de la sociedad. Igualmente, el narrador asocia estos malestares con los famosos escritores del *hardboiled* americano: Raymond Chandler y Dashiell Hammett.

Una tercera modalidad híbrida del cuento palimpséstico se evidencia en "Algo bien grande". Este cuento exhibe una hibridez nula porque sólo incorpora los elementos más salientes del género negro. No intenta descubrir a un delincuente, no hay un misterio que dilucidar, ya que el lector sigue los móviles de los asesinos. Tampoco existe un plan premeditado que evidencia la belleza estética del crimen, la singularidad del plan y la intrepidez de los criminales. Las fuerzas del orden se encuentran ausentes en todo momento, hasta que por pura casualidad hallan a los sospechosos dormidos con las armas utilizadas para cometer sus crímenes. Así, se rompe con el maniqueísmo del policial clásico, ya que los delincuentes son víctimas y, a su vez, victimarios.

La hibridez de estos textos palimpsésticos no sólo está limitada a la fusión de las dos vertientes del policial o, como en el caso de los cronicuentos, a la unión de las técnicas de la crónica periodística y del cuento. *Mi madre, Yiya Murano* incorpora la autobiografía, los recursos de la novela y los requerimientos del policial. El escritor, por medio de estas tres modalidades, recrea la historia de Yiya Murano, ampliando datos, corrigiendo el sensacionalismo de la prensa y proveyéndole al hijo de la víctima una purgación de tensiones acumuladas. Por medio del pacto autobiográfico, Martín Murano le proporciona al lector información que va más allá del texto, permitiéndole que se convierta en investigador y saque sus propias conclusiones. Esto es posible ya que el caso Murano es parte del imaginario colectivo del argentino, existen cuantiosas notas policiales sobre los homicidios, entrevistas que ha dado la envenenadora y variados puntos de vistas sobre su culpabilidad. Murano cuenta detalles de su infancia y adolescencia que sólo él puede contar. Los ordena de modo retrospectivo, ya que la autobiografía y el policial emplean esta modalidad temporal de forma asidua, y se convierte, junto con el lector, en un detective más para desentrañar el misterio de los homicidios. Si bien la memoria es selectiva, la mente se vale de recuerdos y olvidos adaptativos, recuerdos falsos y nuevas experiencias venideras que enriquecen y presentan una versión más elaborada de los hechos, Murano comparte su historia ante la necesidad de supervivencia, para confrontar el dolor vivido y así darle sentido al presente.

Por último, la modalidad policial de la vertiente negra se fusiona con la autobiografía y la novela. Tiene como eje central la vida de la homicida y sus asesinatos en serie. Se introducen personajes secundarios y se emplea el diálogo de los mismos para enriquecer la narración y dotar a la historia de un cierto realismo. Presenta la complejidad de la asesina, ya que las notas policiales truncan y diluyen la problemática que giran en torno al crimen. Según la prensa, el motivo principal de los envenenamientos es la avaricia. El texto de Murano presenta una asesina que es más que una estafadora ocasional. Ella tiene una predilección por los crímenes perfectos y glorifica a aquellos que logran escapar de la justicia. Yiya es un síntoma más del desorden social durante la época de la "plata dulce". Sus asesinatos son también típicos del policial negro. Son difíciles de comprobar y aunque es puesta en libertad y luego sentenciada nuevamente, quedan cabos sin atar sobre su culpabilidad. Quizá sin quererlo, Murano amplía las razones por las cuales

Yiya posee una fascinación inexplicable por los fraudes y las estafas. El hijo de la asesina presenta el abuso físico y sexual que ella había recibido durante su infancia, que permite relacionarlo con teorías sobre la criminalidad de los *con artists*. Las fuerzas de la ley no tienen preponderancia en el texto. Ocupan un lugar secundario. De hecho, cualquiera puede erigirse en el administrador de la ley. Es el hijo de la asesina, quien entrega a su madre con el propósito de contribuir a la rehabilitación parcial de una comunidad degenerada, elemento característico de la vertiente negra, y no con la intención de defender la ley o exaltar el orden social. El propósito de su autobiografía es, más bien, el de autoredimirse y validarse a expensas de los demás en esa sociedad envilecida.

Las variaciones genéricas del policial palimpséstico van más allá de la literatura. Algunas son retomadas por series de televisión y directores de cine. Por medio de un lenguaje cinematográfico, la historia de Emilia Basil es nuevamente recreada por la productora Pol-Ka de Canal 13. Es una adaptación "transposicional" por ser una transformación intermedia entre la adaptación fiel y la interpretación del cronicuento de Marisa Grinstein. Se ejecutan ampliaciones y variaciones que subrayan las particularidades del policial y que, además, son necesarias para extender la duración de la narración. Se deja de lado el narrador extradiegético del cronicuento y se acopla uno implícito y oculto que por medio de imágenes va relatando los acontecimientos. No hay un narrador que haga de intermediario, lo que facilita que el televidente se sienta parte de los hechos y sea testigo del crimen y del descuartizamiento del amante. Se altera el desarrollo lineal del cronicuento y se incorporan alteraciones temporales retrospectivas, elemento saliente del género policial. Se introduce la figura de un detective que interroga pero que no investiga. Por medio de *flashbacks*, la asesina confiesa y explica su crimen, limitando la función del policía. Visualmente, se recurre a la técnica del *chiaroscuro* y se establece un diálogo visual con el clásico *film noir*.

Asimismo, Pol-Ka retoma el cronicuento sobre el asesinato de Marta Odera. Al igual que la recreación televisiva de descuartizamiento del amante de Basil, éste pertenece al género de *crime films* porque incluye todas las partes necesarias en un crimen: criminal, víctima y vengador. Se elimina el narrador extradiegético del cronicuento. En cambio, se añade la figura de un detective, quien interroga a los allegados de la víctima y de la asesina. Al igual que el rediseño del episodio sobre Emilia Basil, el detective es típico de la vertiente negra. Sólo inquiere pero no expresa una deducción lógica sobre la información que recibe de los indagados. Jamás resuelve el caso, ya que nunca obtiene pruebas contundentes para condenar a la sospechosa. Se emplea el sonido para acentuar el suspenso y la intriga. Una música de fondo extradiegética denota tragedia y la imagen de la asesina vestida de monja inquieta al televidente. El tono de voz de los personajes sirve para describir las personalidades de la víctima y de la asesina. A su vez, el diálogo antes del homicidio retarda la acción provocando suspenso y añade un detalle de verosimilitud, carente en el cronicuento. Mientras Grinstein realiza una investigación periodística para reescribir los sucesos, obvia por completo la representación del crimen porque nunca hubo testigos o información confiable para recrearlo. En la serie de televisión, se producen modificaciones y ampliaciones. Si bien el cronicuento señala que las mujeres se conocen en una oficina mientras ambas hacen un trámite, el episodio ubica el primer encuentro en una iglesia, aumentando el dramatismo de la historia. La cámara narra utilizando los recursos visuales del *travelling* y tomas panorámicas, entre otros, para ahondar en la descripción física de lugares y objetos.

La famosa historia de Yiya Murano también es retomada por Pol-ka para recrear la historia de la "envenenadora de Monserrat". Ya no es Martín Murano el autor-narrador-personaje-detective el que narra los hechos desde su punto de vista. Ni siquiera aparece en la historia. En cambio, se introduce un narrador implícito que se vale de diálogos e imágenes para contar los sucesos que giran en torno a los homicidios en serie. La visión de la cámara oscila entre la tercera persona, la cual describe u observa, y el punto de vista del criminal. Este último, resalta la imagen de la asesina. Al igual que el cronicuento, el episodio se encuadra dentro de las características del policial negro. El crimen es un síntoma más del desorden. La ley no tiene un papel destacado en el film. La discrepancia más grande con la autobiografía es la recreación de cada asesinato. Mientras que Murano se guía por los indicios que recoge al vivir con la homicida y por lo que dicen los periódicos y documentos legales, el autor implícito toma la perspectiva de la asesina. La cámara selecciona imágenes, y de manera ficticia –ya que nadie fue testigo de esos crímenes–, recrea lo que podría haber ocurrido.

Las versiones televisivas continúan reproduciéndose. Las historias se siguen diseminando y distorsionando, no sólo por la falta de conocimiento sobre los crímenes y las exageraciones de la prensa, sino también para amoldar las historias al género que las recrea. Ninguna versión puede divulgar lo que de verdad acaeció. Asimismo, nuevas adaptaciones proliferan en otros países que comparten un interés por la temática criminal. Estas historias argentinas basadas en hechos reales se vuelven transnacionales. Incorporan elementos propios de cada cultura que las reproduce para darles un efecto de verosimilitud, y a su vez, se vuelven aun más inexactas. Algunos críticos sugieren que la popularidad del género policial y de films de temática criminal es debida a la evasión y al entretenimiento que producen en el lector o en la audiencia. Pero es más que una forma de esparcimiento. Todas estas recreaciones palimpsésticas adoptan, en mayor o menor medida, características del policial negro y se impregnan de una función de crítica social. El trazo evolutivo de estas historias, desde las notas periodísticas, pasando por la literatura y culminando en versiones cinematográficas, permite afirmar que su recreación tiene como objetivo la incorporación de una denuncia al caos y a la degeneración de la sociedad en las que ocurren. Son historias que provienen de la "calle." Estas versiones palimpsésticas ayudan al ciudadano a comprender mejor el entorno que los rodea. Los receptores de alguna manera se identifican o reconocen los malestares que presentan estas transformaciones. Por consiguiente, la ficción criminal de la vertiente negra y las adaptaciones palimpsésticas que son vistas o leídas por ávidos aficionados al género sirven para que el individuo evalúe los malestares de corrupción, pobreza, violencia, inseguridad y exclusión social que éste vive a diario.

De la nota periodística que disminuye la gravedad de la violencia doméstica y condena a la mujer que se aparta de las normas del patriarcado, Grinstein, por medio del cronicuento, denuncia la gravedad de este problema y presenta las causas por las cuales estas mujeres fueron llevadas a cometer horrendos homicidios. Así, se entrevé la intersección de raza, clase social, género y orientación sexual que perpetúan la desigualdad de género. Emilia Basil es una inmigrante libanesa, carece de recursos económicos y exhibe un gran aislamiento social que obstaculiza el deshacerse de los abusos que sufre por parte de su marido y de su amante. Su ideología cultural la obliga a aferrarse a su familia y a soportar el maltrato. La narración recalca el síndrome de la mujer maltratada y el recurrente abuso físico y psicológico que sufre a diario.

La serie televisiva del caso Basil reitera la problemática de la violencia en la esfera privada de la mujer. De forma paralela, expande este conflicto. El narrador implícito presenta diferentes modalidades de violación que rompen con el mito de que el abuso sexual no puede ocurrir dentro del matrimonio y es siempre de naturaleza violenta. El cronicuento de Marta Odera y la transformación televisiva también retoman la cuestión de la violencia doméstica. Para ahondar en el tema, se presenta a la mujer como instigadora de maltratos en su relación de pareja. Se rompe con el estereotipo de que el abusado siempre pertenece al género femenino. Se revelan las deficiencias de la mujer que ejercita violencia en contra de su amante. Se presentan factores personales, situacionales, socioculturales y se ahonda en el abuso doméstico en las relaciones de mismo sexo y cómo el/la victimario/a se vale de la homofobia para controlar y manipular a su pareja.

Además de la crítica social hacia la violencia de género presente en el policial palimpséstico, emana la denuncia a la exclusión social de ciertos grupos. "Caminaré en tu sangre" incorpora la marginalización de los inmigrantes italianos de comienzos del siglo XX. La historia cumple un fin didáctico, ya que demuestra que aquellos que no siguen las normas impuestas por la sociedad deben ser castigados. Aquellos que quebrantan la ley pertenecen a un nivel socioeconómico no privilegiado. Por medio del policial clásico, se presenta una problemática de conflictos individuales que, a su vez, ilustran la fricción existente entre las distintas clases sociales de la época. Asimismo, el texto le da al lector la posibilidad de desplazar ese reproche hacia las nuevas olas inmigratorias provenientes de China, Taiwán, Corea, Senegal y varios países limítrofes.

Mientras "Caminaré en tu sangre" condena la exclusión social del inmigrante, "Algo bien grande" es una denuncia hacia la marginalización del delincuente juvenil y explora las causas que llevan a dos adolescentes a cometer crímenes atroces. Se hace hincapié en los problemas psicológicos y trastornos cognitivos que experimenta la juventud que habita en los barrios de emergencia. Mientras las notas periodísticas recalcan que los robos eran por cuestión de dinero, el narrador del cuento presenta a los delincuentes como víctimas y los hechos se estructuran para darles una voz mediada. Lo que es más, se destaca el surgimiento de la cumbia villera. Este tipo de música surge como contrapartida al relego del estado a los capitales extranjeros. Es una forma de denunciar la brecha cada vez pronunciada entre pobres y ricos. A su vez, las letras reflejan el delito, la desesperación y la pobreza que viven a diario los seguidores de este género musical.

Al igual que los dos cuentos mencionados anteriormente, la autobiografía que escribe Martín Murano sobre los crímenes cometidos por su madre constituye una denuncia a la marginalización. Tanto como el grupo familiar y sus allegados, el hijo de la envenenadora es estigmatizado por la sociedad. La prensa, la Iglesia, conocidos, extraños y las amenazas de ciertos grupos lo convierten en blanco de todo tipo de exclusión. El estigma acentúa el rechazo, la falta de autoestima, la depresión y la melancolía que sufre el autobiógrafo-narrador-protagonista. Por medio de la reescritura, Murano logra purgarse de su sufrimiento y se reconcilia con sus desdichas y adversidades. Mientras que la recreación literaria se centra en la exclusión que vive el hijo de la asesina, la recreación fílmica se concentra específicamente en el criminal. A su vez, más allá de las constricciones, impuestas por la producción fílmica a las que se tuvo que ajustar la homicida, ésta tiene la oportunidad de relatar su propia versión, negar su culpabilidad y condenar la marginalización sufrida. Lo que es más, le ofrece la oportunidad de responder a la versión de su hijo, restituyéndose de cualquier tipo de confesión recogida en la autobiografía.

Como es característico del género negro, *Mi madre, Yiya Murano* realiza una crítica a las medidas económicas que implementa la dictadura militar argentina a finales de la década de 1970, las cuales llevan a la especulación y al engaño de muchos inversores por parte de embaucadores financieros, entre ellos, "la envenenadora de Montserrat". Además, el texto de Murano es un ataque a los gobiernos de facto, un desprestigio hacia las fuerzas armadas y un reproche de la generación del autobiógrafo por haber tenido que crecer en un ambiente represivo y corrupto. El tema de la corrupción también aflora en "Dos primas". El cuento permite entrever el envilecimiento de jueces que cierran los casos por conveniencia o despreocupación por impartir justicia y, al mismo tiempo, se acopla una fuerte crítica a la ineficacia de las fuerzas policiales, las cuales no realizan una investigación a fondo, ya sea por interés o negligencia. Esto se extiende a casi todas las obras palimpsésticas analizadas. Quizás, retratan un mundo en el que la justicia no puede existir.

En definitiva, todos estos malestares sociales son acoplados al policial contemporáneo. Su auge sigue los vaivenes del capitalismo. La publicación de novela negra pareciera mermar en períodos de expansión y resurgir a borbotones en olas pronunciadas de recesión económica. Este género requiere de verosimilitud, es decir, que debe tratar temas que expongan la desconcertante realidad que vive el ciudadano argentino, la cual es compartida y creída por un mundo globalizado. Al originarse en el seno de la sociedad y reelaborar crímenes que realmente han ocurrido, el policial basado en hechos verídicos corrige el sensacionalismo, la rapidez de la noticia y la ligereza con la que son contadas estas historias por parte de la prensa. Estas historias incorporan en su discurso y en su propia estructura palimpséstica los males que denuncian en la sociedad, dramatizando la recriminación social a través del propio medio. El policial palimpséstico se impregna de caos social y reelabora los sucesos para revelar los malestares actuales a fin de promover una crítica aguda y confirmarle al lector que la pesadumbre en la que se encuentra es real, compartida e inacabable.

Referencias

"Acusan a una religiosa de matar a una mujer de 120 puñaladas". *La Capital,* 26 de noviembre de 1998. Impreso.
"Apresan a la autora de un horrible crimen". *La Capital.* 30 de marzo de 1973.
"Ascienden a siete". *Clarín,* 24 de mayo de 1979. Impreso.
"Asesinato de un niño de 3 años: un hecho salvaje". *La Prensa*, 4 de diciembre de 1912. Impreso.
"Asesinato del Señor Livingston". *La Capital,* 21 de julio de 1914. Impreso.
"Buenos Aires, nueva capital del turismo rosa". *Noticias,* 7 de noviembre de 2003. <www.elmundoviajes.com>. Web. 27 de agosto de 2010.
"Casos sin resolver: a 16 años del crimen de la bañera. Dos primas desnudas, muertas y ningún asesino". *Clarín.com,* 6 de junio de 2005 <www.clarin.com/diario/2005/06/06/policiales/g-04001.html >. Web. 25 de agosto de 2010.
"Confirman que una mujer fue muerta de 146 puñaladas". *La Capital,* 27 de noviembre de 1998. Impreso.
"Dichos y no dichos del fallo". *Clarín,* 15 de junio de 1979. Impreso.
"Dictadura militar en Argentina: 24 de marzo de 1976-10 de diciembre de 1983". *Ministerio de Educación de la República Argentina* 7 de agosto de 2010. <http://www.me.gov.ar/efeme/24demarzo/dictadura.html>. Web.

"Dos muertes y un enigma". *Clarín*, 20 de abril de 1989. Impreso.

"El asesinato del niño Gerardo Giordano: un caso sin precedentes". *La Prensa*, 5 de diciembre de 1912. Impreso.

"El asesinato del señor Livingston". *La Capital*, 22 de julio de 1914. Impreso.

"El regreso de la envenenadora: Yiya Murano estuvo 7 meses internada, volvió a caminar y planea una película". *Perfil*, 2 de agosto de 2010. <*http://www.diarioperfil.com.ar/edimp/0254/articulo.php?art=7012&ed=0254*>. Web. 26 de abril de 2008.

"Finalizó la tercera temporada de mujeres asesinas". *Canal Trece*, 25 de agosto de 2010. <*http://www.mujeresasesinas.eltrecetv.com.ar/*>.Web. 18 de julio de 2007.

"Los crímenes de Santos Godino: nuevas comprobaciones". *La Prensa*, 6 de diciembre de 1912. Impreso.

"Los homosexuales luchan para ser iguales o diferentes". *Clarín*, 8 de marzo de 1998. Impreso.

"Mataron a quemarropa a un vigilador y la policía detuvo a dos sospechosos". *La Capital*, 21 de marzo de 2000. Impreso.

"Motiva pesquisas macabro hallazgo". *La Capital*, 29 de marzo de 1973. Impreso.

"Mujeres asesinas: dulce veneno". *La Nación*, 1 de agosto de 2010. <http://www.lanacion.com.ar/nota.asp?nota_id=763832>.Web. 11 de diciembre de 2005.

"Mujeres asesinas". *TV Más*, 2 de marzo de 2010 <http://www.tvmasmagazine.com/paginas_ediciónactual/enero-febrero2009/programacion1.html>. Web. 2 de enero de 2009.

"Pidieron perpetua para la Murano". *Clarín*, 23 de mayo de 1980. Impreso.

"Prisión preventiva". *Clarín*, 13 de junio de 1979. Impreso.

"Relaciones de la envenenadora con dos médicos". *Clarín*, 16 de junio de 1979. Impreso.

"Yiya Murano por partida doble". *La Nación,* 15 de agosto de 2010. <http://www.lanacion.com.ar/nota.asp?nota_id=796946>. Web. 13 de abril de 2006.

Acosta, Leonardo. *Novela policial y medios masivos.* La Habana: Letras cubanas, 1989. Impreso.

Aguilar, Gabriela, Gustavo Guevara y Cristina Viano. *Rosario en la Historia: de 1930 a nuestros días. Tomo 2.* Rosario: UNR, 2000. Impreso.

Aguirre, Osvaldo. *Las vueltas del camino.* Buenos Aires: Tierra Firme, 1992. Impreso.

Aguirre, Osvaldo. "Algo bien grande". *Escritos con sangre: cuentos argentinos sobre casos policiales.* Ed. Sergio Olguín. Buenos Aires: Norma, 2003. 17-35. Impreso.

Aguirre, Osvaldo. *Al fuego.* Buenos Aires: Tierra Firme, 1994. Impreso.

Aguirre, Osvaldo. *Crisis social, medios y violencia: a 10 años de los saqueos en Rosario.* Rosario: U de Rosario, 1999. Impreso.

Aguirre, Osvaldo. Entrevista por correo electrónico. 25 de octubre de 2009.

Aguirre, Osvaldo. *Estrella del Norte.* Buenos Aires: Sudamericana, 1998. Impreso.

Aguirre, Osvaldo. *Historias de la mafia en la Argentina.* Buenos Aires: Aguilar, 2000. Impreso.

Aguirre, Osvaldo. *Los indeseables.* Buenos Aires: Negro Absoluto, 2008. Impreso.

Aguirre, Osvaldo. *Los pasos de la memoria.* Buenos Aires: América Libre, 1996. Impreso.

Aguirre, Osvaldo. *Todos mienten.* Buenos Aires: Negro Absoluto, 2009. Impreso.

Aguirre, Osvaldo. *Velocidad y resistencia.* Rosario: Municipalidad de Rosario, 1995. Impreso.

Alcalde, Cristina. *The Woman in the Violence: Gender, Poverty, and Resistance in Peru.* Nashville: Universidad de Vanderbilt, 2010. Impreso.

Allard, Sharon. "Rethinking Battered Woman Syndrome: A Black Feminist Perspective".
Amorós, Andrés. "Novela policiaca". *Introducción a la novela contemporánea*. Madrid: Cátedra, 1974. 97-135. Impreso.
Ampuero, Fernando. *Hasta que me orinen los perros*. Lima: Planeta, 2008. Impreso.
Anderson Imbert, Enrique. "Nueva contribución al estudio de las fuentes de Borges". *Filología* 8, 1962: 14-26. Impreso.
Anderson Imbert, Enrique. *Teoría y técnica del cuento*. Buenos Aires: Marymar, 2007. Impreso.
Aristóteles. *Obras completas de Aristóteles*. Buenos Aires: Anaconda, 1947. Impreso.
Armus, Diego. "Mirando a los italianos: algunas imágenes esbozadas por la élite en tiempos de inmigración masiva". *La inmigración italiana en la Argentina*. Ed. Fernado Devoto y Gianfausto Rosoli. Buenos Aires: Biblos, 2000. 95-105. Impreso.
Artfuch, Leonor. *Crímenes y pecados de los jóvenes en la crónica policial*. Buenos Aires: Unicef, 1997. Impreso.
Aswad, Bárbara y Bárbara Bligé. *Family and Gender among American Muslims: Issues Facing Middle Eastern Immigrants and their Descendants*. Philadelphia: U de Temple, 1996. Impreso.
Ayuso de Vicente, María y Santos Solano. *Diccionario de términos literarios*. Madrid: Akal, 1990. Impreso.
Azancot, Leopoldo. "Dashiell Hammett y la fundación de la novela negra". *Nueva estafeta* 6, 1979: 48-53. Impreso.
Baena Paz, Guillermina. *Géneros periodísticos informativos*. México: Pax, 1990. Impreso.
Bajtín, Mijail. *La cultura popular en la Edad Media y en el Renacimiento: el contexto de François Rabelais*. Madrid: Alianza, 1989. Impreso.

Baquero Goyanes, Mariano. *¿Qué es la novela, qué es el cuento?* Murcia: U de Murcia 1988. Impreso.

Barcia, Pedro Luis. "Los orígenes de la narrativa argentina: la obra de Luis V. Varela". *Cuadernos del Sur 21*, 1989: 12-23. Impreso.

Barroetaveña, Mariano. *Ideas, política, economía y sociedad en la Argentina (1880- 1955)*. Buenos Aires: Biblos, 2007. Impreso.

Barthes, Roland. "El efecto de realidad". *El susurro del lenguaje*. Barcelona: Paidós, 1987. 178-87. Impreso.

Barthes, Roland. *Análisis estructural del relato*. Buenos Aires: Tiempo Contemporáneo, 1974. Impreso.

Barthes, Roland. *Ensayos críticos*. Barcelona: Seix Barral, 1967. Impreso.

Barthes, Roland. *S/Z*. Oxford: Blackwell, 1990. Impreso.

Basile, Kathleen. "Rape by Acquiescence: The Ways in Which Women 'Give in' to Unwanted Sex with Their Husbands". *Violence against Women* 5, 1999: 1036-1058. Impreso.

Battista, Vicente. "Caminaré en tu sangre". *Escritos con sangre: cuentos argentinos sobre casos policiales*. Ed. Sergio Olguín. Buenos Aires: Norma, 2003. 36-79. Impreso.

Battista, Vicente. *Como tanta gente que anda por ahí*. Barcelona: Planeta, 1975. Impreso.

Battista, Vicente. *El final de la calle*. Buenos Aires: Emecé, 1992. Impreso.

Battista, Vicente. *El libro de todos los engaños*. Buenos Aires: Bruguera, 1984. Impreso.

Battista, Vicente. *Esta noche: reunión en casa*. Buenos Aires: Centro Editor de América Latina, 1972. Impreso.

Battista, Vicente. *Gutiérrez a secas*. Buenos Aires: Nuevo Extremo, 2002. Impreso.

Battista, Vicente. *Los muertos*. Buenos Aires: Álvarez, 1968. Impreso.

Battista, Vicente. *Siroco*. Buenos Aires: Emecé, 1994. Impreso.

Battista, Vicente. *Sucesos argentinos*. Buenos Aires: Planeta, 1995. Impreso.

Baudrillard, Jean. *The Consumer Society: Myths and Structures*. London: Sage, 1998. Impreso.

Benjamin, Walter. *The Arcades Project*. Cambridge: Belknap Press, 1999. Impreso.

Bérence, Fred. *Lucrecia Borgia: la hija de la perversión*. Barcelona: Reditar, 2006. Impreso.

Beruti, Juan Manuel. *Memorias curiosas*. Buenos Aires: Emecé, 1960. Impreso.

Betancur, Olga. *Amarillas y rojas: estéticas de la prensa sensacionalista*. Medellín: EAFIT, 2005. Impreso.

Bethell, Leslie. *Historia de América Latina*. Barcelona: Crítica, 1990. Impreso.

Beverly, John. "Anatomía del testimonio". *Revista de Crítica Literaria Latinoamericana 13*, 1987: 7-16. Impreso.

Bloch, Ernst. "Philosophische Ansicht des Detektivromans' in Literarische Ausfsätze". *Gesammelte Werke 19*, 1965: 230-243. Impreso.

Bograd, Michele. "Strengthening Domestic Violence Theories: Intersections of Race, Class, Sexual Orientation, and Gender". *Domestic Violence at the Margins*. Ed. Natalie Sokoloff. Piscataway: U de Rutgers, 2008. 25-39. Impreso.

Boileau, Pierre y Thomas Narcejac. *La novela policial*. Buenos Aires: Paidós, 1968. Impreso.

Bonasso, Miguel. *Don Alfredo*. Buenos Aires: Planeta, 1999. Impreso.

Bonasso, Miguel. *Recuerdo de la muerte*. México DF: Era, 1984. Impreso.

Booth, Wayne. *La retórica de la ficción*. Barcelona: Bosch, 1978. Impreso.

Borde, Raymond. *A Panorama of American Film Noir*. San Francisco: City Lights, 2000. Impreso.
Borges, Jorge Luis. "El acercamiento a Almotásim". *El informe de Brodie*. Buenos Aires: Emecé, 1970. Impreso.
Borges, Jorge Luis. "El jardín de senderos que se bifurcan". *Ficciones*. Buenos Aires: Emecé, 2006. 97-112. Impreso.
Borges, Jorge Luis. "El tango". *El otro, el mismo*. Buenos Aires: Emecé, 1964. 35-36. Impreso.
Borges, Jorge Luis. "Emma Zunz". *El Aleph*. Buenos Aires: Emecé, 1988. 59-66. Impreso.
Borges, Jorge Luis. "La muerte y la brújula". *Ficciones*. Buenos Aires: Emecé, 1956. 147-164. Impreso.
Borges, Jorge Luis. *Borges oral*. Madrid: Alianza, 2006. Impreso.
Borkosky de Domínguez, María Mercedes. "Telenovela nueva: nuevas lecturas". *La literatura y su relación con otros ámbitos*. San Miguel de Tucumán: U de Tucumán, 1999. Impreso.
Braceras, Elena, Cristina Leytour y Susana Pittella. *El cuento policial argentino*. Buenos Aires: Plus Ultra, 1986. Impreso.
Bradford, Sarah. *Lucrezia Borgia*. New York: Viking, 2004. Impreso.
Briante, Miguel. *Asesinato de Lino Palacio*. Buenos Aires: Planeta, 1994. Impreso.
Brunet Icart, Ignasi y Fernanda Laura Schilman. *Convivir con el capital financiero: corralito y movimientos de ahorristas*. Madrid: Fundamentos, 2005. Impreso.
Brunetti, Paulina. *Relatos de Prensa: la crónica policial en los diarios cordobeses de comienzos del siglo XX (1900-1914)*. Córdoba: F.F. y H., 2006. Impreso.
Cáceres Ana. "Aproximaciones teóricas al tema". *Mujer y violencia doméstica*. Isabel Cárcamo y Moltedo Castaño. Ed. Santiago de Chile: Instituto de la mujer, 1991. 5-35. Impreso.

Caillois, Roger. *Le Roman policier*. Ed. Jorge Luis Borges. Buenos Aires: Sur, 1942. Impreso.
Calatrava, José. *La novela criminal española*. Granada: U de Cartuja, 1991. Impreso.
Campillo, Narciso. *Retórica y poética o literatura perceptiva*. México DF: Botas, 1969. Impreso.
Capote, Truman. *A sangre fría*. Barcelona: Bruguera, 1980. Impreso.
Carpentier, Alejo. *El periodista, un cronista de su tiempo: palabras pronunciadas*. La Habana: Granma, 1975. Impreso.
Carranza, Isolda y Patricia Vallejos. *Los estudios del discurso: nuevos aportes desde la investigación en la Argentina*. Buenos Aires: Asociación Latinoamericana de Estudios del Discurso, 2007. Impreso.
Carrera, Arturo. *Nacen los otros*. Buenos Aires: Beatriz Viterbo, 1996. Impreso.
Cascardi, Michele. "Marital Agression: Impact, Injury, and Health Correlates for Husbands and Wifes". *Archive Internal Medicine* 152, 1992: 1178-1184. Impreso.
Chabolla Romero, Juan Manuel. *Vehículos de la lengua*. México DF: Plaza y Valdés, 2000. Impreso.
Chandler, Raymond. *The Big Sleep*. San Francisco: North Point, 1989. Impreso.
Charaudeau, Patrick. "Une problématisation discursive de l'émotion. A propos de effets de pathémisation à la télévision". *Les émotions dans les interactions*. Ed. Christian Plantín, Marianne Doury y Véronique Traverso. Lyons: U de Lyons, 2000. 125-155. Impreso.
Chastaing, Maxime. "Le roman policier classique". *La fiction policiére* 571, 1976: 26-49. Impreso.
Chatman, Seymour. *Historia y discurso: la estructura narrativa en la novela y en el cine*. Madrid: Taurus, 1990. Impreso.

Claudín, Victor. "Con Vázquez Montalbán sobre la novela policíaca española". *Camp de l'Arpa* 60, 1979: 36-39. Impreso.

Close, Glen Steven. *Contemporary Hispanic Crime Fiction: A Transatlantic Discourse on Urban Violence*. Nueva York: Palgrave Macmillan, 2008. Impreso.

Cohen, Stanley y Jock Young. *The Manufacture of News: Social Problems, Deviance and the Mass Media*. London: Constable, 1981.Impreso.

Coma, Javier. "La novela negra". *Novela criminal* 19, 1983: 38-45. Impreso.

Conan Doyle, Arthur. "The Adventure of the Card-Box". *His Last Bow*. New York: Book-of- the Month Club, 1994. 62-97. Impreso.

Conard, Mark. *The Philosophy of Film Noir*. Lexington: U de Lexington, 2006.

Conway, Martin. *Theoretical Perspectives on Autobiographical Memory*. Dordrecht, The Netherlands: Kluwer, 1992. Impreso.

Cook, Robin. *Cure*. New York: Putnam, 2010. Impreso.

Cook, Robin. *Harmful Intent*. New York: Putnam, 1990. Impreso.

Cook, Robin. *Toxin*. New York: Putnam, 1998. Impreso.

Crook, Thomas. *La cura de la memoria: un claro avance de la ciencia que puede demorar, detener y revertir la pérdida de la memoria relacionada con la edad*. Buenos Aires: Granica, 2005. Impreso.

Cuadrado, Luis Alberto. *El discurso periodístico*. Madrid: Verbum, 2000. Impreso.

Dámaso Martínez, Carlos. "El náufrago de las sombras". *Cuentos de historia argentina*. Ed. Guillermo Saavedra. Buenos Aires: Alfaguara, 1998. 121-38. Impreso.

Dammert, Lucía. "Construyendo ciudades inseguras: temor y violencia en Argentina". *Journal of Latin American Urban and Regional Studies* 27. 82, 2001: 5-21. Impreso.

Das Gasgupta, Shamita. "Women's Realities: Defining Violence against Women by Immigration, Race, and Class". *Domestic Violence at the Margins*. Ed. Natalie Sokoloff. Piscataway: U de Rutgers, 2008. 56-71. Impreso.

De Quincey, Thomas. *Del asesinato considerado como una de las Bellas Artes*. México, DF: Lectorum, 2007. Impreso.

De Santis, Pablo. "La marca del ganado". *Escritos con sangre: cuentos argentinos sobre casos policiales*. Ed. Sergio Olguín. Buenos Aires: Norma, 2003. 79-93. Impreso.

Deleis, Mónica y Ricardo de Titto. *El libro de los presidentes argentinos del siglo XX*. Buenos Aires: Aguilar, 2000. Impreso.

Devoto Fernando y Gianfausto Rosoli. *La inmigración italiana en la Argentina*. Buenos Aires: Biblos, 2000. Impreso.

Diccionario de la Lengua Española. Madrid: Real Academia Española, 1984. Impreso.

Dickie, John. *Cosa Nostra: A History of the Sicilian Mafia*. New York: Palgrave Macmillan, 2004. Impreso.

Domestic Violence at the Margins. Natalie Sokoloff. Ed. Piscataway: U de Rutgers, 2008. Impreso.

Donato, Plácido. *Memorias de un comisario*. Buenos Aires: Planeta, 1994. Impreso.

Donis, Marisol. "La mujer y el veneno". *Envenenadoras: la crónica negra de los 40 casos más célebres cometidos por mujeres en España*. Madrid: Esfera, 2002. 103-10. Impreso.

Donis, Marisol. *Envenenadoras: la crónica negra de los 40 casos más célebres cometidos por mujeres en España*. Madrid: Esfera, 2002. Impreso.

Dove, George. *The Reader and the Detective Story*. Bowling Green: U de Bowling Green, 1997. Impreso.

Duce, Mauricio y Rogelio Pérez Perdomo. "Citizen Security and Reform of the Criminal Justice in Latin America". *Crime and Violence in Latin America: Citizen Security Democracy and the State.* Fruhling, Hugo, Joseph S. Tulchin, y Heather A. Golding. Eds. Washington DC: Woodrow Wilson Center Press, 2003. 69-93. Impreso.

Eagleton, Terry. *Literary Theory: An Introduction.* Minneapolis: U de Minnesota, 1983. Impreso.

El niño de barro. Dir. Jorge Algora. Prod. Adivina. Buenos Aires, 2007. DVD.

El socio del silencio. Dir. Daryl Duke. Prod. Carolco Entertainment. Canadá, 1978. Impreso.

Esteves-Cabred. *Archivo General de los Tribunales de Buenos Aires* 2255, 1913: 213-260. Impreso.

Etcheverry, Ariel. "Asesinan a un remisero en la zona oeste de un disparo en la cabeza". *La Capital,* 27 de marzo de 2000. Impreso.

Feinman, José Pablo. *El cadáver imposible.* Buenos Aires: Norma, 1992. Impreso.

Fernández Díaz, Jorge. "Prólogo: esa costumbre de matar". *Mujeres Asesinas 3.* Buenos Aires: Sudamericana, 2007. 1-5. Impreso.

Fernández Latour, Olga. *Cantares históricos de la tradición argentina.* Buenos Aires: Instituto Nacional de Investigaciones Folklóricas, 1960. Impreso.

Fernández Pedemonte, Damián. *La violencia del relato: discurso periodístico y casos policiales.* Buenos Aires: La Crujía, 2001. Impreso.

Ferri, Enrico. *Les criminels dans l'art et la littérature.* París: Felix Alcan, 1897. Impreso.

Fichner-Rathus, Lois. *Foundations of Art.* Belmont, CA: Thomson Wadsworth, 2008. Impreso.

Flowers, Barri. "Female Crime in Comparison to Male Crime". *Female Crime, Criminals and Cellmates: An*

Exploration of Female Criminality and Delinquency. Jefferson: 1995. 44-65. Impreso.

Flowers, Barri. "Homicidal Women". *Female Crime, Criminals and Cellmates: An Exploration of Female Criminality and Delinquency.* Jefferson: 1995. 81-90. Impreso.

Fontcuberta, Mar. *La noticia: pistas para percibir el mundo.* Barcelona: Paidós, 1970. Impreso.

Forsch, William. "Con Women of the World". *Cosmopolitan* 196, 1984: 280-89. Impreso.

Foster, David. *Buenos Aires: Perspectives on the City and Cultural Production.* Gainesville: U de Florida, 1998. Impreso.

Foucault, Michel. "Des espaces autres". *Architecture, Mouvement, Continuité* 5, 1984: 46-9. Impreso.

Foucault, Michel. *Vigilar y Castigar. Nacimiento de la prisión.* Buenos Aires: Siglo XXI, 1976. Impreso.

Freidemberg, Daniel. *Poesía en la fisura.* Buenos Aires: Ediciones del Dock, 1995. Impreso.

Freud, Sigmund y T. L. López-Ballesteros. *Tótem y tabú, Los instintos y sus destinos, Duelo y melancolía y otros ensayos.* Barcelona: RBA, 2004. Impreso.

Frye, Northrop. *Anatomy of Criticism; Four Essays.* Princeton: U de Princeton, 1957. Impreso.

Fuentes Hernández, Esther. *Espacios e imagen de la mujer en la prensa.* Santiago de Chile: Instituto de la mujer, 1994. Impreso.

Gadamer, Hans-Georg. *Truth and Method.* Nueva York: Seabury Press, 1975.

Gaite, Arnoldo. *Desarrollo urbano y vivienda: introducción al estudio de la acción del estado.* Buenos Aires: Nobuko, 2006. Impreso.

Gamerro, Carlos. "Los que vieron pasar al rey". *Escritos con sangre: cuentos argentinos sobre casos policiales.* Ed.

Sergio Olguín. Buenos Aires: Norma, 2003. 93-115. Impreso.
Gandolfo Elvio y Gabriel Sosa. *El doble Berni*. Buenos Aires: Negro absoluto, 2008. Impreso.
Gandolfo Elvio. "Caballero estafador". *Escritos con sangre: cuentos argentinos sobre casos policiales*. Ed. Sergio Olguín. Buenos Aires: Norma, 2003. 115-135. Impreso.
García Canclini, Néstor. "Las identidades como multimedia". *Consumidores y ciudadanos*. México DF: Grijalbo, 1995. 107-114. Impreso.
García Viñó, Manuel. *Teoría de la novela*. Rubí: Anthropos, 2005. Impreso.
Garrido Domínguez, Antonio. *El texto narrativo*. Madrid: Síntesis, 1996. Impreso.
Gehring, Krista. "Female Offenders Depicted by the Media". *Crime and the Media: Healinesversus Reality*. Ed. Roslyn Muraskingy Shelly Feuer Domash. Upper Saddle River: Pearson Prentice Hall, 2006. 117-32. Impreso.
Genette, Gerard. *Figuras III*. Barcelona: Lumen, 1989. Impreso.
Genette, Gerard. *Figuras V*. México DF: Siglo XXI, 2005. Impreso.
Genette, Gerard. *Narrative Discourse: An Essay in Method*. Ithaca: U de Cornell, 1980. Impreso.
Genette, Gerard. *Palimpsestos: la literatura en segundo grado*. Madrid: Taurus, 1989. Impreso.
Giardinelli, Mempo. *El género negro*. México DF: U Autónoma Metropolitana, 1984. Impreso.
Gimferrer, Pere. "Lenguaje literario y lenguaje cinematográfico". *Cine y literatura*. Barcelona: Planeta, 1985.5-50. Impreso.
Gimferrer, Pere. *Cine y literatura*. Barcelona: Planeta, 1985. Impreso.
Gisbert, Calabuig. *Medicina legal y toxicología*. Barcelona: Masson, 1998. Impreso.

Goffman, Erving. *Estigma: la identidad deteriorada.* Buenos Aires: Amorrortu, 1970. Impreso.
Gorodischer, Angélica. "La sangre de los dioses". *Escritos con sangre: cuentos argentinos sobre casos policiales.* Ed. Sergio Olguín. Buenos Aires: Norma, 2003. 135-151. Impreso.
Gramsci, Antonio. *Cultura y literatura.* Barcelona: Península, 1977. Impreso.
Grinstein, Marisa. *Mujeres asesinas 2: los nuevos casos.* Buenos Aires: Sudamericana, 2006. Impreso.
Grinstein, Marisa. *Mujeres asesinas 3.* Buenos Aires: Sudamericana, 2007. Impreso.
Grinstein, Marisa. *Mujeres asesinas.* Buenos Aires: Sudamericana, 2005. Impreso.
Gubern, Román. Introducción. *La novela criminal.* Ed. Román Gubern. Barcelona: Tusquets, 1970. 13-15. Impreso.
Gudiño Kieffer, Eduardo. *Crimen en el Eugenio C.* Buenos Aires: Planeta, 1994. Impreso.
Guerra Garrido, Raúl. *Tantos Inocentes.* Madrid: Espasa, 1996. Impreso.
Guerra-Cunningham, Lucía. *Mujer y escritura: fundamentos teóricos de la crítica feminista.* México: Universidad Nacional, 2007. Impreso.
Gugelberger, George. *The Real Thing: Testimonial Discourse and Latin America.* Durham: U de Duke, 1996. Impreso.
Gutiérrez Palacio, Juan. *Periodismo de opinión. Redacción periodística: editorial, columna, artículo y crítica.* Madrid: Paraninfo, 1984. Impreso.
Guy, Donna. *Sex and Danger in Buenos Aires: Prostitution, Family and Nation in Argentina.* Lincoln: U de Nebraska, 1991. Impreso.
Hammett, Dashiell. *El halcón maltés.* Madrid: Alianza, 2000. Impreso.

Hamon, Philippe. *Introducción al análisis de lo descriptivo*. Buenos Aires: Edicial, 1991. Impreso.

Hampton, Robert, Ricardo Carrillo y Joan Kim. "Domestic Violence in African American Communities". *Domestic Violence at the Margins*. Natalie Sokoloff. Ed. Piscataway: U de Rutgers, 2008.127-42. Impreso.

Heise, Lori. "Violence Against Women: An Integrated Ecological Framework". *Violence Against Women* 4, 1998: 262-290. Impreso.

Heyne, Eric. "Literary Status for Nonfiction Narrative". *Narrative Poetics*. Colombus: U de Ohio State, 1987.137-144. Impreso.

Hirsch, Eric Donald. *Validity in Interpretation*. New Haven: U de Yale, 1967. Impreso.

Hudson, J. *Memories are Made of This: General Event Knowledge and the Development of Autobiographical Memory*. New Jersey: L. Erlbaum, 1986. Impreso.

Impallomeni, Giovanni. *El homicidio en el derecho penal*. Barcelona: Paidós, 1970. Impreso.

Jarvis, Brian. "Discover a New You: Killers, Consumers and the Dream of 'Becoming'". *Crime and Media*. Ed. Chris Greer. New York: Routledge, 2010. 354-356. Impreso.

Jarvis, Brian. "Monsters Inc.: Serial Killers and Consumer Culture". *Crime and Media*. Ed. Chris Greer. New York: Routledge, 2010. 350-54. Impreso.

Jauss, Hans Robert. *La historia de la literatura como provocación a la ciencia literaria*. Barcelona: Península, 2000. Impreso.

Jewkes, Yvonne. "The Construction of Crime News". *Media and Crime*. London: Sage, 2004. 35-63. Impreso.

Jiménez, José. *Teoría del arte*. Madrid: Tecnos, 2002. Impreso.

Juvenal, Carlos. *El comisario Meneses*. Buenos Aires: Planeta, 1994. Impreso.

Kanuha, Valli. "Compounding the Triple Jeopardy: Battering in Lesbian of Color Relationships". *Women & Therapy* 9, 1990: 169-84. Impreso.

Kohan, Silvia. *De la autobiográfia a la ficción: entre la escritura autobiográfica y la novela*. Barcelona: Grafein Ediciones, 2000. Impreso.

Kyser, Wolfgang. *Interpretación y análisis de la obra literaria*. Madrid: Gredos, 1961. Impreso.

Laffay, Albert. *Lógica del cine: creación y espectáculo*. Barcelona: Labor, 1973. Impreso.

Lafforgue, Jorge. *Asesinos de papel: ensayos sobre narrativa policial*. Buenos Aires: Colihue, 1996. Impreso.

Langley, Robert y Richard Levy. *Wife Beating: The Silent Crisis*. New York: Dutton, 1977. Impreso.

Lascano, Hernán. "Dos madrugadas de locura y muerte desde el relato de sus protagonistas". *La Capital*, 1 de abril de 2000. Impreso.

Leitch, Thomas. *Crime Films*. Cambridge: U de Cambridge, 2002. Impreso.

Lejeune, Philippe. "El pacto autobiográfico (Bis)". *El pacto autobiográfico y otros estudios*. Madrid: Magazul-Endymion, 1994. 127-154. Impreso.

Lejeune, Philippe. "El pacto autobiográfico". *El pacto autobiográfico y otros estudios*. Madrid: Magazul-Endymion, 1994. 40-65. Impreso.

Lejeune, Philippe. "El relato irónico de infancia: Vallès". *El pacto autobiográfico y otros estudios*. Madrid: Magazul-Endymion, 1994. 225- 59. Impreso.

Lemerich, Constanze. *Gayatri Chakravorty Spivak: The Question of Representation of the Subaltern in the Context of Neo-colonialism & Globalization*. Auflage: Books on Demand, 2008. Impreso.

Leroux, Gaston. *El misterio del cuarto amarillo*. Madrid: El País, 2004. Impreso.

Levin, Federico. *Ceviche*. Buenos Aires: Negro absoluto, 2009. Impreso.
Levin, Ira. *A Kiss before Dying*. New York: Simon and Schuster, 1953. Impreso.
Levin, Ira. *Rosemary's Baby*. New York: Random House, 1967. Impreso.
Levin, Ira. *Son of Rosemary*. New York: Dutton, 1997. Impreso.
Lockhart, Darrell. *Latin American Mystery Writers: An A-to-Z Guide*. Westport, Ct: Greenwood, 2004. Impreso.
Lombardo, Cesare. *The Female Offender*. New York: Appleton & Co., 1909. Impreso.
López Betancur, Olga del Pilar. *Amarilla y roja: estéticas de la prensa sensacionalista*. Medellín: Fondo Editorial Universidad EAFIT, 2005. Impreso.
Los martes orquídeas. Dir. Francisco Mugica. Buenos Aires, 1941. DVD.
Lostal, Sauli. *El enigma de la calle Arcos: primera gran novela argentina de carácter policial*. Buenos Aires: Simurg, 1996. Impreso.
Ludmer, Josefina y Glen S. Close. *The Corpus Delicti: A Manual of Argentine Fictions*. Pittsburgh: U de Pittsburgh, 2004. Impreso.
Malgesini, Graciela. *Guía de conceptos sobre migraciones, racismo e interculturalidad*. Madrid: Libros de la Catarata, 2000. Impreso.
Mandell, Ernest. *Delightful Murder: A Social History of the Crime Story*. Minneapolis: U de Minnesota, 1984. Impreso.
Mandoki, Katya. *Prosaica: introducción a la estética de lo cotidiano*. México DF: Grijalbo, 1994. Impreso.
Manzur, Jorge. *Función Privada*. Buenos Aires: Aguilar, 1992. Impreso.

Martín Barbero, Jesús y Sonia Muñoz. *Televisión y melodrama: géneros y lecturas de la telenovela en Colombia.* Bogotá: Tercer Mundo, 1992. Impreso.

Martínez de Bringas, Asier. *Exclusión y victimización: el grito de los derechos humanos en la globalización.* Bilbao: Giza Eskubideen, 2004. Impreso.

Martínez Laínez, Fernando. *Candelas: crónica de un bandido.* Barcelona: Clip, 1991. Impreso.

Martínez Laínez, Fernando. *Sin piedad.* Barcelona: Ediciones B, 1993. Impreso.

Martínez, Sanjuana y R. López. Vera. *Prueba de fe: la red de cardenales y obispos en la pederastia clerical.* México DF: Planeta, 2007. Impreso.

Martínez, Tomás Eloy. *Ficciones verdaderas: hechos reales que inspiraron grandes obras literarias.* Buenos Aires: Planeta, 2000. Impreso.

Martini, Juan. "Las cosas como son". *Escritos con sangre: cuentos argentinos sobre casos policiales.* Ed. Sergio Olguín. Buenos Aires: Norma, 2003. 151-171. Impreso.

Martini, Juan. *El fantasma imperfecto.* Buenos Aires: Alfaguara, 1995. Impreso.

Martini, Stella. "Agendas policiales de los medios en la Argentina: la exclusión como un hecho natural". *Violencias, delitos y justicias en la Argentina.* Eds. Sandra Gayol y Gabriel Kessler. Buenos Aires: Manantial, 2002. 87-111. Impreso.

Marx, Karl. *El Capital: Crítica de la economía política.* México DF: Fondo de Cultura, 1946. Impreso.

Mattalia, Sonia. *La ley y el crimen: usos del relato policial en la narrativa argentina (1880-2000).* Madrid: Iberoamérica, 2008. Impreso.

McQuillan, Martin. *Paul de Man.* London: Routledge, 2001. Impreso.

Medina, Amparo. *Libres de la violencia familiar.* El Paso: Mundo Hispano, 2001. Impreso.

Menton, Seymour. *El cuento hispanoamericano: antología crítico-histórica*. México DF: Fondo de Cultura Económica, 1964. Impreso.
Mercante, Víctor. *Archivo Generales de los Tribunales de Buenos Aires* 2255, 1913: 213-260. Impreso.
Metz, Christian. *Film Language: A Semiotics of the Cinema*. New York: U de Oxford, 1974. Impreso.
Miller, Henry. *Primavera negra*. Buenos Aires: S. Rueda, 1964. Impreso.
Miller, Henry. *Trópico de Cáncer*. Madrid: Suma de Letras, 2003. Impreso.
Miller, Henry. *Trópico de Capricornio*. Madrid: Suma de Letras, 2003. Impreso.
Monsiváis, Carlos. *A ustedes les consta: antología de la crónica en México*. México: Era, 2006. Impreso.
Montaldo, Graciela. *Ficciones culturales y fábulas de identidad en América Latina*. Rosario: Beatriz Viterbo, 2004. Impreso.
Monteverde, Eduardo. *Lo peor del horror*. México DF: Ediciones B, 2004. Impreso.
Moreno, María. *El petiso orejudo*. Buenos Aires: Planeta, 1994. Impreso.
Morin, Edgar. *El hombre y la muerte*. Barcelona: Kairós, 1999. Impreso.
Moya, Ismael. *Romancero*. Buenos Aires: Imprenta de la Universidad, 1941. Impreso.
Mujeres asesinas: "Emilia Basil, cocinera". Dir. Pol-Ka. Buenos Aires, 2005. DVD.
Mujeres asesinas: "Marta Odera, monja". Dir. Pol-Ka. Buenos Aires, 2006. DVD.
Mujeres asesinas: "Yiya Murano, envenenadora". Dir. Pol-Ka. Buenos Aires, 2006. DVD.
Murano, Martín. *Mi madre, Yiya Murano*. Buenos Aires: Planeta, 1994. Impreso.

Negri-Lucero. *Archivo General de los Tribunales de Buenos Aires* 2255, 1913: 213-260. Impreso.
Nelson, Ernesto. *Archivo General de los Tribunales de Buenos Aires* 2255, 1913: 213-260. Impreso.
Nicolini, Fernanda. "Los negros venden oro y cobran bollos". *Crítica*, 2 de febrero de 2009. Impreso.
Nicolini, Fernanda. "Todas nos identificamos con las que matan". *Noticias*, 2007. Impreso.
Noguera, Luis Rogelio. "Características del relato policial". *Por la novela policial*. La Habana: Arte y Literatura, 1982. 45-102. Impreso.
Novick Susana y Enrique Oteiza. "Política migratoria y derechos humanos en un contexto de ajustes y reformas neoliberales. Argentina: 1989-1999". *Instituto de Investigaciones Gino Germani*. Ed. Universidad de Buenos Aires. 4 de noviembre de 2000: 1-25. Impreso.
Núñez de Prado, Sara. *Comunicación social y poder*. Madrid: Universitas, 1993. Impreso.
Olguín, Sergio, ed. *Escritos con sangre: cuentos argentinos sobre casos policiales*. Buenos Aires: Norma, 2003. Impreso.
Omil, Alba y Raúl Piérola. *El cuento y sus claves*. Buenos Aires: Plus Ultra, 1981. Impreso.
Ortiz, Renato. "Los artífices mundiales de cultura". *Mundialización y cultura*. Bogotá: Andrés Bello, 2004. 155-179. Impreso.
Ortiz, Renato. *Mundialización y cultura*. Bogotá: Andrés Bello, 2004. Impreso.
Oyola, Leonardo. *Santería*. Buenos Aires: Negro absoluto, 2008. Impreso.
Pacecca, María Inés y Corina Courtis. *Inmigración contemporánea en Argentina: dinámicas y políticas*. Santiago de Chile: CEPAL, 2008. Impreso.

Palmer, Jerry. *Thrillers: Genesis and Structure of a Popular Genre*. Nueva York: St. Martin's, 1979. Impreso.
Palmerlee, Danny. *Argentina*. Melbourne: Lonely Planet, 2005. Impreso.
Paredes Núñez, Juan. *Algunos aspectos del cuento literario: contribución al estudio de su estructura*. Granada: Campus Universitario de Cartuja, 1986. Impreso.
Pellettieri, Osvaldo. *Perspectivas teatrales*. Buenos Aires: Galerna, 2008. Impreso.
Pérez Abellán, Francisco. *Ellas matan mejor: 50 crímenes cometidos por mujeres*. Madrid: Espasa, 2000. Impreso.
Pérez, Armando. "Novela policial: ¿el género de nuestra época?" *Por la novela policial*. Ed. Luis Rogelio Nogueras. La Habana: Arte y Literatura, 1982. 306-314. Impreso.
Plato. *Republic*. Ed. Paul Shorey. New York: Putnam, 1937. Impreso.
Poe, Edgar Allan y Julio Cortázar. *Ensayos y críticas*. Madrid: Alianza, 1973. Impreso.
Poe, Edgar Allan. "El misterio de Marie Roget". *Narraciones extraordinarias*. México DF: Grupo Editores Mexicanos Unidos, 2006. 25- 41. Impreso.
Poe, Edgar Allan. "La carta robada". *Narraciones extraordinarias*. México, D.F.: Grupo Editores Mexicanos Unidos, 2006. 73-92. Impreso.
Poe, Edgar Allan. "Los asesinatos de la calle Morgue". *Narraciones extraordinarias*. México, D.F.: Grupo Editores Mexicanos Unidos, 2006. 123-40. Impreso.
Poe, Edgar Allan. *Filosofía de la composición*. Madrid: Alianza, 1987. Impreso.
Poupart, Jean. *Les récreants: essai portant, entre autres choses, sur le roman policier*. Montreal: Editions du Jour, 1972. Impreso.
Proust, Marcel. *En busca del tiempo perdido*. Madrid: Alianza, 1966. Impreso.

Quílez Lázaro, Carles. *La mala vida.* Madrid: Aguilar, 2008. Impreso.
Rafter, Nicole. *Shots in the Mirrow: Crime Films and Society.* Oxford: U de Oxford, 2000. Impreso.
Ragendorfer, Ricardo. *Estafa al Banco Municipal.* Buenos Aires: Planeta, 1994. Impreso.
Real Academia Española. *Diccionario de la Lengua Española.* 12 de octubre de 2010 <*http://www.rae.es*>. Web.
Reis, Carlos. *Diccionario de narratología.* Salamanca: Colegio de España, 1996. Impreso.
Reis, Carlos. *Fundamentos y técnicas del análisis literario.* Madrid: Gredos, 1981. Impreso.
Rey Alejandra y María Alveolite. "Jueves 13, no te cases ni te bañes". *Revista Somos* 21, julio de 1989: 20-21. Impreso.
Rifkin, Janet. "Toward a Theory of Law and Patriarchy". *Feminist Legal Theory: Foundations.* Ed. D. Kelly Weisberg. Philadelphia: Temple UP, 1993. 412-419. Impreso.
Rodríguez Joulia St. Cyr, Carlos. *La novela de intriga.* Madrid: Asociación Nacional de Bibliotecarios, Archiveros y Arqueólogos, 1970. Impreso.
Romero Tobar, Leonardo. "Los géneros literarios en el periodismo del traspaso de siglos". *Literatura y periodismo: la prensa como espacio creativo.* Ed. Salvador Montesa. Málaga: U de Málaga, 2003. 155-175. Impreso.
Romero, Amílcar. *El séptimo círculo: historia íntima y policíaca.* Buenos Aires: Provincias Unidas del Sud, 2009. Impreso.
Romero, José Luis. "Pérdida y recuperación de la República (1973-1996)". *Breve historia de la Argentina.* Buenos Aires: Tierra Firme, 2000. 183-204. Impreso.
Romero, José Luis. *Breve historia de la Argentina.* Buenos Aires: Tierra Firme, 2000. Impreso.
Romero, José Luis. *Latinoamérica: las ciudades y las ideas.* Buenos Aires: Siglo XXI, 2005. Impreso.

Romero, Luis Alberto. "The Great Transformation: 1989-1999". *A History of Argentina in the Twentieth Century*. Pennsylvania: U de Pennsylvania, 2002. 285-317. Impreso.
Romero, Luis Alberto. *A History of Argentina in the Twentieth Century*. Pennsylvania: U de Pennsylvania, 2002. Impreso.
Romero, Ricardo. *El síndrome de Rasputín*. Buenos Aires: Negro absoluto, 2008. Impreso.
Romero, Ricardo. *Los bailarines del fin del mundo*. Buenos Aires: Negro absoluto, 2009.Impreso.
Rosemberg, Raquel. "Mujeres en acción". *Sabores que matan: sabores y bebidas en el género criminal negro*. Buenos Aires: Paidós, 2007. 41-47. Impreso.
Rosemberg, Raquel. *Sabores que matan: sabores y bebidas en el género criminal negro*. Buenos Aires: Paidós, 2007. Impreso.
Ruiz Moreno, Isidoro. *Boletín Mensual del Museo Social Argentino* 8, 1919: 69. Impreso.
Sabsay, Fernando. *Los presidentes argentinos: quiénes fueron, qué hicieron, cómo vivieron*. Buenos Aires: El Ateneo, 2001. Impreso.
Sáenz, Dalmiro. *El sátiro de la carcajada*. Buenos Aires: Planeta, 1994. Impreso.
Sagot, Monserrat. *La ruta crítica que siguen las mujeres afectadas por la violencia intrafamiliar: estudio de casos en diez países*. Washington DC: Organización Panamericana de la Salud, 1998. Impreso.
Saítta, Sylvia. "Informe sobre 'El enigma de la calle Arcos'". *Asesinos de papel: ensayos sobre narrativa policial*. Buenos Aires: Colihue, 1996. 235-244. Impreso.
Sánchez Noriega, José. "Panorama teórico y ensayo de una tipología". *De la literatura al cine*. Barcelona: Paidós, 2000. 45-75. Impreso.

Sánchez Noriega, José. "Tiempo y espacio narrativos". *De la literatura al cine*. Barcelona: Paidós, 2000. 97-116. Impreso.

Sánchez Noriega, José. *De la literatura al cine*. Barcelona: Paidós, 2000. Impreso.

Sánchez Trigueros. Prólogo. *La novela criminal*. Almería: I.E.A., 1990. 9-17. Impreso.

Santayana, Jorge. *El último puritano*. Buenos Aires: Sudamericana, 1970. Impreso.

Sasturain, Juan. "Lengua larga". *Escritos con sangre: cuentos argentinos sobre casos policiales*. Ed. Sergio Olguín. Buenos Aires: Norma, 2003. 171-191. Impreso.

Sasturain, Juan. *Los sentidos del agua*. Madrid: Cambio 16, 1990. Impreso.

Sasturain, Juan. *Manual de perdedores*. Buenos Aires: Sudamericana, 2003. Impreso.

Sdrech, Enrique. "¿Fue electrificada el agua?" *Clarín*, 23 de abril de 1989. Impreso.

Sdrech, Enrique. "¿Hubo una tercera persona?" *Clarín*, 30 de abril de 1989. Impreso.

Sdrech, Enrique. "Las primas en la bañera". *Crímenes famosos: 50 años de investigación periodística*. Buenos Aires: Grulla, 2001. 25-31. Impreso.

Sdrech, Enrique. "Las primas". *Escritos con sangre: cuentos argentinos sobre casos policiales*. Ed. Sergio Olguín. Buenos Aires: Norma, 2003. 192-208. Impreso.

Sdrech, Enrique. *El hombre que murió dos veces*. Buenos Aires: Planeta, 1994. Impreso.

Segarra Marta y Angels Carabí. *Feminismo y crítica literaria*. Barcelona: Icaria, 2000. Impreso.

Seltzer, Mark. *Serial Killers: Death and Life in America's Wound Culture*. New York: Routledge, 1998. Impreso.

Sexto, Luis. *Periodismo y literatura: el arte de las alianzas*. Chapel Hill: Torriente, 2006. Impreso.

Silva, Uca. *Lo demás es silencio: la mujer en la crónica roja.* Quito: CEPLAES, 1998. Impreso.
Sinay, Jorge. *Es peligroso escribir de noche.* Buenos Aires: Aguilar, 1992. Impreso.
Sinay, Jorge. *Sangre joven.* Buenos Aires: Tusquets, 2009. Impreso.
Sinay, Sergio. *La matanza de Brandsen.* Buenos Aires: Planeta, 1994. Impreso.
Smith, William. *Authoritarianism and the Crisis of the Argentine Political Economy.* Stanford: U de Stanford, 1989. Impreso.
Smulovitz, Catalina. "Citizen Insecurity and Fear: Public and Private Responses in Argentina". *Crime and Violence in Latin America: Citizen Security, Democracy and the State.* Fruhling, Hugo, Joseph S. Tulchin, y Heather A. Golding. Eds. Washington DC: Woodrow Wilson Center Press, 2003. 125-153. Impreso.
Sontag, Susan. *Ante el dolor de los demás.* Madrid: Suma de Letras, 2004. Impreso.
Spivak, Gayatri. "Can the Subaltern Speak?" *The Norton Anthology of Theory and Criticism.* Ed. Vincent B. Leitch. New York: Norton, 2001. Impreso.
Stach, Francisco. "La defensa social y la inmigración". *Boletín Mensual del Museo Social Argentino* 5, 1916: 368-388. Impreso.
Steinmentz, Suzanne. "The Battered Husband Syndrome". *Victimology* 8, 1978: 499-509. Impreso.
Stendhal. *Del amor.* Madrid: Alianza Editorial, 1968. Impreso.
Stern, Fernando. *El estigma y la discriminación: ciudadanos estigmatizados, sociedades lujuriosas.* Buenos Aires: Novedades educativas, 2005. Impreso.
Strejilevich, Nora. *El arte de no olvidar: literatura testimonial en Chile, Argentina y Uruguay entre los 80 y los 90.* Buenos Aires: Catálogos, 2006. Impreso.

Sunkel, Guillermo. *Razón y pasión en la prensa popular: un estudio sobre cultura popular, cultura de masas y política*. Santiago: Instituto latinoamericano de estudios Transnacionales, 1985. Impreso.
Tani, Cinzia. *Asesinas*. Barcelona: Lumen, 2003. Impreso.
Tello, Nerio. *Periodismo actual: guía para la acción*. Buenos Aires: Colihue, 1990. Impreso.
Terranova, Juan. *Lejos de Berlín*. Buenos Aires: Negro absoluto, 2009. Impreso.
Tuñón, Olga. "Periodismo y literatura: el último encuentro". *Literatura y periodismo: la prensa como espacio creativo*. Montesa, Salvador Ed. Málaga: AEDILE, 2003. Impreso.
Valle, Ojeda A. Jineteras. Bogotá: Planeta, 2006. Impreso.
Varela, Luis. *Clemencia, continuación de la huella del crimen*. Buenos Aires: Librerías de Mayo, 1877. Impreso.
Varela, Luis. *El doctor Whuntz*. Buenos Aires: Librerías de Mayo, 1880. Impreso.
Varela, Luis. *El gato blanco*. Buenos Aires: Librerías de Mayo, 1879. Impreso.
Varela, Luis. *Entre dos almas: simple narración*. Buenos Aires: J. Lajouane, 1908. Impreso.
Varela, Luis. *Herencia fatal*. Buenos Aires: Librerías de Mayo, 1879. Impreso.
Varela, Luis. *La huella del crimen*. Buenos Aires: Librerías de Mayo, 1877. Impreso.
Varela, Luis. *Lo imprevisto*. Buenos Aires: J. Lajouane, 1908. Impreso.
Vázquez de Parga, Salvador. *Los mitos de la novela criminal: de la novela policiaca a la novela negra*. Barcelona: Plaza & Janes, 1986. Impreso.
Vázquez, Héctor. *Procesos identitarios y exclusión sociocultural*. Buenos Aires: Biblos, 2000. Impreso.
Veigel, Klaus Friedrich. *Dictatorship, Democracy, and Globalization: Argentina and the Cost of Paralysis,*

1973-2001. University Park, Pa: U de Pennsylvania, 2009. Impreso.
Viñas Piquer, David. *Historia de la crítica literaria*. Barcelona: Ariel, 2007. Impreso.
Walker, Leonore. *Terrifying Love: Why Battered Women Kill and How Society Responds*. New York: Harper & Row, 1989. Impreso.
Walker, Leonore. *The Battered Woman Syndrome*. New York: Springer, 2000. Impreso.
Wallace, Irving. *El informe Chapman*. Barcelona. Grijalbo, 1967. Impreso.
Wallace, Irving. *Fan club*. Barcelona. Grijalbo, 1974. Impreso.
Wallace, Irving. *The Prize*. New York: Simon and Schuster, 1962. Impreso.
Walsh, Rodolfo. *Operación masacre*. Buenos Aires: Planeta, 1994. Impreso.
Woll, Stanley. "Autobiographical Memory: What, How Well, and From What Periods Do We Remember Our Own Stories". *Everyday Thinking: Memory, Reasoning, and Judgment in the Real World*. New Jersey: Earlbaum, 2002. 183-225. Impreso.

www.ingramcontent.com/pod-product-compliance
Lightning Source LLC
Chambersburg PA
CBHW021804220426
43662CB00006B/181